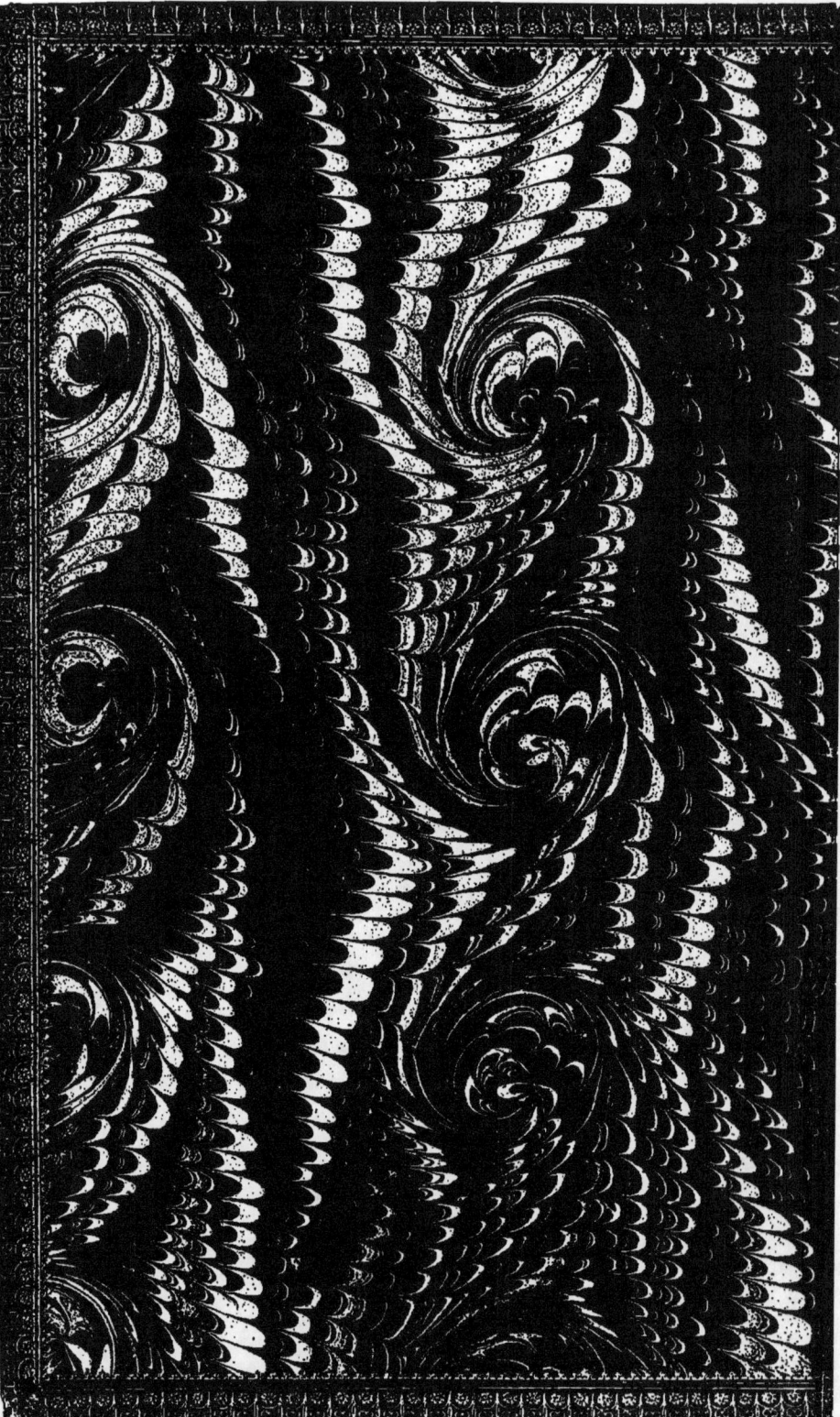

ÉLÉMENTS DE GRAMMAIRE BASQUE

ÉLÉMENTS

DE

GRAMMAIRE BASQUE

DIALECTE SOULETIN

SUIVIS D'UN

VOCABULAIRE BASQUE-FRANÇAIS & FRANÇAIS-BASQUE

PAR

Louis GÈZE

BAYONNE

IMPRIMERIE DE VEUVE LAMAIGNÈRE, RUE CHEGARAY, 39.

—

1873

PRÉFACE

J'ai voulu apprendre le basque. Dès les premières recherches, j'ai été frappé de l'absence, pour les dialectes français, d'un traité qui embrassât méthodiquement les diverses parties de la grammaire et qui fût pour le basque ce qu'est la grammaire de Lhomond pour le latin, ce que sont celles de F. Martinez, Moretti, Meidinger, Bacarach, Siret et Sadler pour l'espagnol, l'italien, l'allemand et l'anglais. On trouve d'excellents traités spéciaux, mais aucun d'eux n'a eu pour but d'exposer l'ensemble de la langue; aucun ne suffit. Persuadé que les études méthodiques peuvent seules rendre la mémoire sûre, j'ai réuni les règles disséminées dans ces ouvrages, recherché celles qui me paraissaient résulter de la lecture des auteurs et tâché de donner de l'unité à l'ensemble de ces notes. J'ai reconnu que, pour ne pas me perdre dans les détails, je devais me borner à l'explication d'un dialecte. Le souletin m'a paru offrir les formes verbales les mieux conservées et les plus complètes. Le résultat de mon travail peut être utile à d'autres qu'à moi; je le livre à l'impression. Je ne chercherai pas à justifier ma méthode. Si ce livre est bon, il n'a pas besoin de commentaires; s'il n'a pas d'utilité, la plus habile apologie ne saurait lui en donner. Je dois seulement, avant de finir, rendre hommage et adresser mes sincères remerciements à M. l'abbé Inchauspé. Ce savant chanoine m'a donné la possibilité de faire cette étude par les excellents ouvrages que lui doit la langue basque, les livres presque introuvables qu'il a mis à ma disposition avec un prévenant empressement, et enfin les explications si claires et si précises qu'il m'a prodiguées avec une complaisance inépuisable. Si ce livre contient quelque chose de bon, c'est à lui qu'en revient tout le mérite ; qu'il reçoive ici le témoignage public de ma profonde reconnaissance.

ÉLÉMENTS DE GRAMMAIRE BASQUE

NOTIONS PRÉLIMINAIRES

Orthographe

La langue basque ne s'est conservée que par la tradition orale et n'a que peu d'ouvrages imprimés. Aussi n'a-t-elle pas d'orthographe universellement acceptée. Chaque auteur écrit avec son orthographe spéciale. On verra, par exemple, le pronom relatif écrit : *zoin, zoiñ, zouñ, zougn, çougn*. Il en est de même d'une foule d'autres mots. Celui qui lit un ouvrage basque doit prendre garde de ne pas se laisser arrêter par ces différences. Il doit se rendre compte du son du mot, et c'est d'après ce son qu'il comprendra sa signification.

Obligé de choisir entre les différentes manières d'écrire, voici celle que nous avons adoptée :

a, c, d, f, i, j, k, l, p, rr, t, u, ch, tch, ou se prononcent comme en français.

b, v   ont un son intermédiaire entre le *b* et le *v*.

e   est souvent ouvert ; il est fermé à la fin des mots ; il n'est jamais muet.

g   a toujours le son dur comme devant l'*a*, l'*o* et l'*u* en français.

h   est toujours aspirée, excepté quand elle est précédée d'un *c*.

kh   a le son du *k* avec une aspiration.

ll   a le son mouillé de *ill* dans feuille.

m, n   comme en français, mais elles ne prennent jamais le son nasal, comme dans *champ*, *ruban*.

ñ   comme *gn* français dans *campagne*.

o   comme en français devant une consonne et devant *i* et *u*. Il prend le son de *ou* devant l'*a* et l'*e*.

p   comme en français, excepté quand il est suivi de *h* ; dans ce cas *p* devient aspiré, mais ne prend jamais le son de *f*.

r   entre deux voyelles se prononce si peu que beaucoup de Souletins illettrés ignorent sa présence dans certains mots, bien que parlant parfaitement leur langue. A la fin des mots ou devant une consonne *r* se prononce comme en français.

s   a un son spécial qui se rapproche du *ch* français.
Dans quelques mots que l'usage enseigne, il a un son doux qui se rapproche du *j*.

tt   a un son spécial, celui d'un *t* mouillé.

x   se prononce comme s'il y avait *ts*.

y   entre deux voyelles se prononce comme en français.

Entre une consonne et une voyelle, il a un son spécial, celui d'un *d* mouillé.

z   a en général le son du *c* français devant *e* ou *i*.

Dans un petit nombre de mots il a le son du *z* français.

ai, oi se prononcent *aï, oï*.

au, eu se prononcent *aou, éou*.

ia   se prononce comme en français, mais en appuyant généralement sur l'*i*. Dans une partie de la Soule (pays de Mauléon et de Barcus) on prononce cette diphtongue dans certains mots comme s'il n'y avait qu'*i*. On trouve des ouvrages écrits suivant cette prononciation.

Accent

—

Dans tout mot de plusieurs syllabes, il en est une sur laquelle la voix doit appuyer plus que sur les autres. L'écriture n'indique pas quelle elle est ; il est cependant indispensable de la connaître pour bien parler. La syllabe longue est ordinairement la pénultième, mais il y a de nombreuses exceptions qu'en l'absence de traité spécial l'usage seul peut apprendre.

Afin de familiariser le lecteur soit avec la prononciation, soit avec l'accentuation, nous donnons quelques pages de la traduction de l'évangile selon saint Matthieu, par M. l'abbé Inchauspé, avec la prononciation figurée au-dessous.

JESUS-KRISTEN

EBANYELIO SAINTIA SEN MATHIUREN ARAUERA

Inchauspe Aphezac utzulirio.

BIGERREN CAPITULIA.

Sorthu zenian Jesus Bethleeme Judaco hirian, Herodes erregiaren egunetan, Majiac ekhi-jaikigiatic jin ziren Jerusalemera; eta galtatu zien : noun da Judioen errege sorthu berria? eci ikhousi dugu haren izarra ekhi-jaikigian eta jin gira haren adoratzera. Hori entzun zianian, izitu zen Herodes erregia, eta Jerusaleme oro hareki. Eta bilduric aphezen gehien guciac eta populiari Lege-eracasliac, galthatu zeyen, noun behar zian Kristec sorthu. Eta hec erran zeyoen : Bethleeme Judacoan; eci houla da Profetac izkiribaturic; eta hi Bethleeme,

JÉJUJ KRÎCHTENN

EBANGÊLIO SAINNTIA CHÈNN MATTHIURÈNN ARAOUERA

Inchâouchpé app-hèssak utsulirik.

BIGUÈRRÈNN CAPITULÍA.

Chôrtthu céniann Jéjuj Bèthléémé Judáco hirian, Herôdèch èrréguiarènn égunétann, Mâjiak ékhi-jaïkiguiâtik jinn cirènn Jérujalémèra; éta galt-hátu ciénn : noùnn da Judiouénn èrrégué chôrtt-hu bèrria; éci ik-hôuchi dùgu hárènn issárra ék-hi jaïkiguiânn éta jinn guíra hárènn adoratcéra. Hóri ènntzunn ciânniann, icítu cènn Herôdèch èrréguia, éta Jérujalémé óro haréki. Eta bildurik app-hécènn guchiènn guciak éta populiari Légué-eracachlíak, galtt-hatu céyènn, noùnn bé-har ciann Kríchtèk chôrtt-hu. Eta hèk èrrann céyouénn: Bèthléémé Judácouann ; éci hôula da Profétàk iskiribatùrik : éta hi Bèthléémé,

Judaco lurra, e-hizez Judaco hiri gehienetan tchipiena, eci hitaric elkhico duc, Israel ene populia gobernaturen diaṇ buruzagia.

Ordian Herodesec, Majiac berhez deithuric, galthatu zeyen arrancunareki nouiz agertu zeyen izarra. Eta igorri zutian Bethleemerat, errailen zeyelaric : zoazte, argudia ziteye cheheki haur hartzaz eta ediren dukezienian, jakin-eraz ezadazie, ni ere joan nadin hareṇ adoratzera.

Hourac, errege entzun oundoaṇ, abiatu ziren, eta houna noun aitzinian badoaken ekhi-jaikigian ikhousi zien izarra, hel artio haurra zen lekhiala noun ukhuratu beitzen. Izarraren ikhoustiari boztario handitan jarri ziren. Eta sarthu zirenian etchian, ediren zien haurra, Maria bere amareki, eta ahozpez emanic adoratu zien ; gero bere tresor-ountziac zabalturic, eskentu zeitzoen bere emaitziac : urhe inxenxu eta mirha. Eta mezuturic lotaric elitian utzul Herodesenganat, beste bide batetaric utzuli ziren bere herrialat.

Judáco lùrra, é-hiss èss Judáco híri guéhiénétann tchipiéna, éci hítárik clk-hicó duc, Ijraél éné populía gobernatûrenn díann burussaguía.

Ordían Héródejèk, Májiak bèr-héss déïtt-hurik, galtt-hátu céyènn arranncuraréki noùiss aguértu céyenn isárra. Eta igórri zutíann Bèthléémcrátt, errdïtènn zéyélarik : souasté, argudía citèyé chéhéki hdour hártzaz éta édírenn dukéciéniann, jákinn-éráss éssadacié, ni éré joùann nádinn hárenn adoratcéra.

Hoùrak, érrégué énntsunn oundoùann abiátu cirénn, éta hound noùn aïtcinîann badouakéün ékhi-jaikiguiánn ik-hoùchi ciénn issárra, hèl ártio hdourra cénn lèk-híala noùnn uk-hurátu bèïtcénn. Isárrarcnn ïk-houchtidri bosstarío kanndítann járri cirénn. Eta chártt-hu ciréniann ètchíann, édirenn ciénn hdourra, María béré amaréki, éta ahóspèss émánik adorátu cién ; guéro béré trejór-ountciac sabaltûrik, echkéntu cëïtsouenn béré émáïtciac : ûr-hé, intchénntchu éta mír-ha. Eta méssutûrik lótarik élittann ùtsul Hérodéjènganátt, béchté bidé batétáric utsáli cirénn béré hèrrialátt.

NOTIONS GÉNÉRALES

Des parties du Discours

Quoique ce ne soit pas rigoureusement exact, comme nous l'expliquerons plus tard, nous distinguerons dans la langue basque huit sortes de mots : le nom ou substantif, la préposition, l'adjectif, le pronom, le verbe, l'adverbe, la conjonction et l'interjection.

L'ARTICLE n'existe pas en basque ; c'est en français un petit mot employé pour indiquer qu'un autre mot nommé substantif est pris dans un sens déterminé. Il a aussi quelquefois pour effet d'éviter la confusion entre le singulier et le pluriel, facile dans le langage parlé ; en basque ces deux buts sont remplis par des différences dans la terminaison des mots.

Le PARTICIPE est tantôt adjectif, tantôt partie intégrante du verbe attributif. Nous nous en occuperons au chapitre des adjectifs et à celui du verbe, mais il n'a pas une nature assez tranchée pour que nous en fassions l'objet d'une division. Il faudrait sans cela en faire de même pour l'infinitif qui ne doit pas plus que lui être considéré comme un mode du verbe et qui exerce aussi un double rôle, celui de substantif et celui de verbe.

Des Genres

Il n'y a qu'un seul genre en basque : l'homme bon, *gizoun houna ;* la femme bonne, *emazte houna ;* le vin bon, *ardou houna.*

La seule occasion où le basque modifie son langage d'après le sexe des personnes est quand il emploie la forme familière du verbe. Un homme ne se tutoie pas de la même manière qu'une femme. Cette différence sera expliquée au chapitre du verbe.

Des Nombres

Il y a en basque comme en français deux nombres, le singulier et le pluriel.

Le singulier exprime l'unité absolue ou abstraite.

Le pluriel exprime la multiplicité.

Des Cas

Les différents rapports des mots entre eux sont déterminés en français tantôt par la position que les mots en rapport occupent dans la proposition, tantôt par des prépositions. En basque, un grand nombre de ces rapports sont marqués par des inflexions différentes de la terminaison. Ces variations dans la terminaison sont nommées *cas*. L'ensemble des cas constitue la *déclinaison*.

La partie du mot qui ne subit pas de modification s'appelle *radical*.

La partie du mot variant suivant les différents cas s'appelle *terminaison*.

Comme les prépositions françaises, les terminaisons casuelles basques peuvent modifier toute espèce de mots quand cela est utile pour l'expression de la pensée.

Nous distinguons quatorze cas : trois nominatifs, un vocatif, deux génitifs, quatre datifs, deux accusatifs et deux ablatifs.

I. Les nominatifs expriment le rapport de sujet de la proposition.

Le nominatif est dit simple si l'action ou l'affirmation du verbe se reporte sur le sujet ; ex.: l'homme est bon, *gizouna houn da;*

Il est dit actif lorsque l'action du verbe se porte sur un régime distinct du sujet ; ex. : l'homme aime l'enfance, *gizounac maite du haurkentia* ;

Il est dit dubitatif lorsqu'il est accompagné d'une négation ou d'une interrogation ; ex. : y a-t-il un homme qui puisse, etc., *bada gizounic*, etc.

Ce cas s'emploie aussi lorsque le substantif français est précédé de *de* ou *du* signifiant *un peu de, une partie de* et suivi d'un adjectif possessif ; ex. : donnez-moi de votre pain, *eman ezadazu zoure ogitic*.

Le dubitatif peut encore s'employer avec le superlatif ; ex. : la plus haute montagne, *mendiric gorena*.

II. Le vocatif indique une interpellation, une apostrophe. En français, il est indiqué par la suppression de l'article. En basque, il est semblable au nominatif simple défini ; ex. : homme, écoute, *gizouna, beha ezac* ; hommes, venez, *gizounac, jin ziteye* ; ô race incrédule et dépravée, *o jente sinhexlegabia eta gaistoa*.

III. Les génitifs expriment les rapports généralement indiqués en français par la préposition *de* venant après un substantif.

Le génitif est dit possessif lorsqu'il indique un rapport de parenté, de possession ou de dépendance ; ex. : le fils de Pierre, *Phetiriren semia* ; la maison du père, *aitaren etchia* ;

Il est dit relatif quand il indique un rapport local ; ex. : la fleur du champ, *alhorreco lilia* ; la maîtresse de la maison (celle qui commande dans la maison), *etcheco anderia*.

IV. Les datifs expriment les différents rapports marqués en général en français par la préposition *à*.

Le datif est dit simple quand il indique une simple

transmission ; ex. : je dis à l'homme, *gizounari errailen dut ;* tu donnes à l'enfant, *haurrari emailen duzu ;*

Il est dit de situation quand il indique une situation, un temps ; ex. : je suis à Bayonne, *Bayounan niz ;* à midi, *eguerditan ;*

Ce cas exprime aussi la préposition *dans ;*

Il est dit de direction quand il indique mouvement vers un lieu, mais pour en revenir promptement ou ne faire qu'y passer ; ex. : je vais à l'église (faire une petite prière), *elizala banoa ;*

Il est dit de changement quand il indique mouvement vers un lieu pour s'y établir, ou du moins y faire un séjour ; ex. : je vais à l'église (pour assister à tout l'office), *elizalat banoa.*

V. Les accusatifs expriment le rapport de régime direct du verbe. En français, ce régime n'a généralement avant lui aucune préposition. En basque, il y a deux accusatifs, l'un toujours semblable au nominatif simple, l'autre au nominatif dubitatif ; aussi tous les grammairiens les suppriment. J'ai cru devoir les rétablir, parce que ce cas exprime un rapport spécial bien caractérisé ; ex. : Dieu a fait l'homme, *Jincoac egin du gizouna ;* je ne vois pas d'homme, *eztut ikhousten gizounic.*

VI. Les ablatifs expriment les rapports indiqués généralement en français par la préposition *de* suivant un adjectif ou un verbe.

L'ablatif est dit simple quand il indique l'effet, le moyen, la privation, etc., sans mouvement ; ex. : je parle de l'homme, *gizounaz mintzatzen niz ;* plein de grâce, *graciaz bethe ;* Dieu fit de terre le corps du premier homme, *lurrez lehen gizounaren khorphitza egin zian Jincoac.*

2

Ce cas exprime aussi la préposition *par*.

Cet ablatif indique encore, comme le datif de situation, le temps auquel une chose se fera ; ex. : je le ferai dimanche, *igantez* ou *igantian eginen dut*.

L'ablatif est dit de mouvement quand il indique séparation, extraction, distinction ; ex. : je viens de l'église, *jiten niz elizatic ;* un des hommes que vous connaissez a fait cela, *ezagutzen duzun gizounetaric batec hau egin du*.

De la Construction

La construction est très-indépendante en basque. Tandis qu'en français chaque mot a sa place marquée et qu'on ne peut presque pas en intervertir deux sans rendre la phrase dont ils font partie incorrecte, en basque, à peu d'exceptions près, les mots peuvent se mettre dans l'ordre qui plaît à celui qui parle. Ainsi : *le fils de Pierre aime Paul,* pourra se dire indifféremment : *Phetiriren semiac Phaule maithatzen du,* ou *Phetiriren semiac maithatzen du Phaule,* ou *Phaule Phetiriren semiac maithatzen du,* ou *Phaule maithatzen du Phetiriren semiac,* ou encore *maithatzen du Phaule Phetiriren semiac,* etc.

Il arrive cependant que deux ou plusieurs mots ont relativement une situation forcée. Ainsi, dans l'exemple ci-dessus, *Phetiriren* doit toujours précéder immédiatement *semiac,* et le mot *du* doit toujours être placé immédiatement après le mot *maithatzen.* Nous donnerons les règles qui limitent la liberté de construction à mesure que l'occasion s'en présentera, en expliquant les différentes parties du discours.

CHAPITRE I.

Du Substantif

On appelle nom ou substantif tout mot exprimant un être ou un objet quelconque qui existe soit dans la nature, soit dans notre esprit.

On distingue :

Le substantif commun ou nom commun qui désigne les êtres par l'idée d'une nature commune à tous les individus de la même espèce ;

Et le substantif propre ou nom propre qui désigne les êtres par l'idée de leur nature individuelle.

Du Substantif commun

Les substantifs communs peuvent se décliner de deux manières différentes.

Nous distinguerons donc :

1º La déclinaison indéfinie, lorsque le nom est pris dans un sens indéterminé : homme, cheval, maison, *gizoun*, *zamari*, *elche*. Cette forme n'a qu'un seul nombre qui exprime le singulier et le pluriel indifféremment ;

2º La déclinaison définie, lorsque le nom est pris dans un sens déterminé : l'homme, le cheval, la maison, *gizouna*, *zamaria*, *elchia*. Cette forme a les deux nombres.

Les désinences qui distinguent les différents cas se soudent différemment aux radicaux suivant la lettre qui termine ces derniers. Voici quelques exemples qui familiariseront avec toutes les difficultés.

Radical: GERREN, Broche

DÉCLINAISON INDÉFINIE

nominatif	simple	*gérren*, broche.
	dubitatif	*gerrénic*
	actif	*gerrénec*
génitif....	possessif	*gerrénen*
	relatif	*gerrénelaco*
datif......	simple	*gerréni*
	de situation	*gerrénetan*
	de direction	*gerrénetara*
	de changem*^t*	*gerrénetaral*
accusatif.	simple	*gérren*
	dubitatif	*gerrénic*
ablatif:...	simple	*gerrénez*
	de mouvem*^t*	*gerrénetaric*

DÉCLINAISON DÉFINIE

		Singulier	Pluriel
nominatif	simple	*gerréna*, la broche	*gerrenâc*, les broches
	actif	*gérrénac*	*gerrenéc*
vocatif....		*gerréna*	*gerrenâc*
génitif. ..	possessif	*gerrénaren*	*gerrenén*
	relatif	*gerrenéco*	*gerrenélaco*
datif.	simple	*gerrénari*	*gerrenér*
	de situation	*gerrenían*	*gerrenétan*
	de direction	*gerreníala*	*gerrenétara*
	de changem*^t*	*gerreníalal*	*gerrenétaral*
accusatif.		*gerréna*	*gerrendc*
ablatif....	simple	*gerrénaz*	*gerrenéz*
	de mouvem*^t*	*gerrenétic*	*gerrenétaric*

Radical : LUR, Terre

DÉCLINAISON INDÉFINIE

nominatif	simple	*lur*, terre
	dubitatif	*lúrric*
	actif	*lúrrec*
génitif....	possessif	*lúrren*
	relatif	*lúrretaco*
datif......	simple	*lúrri*
	de situation	*lúrretan*
	de direction	*lúrretara*
	de changem*ᵗ*	*lúrretarat*
accusatif.	simple	*lur*
	dubitatif	*lúrric*
ablatif....	simple	*lúrrez*
	de mouvem*ᵗ*	*lúrretaric*

DÉCLINAISON DÉFINIE

		Singulier	Pluriel
nominatif	simple	*lúrra*, la terre	*lurrác*, les terres
	actif	*lúrrac*	*lurréc*
vocatif....		*lúrra*	*lurrác*
génitif....	possessif	*lúrraren*	*lurrén*
	relatif	*lúrreco*	*lúrretaco*
datif......	simple	*lúrrari*	*lurrér*
	de situation	*lúrrian*	*lurrétan*
	de direction	*lúrriala*	*lurrétara*
	de changem*ᵗ*	*lúrrialat*	*lurrétarat*
accusatif.		*lúrra*	*lurrác*
ablatif....	simple	*lúrraz*	*lurréz*
	de mouvem*ᵗ*	*lúrretic*	*lurrétaric*

———

Radical: AÑHERA, Hirondelle

DÉCLINAISON INDÉFINIE

nominatif	simple	*añhéra*, hirondelle
	dubitatif	*añhéraric*
	actif	*añhérac*
génitif. ...	possessif	*añhéraren*
	relatif	*añhérataco*
datif	simple	*añhérari*
	de situation	*añhératan*
	de direction	*añhératara*
	de changem.^t	*añhératarat*
accusatif.	simple	*añhéra*
	dubitatif	*añhéraric*
ablatif....	simple	*añhéraz*
	de mouvem.^t	*añhérataric*

DÉCLINAISON DÉFINIE

		Singulier	Pluriel
nominatif	simple	*añherá*, l'hirondelle	*añherác*, les hirondelles
	actif	*añherác*	*añheréc*
vocatif....		*añherá*	*añherác*
génitif....	possessif	*añheráren*	*añherén*
	relatif	*añheráco*	*añherétaco*
datif......	simple	*añherári*	*añherér*
	de situation	*añherán*	*añherétan*
	de direction	*añherála*	*añherétara*
	de changem.^t	*añheraldt*	*añherétarat*
accusatif	simple	*añherá*	*añherác*
ablatif....	simple	*añheráz*	*añheréz*
	de mouvem.^t	*añherátic*	*añherétaric*

Radical : ARRETCHE, Veau

DÉCLINAISON INDÉFINIE

nominatif	simple	*arétche*, veau
	dubitatif	*arétcheric*
	actif	*arétchec*
génitif....	possessif	*arétcheren*
	relatif	*arétchetàco*
datif......	simple	*arétchei*
	de situation	*arétchetan*
	de direction	*arétchetara*
	de changem^t	*arétchetarat*
accusatif.	simple	*arétche*
	dubitatif	*arétcheric*
ablatif....	simple	*arétchez*
	de mouvem^t	*arétchetaric*

DÉCLINAISON DÉFINIE

		Singulier	Pluriel
nominatif	simple	*aretchia*, le veau	*aretchiàc*, les veaux
	actif	*aretchiac*	*aretchéc*
vocatif....		*aretchia*	*aretchiàc*
génitif....	possessif	*aretchiaren*	*aretchén*
	relatif	*aretchéco*	*aretchétaco*
datif......	simple	*aretchiari*	*aretchér*
	de situation	*aretchian*	*aretchétan*
	de direction	*aretchiala*	*aretchétara*
	de changem^t	*aretchialat*	*aretchétarat*
accusatif	simple	*aretchia*	*aretchiàc*
ablatif....	simple	*aretchiaz*	*aretchéz*
	de mouvem^t	*aretchétic*	*aretchétaric*

Radical : CHORI, Oiseau

DÉCLINAISON INDÉFINIE

nominatif	simple	*chóri*, oiseau
	dubitatif	*choriric*
	actif	*chóric*
génitif....	possessif	*choriren*
	relatif	*choritáco*
datif......	simple	*choriri*
	de situation	*choritan*
	de direction	*choritára*
	de changem¹	*choritarát*
accusatif.	simple	*chóri*
	dubitatif	*choriric*
ablatif....	simple	*chóriz*
	de mouvem¹	*choritáric*

DÉCLINAISON DÉFINIE

		Singulier	Pluriel
nominatif	simple	*choria*, l'oiseau	*choriác*, les oiseaux
	actif	*choriac*	*choriéc*
vocatif...		*choria*	*choriác*
génitif....	possessif	*choriaren*	*chorién*
	relatif	*chorico*	*choriétaco*
datif......	simple	*choriari*	*choriér*
	de situation	*chorian*	*choriétan*
	de direction	*choriala*	*choriétara*
	de changem¹	*chorialat*	*choriétarat*
accusatif	simple	*choria*	*choriác*
ablatif....	simple	*choriaz*	*choriéz*
	de mouvem¹	*choritic*	*choriétaric*

Radical : OLLO, Poule

DÉCLINAISON INDÉFINIE

nominatif	simple	*óllo*, poule
	dubitatif	*ollóric*
	actif	*ólloc*
génitif....	possessif	*ollóren*
	relatif	*ollotáco*
datif......	simple	*ollóri*
	de situation	*ollótan*
	de direction	*ollotára*
	de changem^t	*ollotarát*
accusatif.	simple	*óllo*
	dubitatif	*ollóric*
ablatif....	simple	*ólloz*
	de mouvem^t	*ollotáric*

DÉCLINAISON DÉFINIE

		Singulier	Pluriel
nominatif	simple	*ollóa*, la poule	*olloác*, les poules.
	actif	*ollóac*	*olloéc*
vocatif....		*ollóa*	*olloác*
génitif. ..	possessif	*ollóaren*	*olloén*
	relatif	*ollóco*	*olloétaco*
datif......	simple	*ollóari*	*olloér*
	de situation	*ollóan*	*olloétan*
	de direction	*ollóata*	*olloétara*
	de changem^t	*ollóalat*	*olloétarat*
accusatif	simple	*ollóa*	*olloác*
ablatif....	simple	*ollóaz*	*olloéz*
	de mouvem^t	*ollótic*	*olloétaric*

Radical : CELU, Ciel

		DÉCLINAISON INDÉFINIE	DÉCLINAISON DÉFINIE	
			Singulier	Pluriel
nominatif	simple	célu, ciel	celia	celiâc
	dubitatif	celúric		
	actif	céluc	celiac	celiéc
vocatif...			celia	celiâc
génitif....	possessif	celúren	celiaren	celién
	relatif	celutácò	celìco	celiétaco
datif......	simple	celúri	celiari	celiér
	de situation	celútan	celian	celiétan
	de direction	celutára	celiala	celiétara
	de changem'	celutardt	celialat	celiétaral
accusatif.	simple	célu	celia	celiâc
	dubitatif	celúric		
ablatif....	simple	céluz	celiaz	celiéz
	de mouvem'	celutáric	celútic	celiétaric

On voit par les exemples ci-dessus que, contraire-
ment aux langues classiques, la langue basque exprime
toujours le même rapport par la même désinence, et
que le tableau des terminaisons peut être résumé de
la manière suivante :

		DÉCLIN. INDÉFINIE	DÉCLIN. DÉFINIE	
			Singulier	Pluriel
nominatif	simple		a	ac
	dubitatif	ic		
	actif	c	ac	ec
vocatif....			a	ac
génitif....	possessif	ren	aren	en
	relatif	taco	co	etaco

datif......	simple	*i*	*ari*	*er*
	de situation	*tan*	*an*	*etan*
	de direction	*tara*	*ala*	*etara*
	de mouvem^t	*tarat*	*alat*	*etarat*
accusatif.	simple		*a*	*ac*
	dubitatif	*ic*		
ablatif....	simple	*z*	*az*	*ez*
	de mouvem^t	*taric*	*tic*	*etaric*

On voit aussi, par les exemples ci-dessus, que l'euphonie fait apporter au radical les modifications suivantes :

I. Lorsque le radical finit par une consonne :

1° On ajoute un *e* euphonique à tous les cas où la terminaison commence par une consonne, à moins que la finale du radical et l'initiale de la désinence puissent se prononcer l'une après l'autre avec facilité. Ainsi on peut dire : *gizountan, gizountaric*; il est néanmoins mieux de dire : *gizounetan, gizounetaric.*

2° On ajoute un *i* euphonique devant la terminaison aux datifs de situation, de direction et de changement de la déclinaison définie. Le mot *goiz*, matin, peut prendre ou ne pas prendre cet *i*. On dit : *goizan* et *goizian.*

3° Lorsque la finale du radical est *r*, cette lettre se double devant la terminaison. Un petit nombre de mots tels que : *hour*, eau ; *zour*, bois ; *ceder*, cave ; *tirader*, tiroir, etc., fait exception. On dit : *houra, zoura, cedera*, etc.

II. Lorsque le radical se termine par une voyelle :

1º Si cette voyelle est *a*, la déclinaison indéfinie se distingue de la déclinaison du singulier défini, dans la plupart des cas, par le déplacement de l'accent tonique.

2º Si la finale du radical est *e* ou *u*, elle se change en *i* à tous les cas où la terminaison commence par *a* ou *e*, excepté dans le mot *su*, feu, et ses composés qui introduisent un *y* entre le radical et la terminaison à tous les cas où cette dernière commence par une voyelle.

3º Si la finale du radical est *i*, *o* ou *u*, on place un *r* euphonique avant la terminaison à tous les cas où celle-ci commence par un *i*, et à ceux de la déclinaison indéfinie où la terminaison commence par un *e*.

Des Noms propres

Les noms propres n'ont qu'une déclinaison dont les désinences sont prises en général à la déclinaison indéfinie. Voici deux exemples de noms propres de lieux :

Radical : MAULE, Mauléon   BAYOUNA, Bayonne

nominatif	simple	*Máule*	*Bayóuna*
	dubitatif	*Máuleric*	*Bayounáric*
	actif	*Máulec*	*Bayóunac*
vocatif...		*Máule*	*Bayóuna*
génitif....	possessif	*Máuleren*	*Bayóunaren*
	relatif	*Máuleco*	*Bayounáco*

datif......	simple	*Máuleri*	*Bayóunari*
	de situation	*Máulen*	*Bayóunan*
	de direction	*Máulera*	*Bayounára*
	de changem^t	*Máulerat*	*Bayounarát*
accusatif.	simple	*Máule*	*Bayóuna*
	dubitatif	*Máuleric*	*Bayounáric*
ablatif....	simple	*Máulez*	*Bayóunaz*
	de mouvem^t	*Máuleric*	*Bayounáric* et *tic*

Les noms propres d'êtres intelligents se déclinent de même, excepté au datif de situation où ils prennent la terminaison *tan* au lieu de la terminaison *n* : *Phaule*, Paul, *Phauletan*; *Maria*, Marie, *Mariatan*. Cependant, lorsqu'ils sont régis par la préposition *sur*, *gañen*, ils ne prennent que la terminaison en *n*; ex : J'ai confiance en Paul, *Phauletan confidancha badut*; l'enfant est sur Paul, *Phaulen gañen da haurra*.

On voit, par ce qui précède, que la déclinaison des noms propres présente les terminaisons suivantes :

nominatif	dubitatif	*ic*
	actif	*c*
génitif....	possessif	*ren*
	relatif	*co*
datif......	simple	*i*
	de situation	*n, tan*
	de direction	*ra*
	de changem^t	*rat*
accusatif	dubitatif	*ic*
ablatif....	simple	*z*
	de mouvem^t	*ric* et *tic*

Les règles euphoniques sont les mêmes pour les noms propres que pour les noms communs.

Remarques .

Lorsque les noms représentant des êtres intelligents devraient être placés au datif de situation, de direction, de changement ou à l'ablatif de mouvement, on les met généralement au génitif possessif ou à l'accusatif simple en les faisant suivre des mots *beithan*, *gana*, *ganat*, *ganic* ou *beitharic*; ex. : il alla à l'ange, *joan zen ainguriaren gana*; je reçois de l'homme, *errecevitzen dut gizounaganic*; je vais à Pierre, *Pheliriven gana banoa*.

Le nom de *Jinco*, Dieu, a une manière spéciale de se décliner; le radical est *Jinco*, et cependant il se décline en suivant la déclinaison définie des noms communs, excepté au datif de situation, cas auquel il fait *Jincoatan*, au lieu de *Jincoan*. Comme tous les noms d'êtres intelligents, il remplace les datifs de direction, de changement et l'ablatif de mouvement par l'accusatif simple ou le génitif possessif suivis de *gana*, *ganat*, *ganic* ou *beitharic*, et peut remplacer le datif de situation par le génitif possessif ou accusatif simple suivis de *beithan*; ex. : il n'y a qu'un Dieu, *ezta Jinco bat baicic*; j'ai confiance en Dieu, *Jincoatan* ou *Jincoaren beithan* ou *Jincoabeithan confidancha badut*; tout pouvoir vient de Dieu, *Jincoaganic* ou *Jincoarenganic jiten da pholere gucia*.

Le mot *etche*, maison, se décline à tous les cas de l'indéfini et du défini singulier et pluriel comme *aretche*; mais quand quelqu'un emploie ce mot pour désigner sa propre maison, son *chez soi*, il use, à certains cas, des désinences des noms propres; ainsi il dira : *etchen da*, il est à la maison; *etchera* et *etche-*

rat joan da, il est allé à la maison ; *etcheric elki da,* il est sorti de la maison. Cependant on peut très-bien dire, et on dit aussi : *etchian da, etchiala joan da, etchetic elkhi da.*

De même, le Basque emploie le mot *erregue,* roi, à la forme indéfinie, comme un nom propre, quand il veut désigner son roi, le roi de France ; *erregue hellu da,* le roi est arrivé; *erreguec erran du,* le roi a dit ; *erregueren semia,* le fils du roi ; *erregueri mintzatu da,* il a parlé au roi ; *erreguez mintzatzen da,* il parle du roi. Il n'en est pas de même de *emperadoria,* l'empereur, qui est employé toujours au défini.

I. Un substantif suit la déclinaison indéfinie :

1º Généralement quand en français il n'est pas précédé de l'article ;

2º Quand il est précédé en français de *du, de la, des,* ayant un sens général ; ex. : du pain, *ogi ;* donnez-moi des pommes, *eman ezadazu sagar ;*

3º Lorsqu'il est précédé d'un nom de nombre ou d'un abverbe de quantité ; ex. : trois chevaux, *hirour zamari ;* vingt hommes, *hogei gizoun ;* beaucoup de femmes, *hanitz emazte.*

Si, néanmoins, les noms de nombre sont précédés, en français, de l'article, on doit employer la déclinaison définie ; ex. : les trois chevaux, *hirour zamariac;* les vingt hommes, *hogei gizounac.*

II. Un substantif suit la déclinaison définie :

1º En général, quand en français il est précédé de l'article ;

2º Quand il est précédé d'un pronom possessif ; ex. : mon ami, *ene adiskidia* ; votre femme, *zoure emaztia* ;

3º Lorsqu'il est apposé à un autre substantif pour en expliquer ou en modifier le sens ; ex. : Thayer, ministre de la religion protestante, *Thayer erreligione protestantaren ministroa*.

III. Un substantif suit la déclinaison des noms propres :

1º Quand il est pris dans un sens spécial ; ex. : je vais à la maison (chez moi), *etcherat banoa* ;

2º Quand il traduit un infinitif français : je vais voir, *ikhoustera banoa* ; je l'ai vu perdre son argent, *bere dihariaren galtzen ikhousi dut* ;

3º Quand il est régi par la préposition *gañen, sur* ; ex. : le fils de Dieu est mort sur la croix, *Jincoaren semia khurutchen gañen hil da* ; le pain est sur la table, *mahañen gañen da ogia*.

On peut cependant aussi dire : *khurutchian* et *khurutchiaren gañen, mahañian* et *mahañaren gañen*.

Les explications déjà données (notions générales des cas), fixent dans beaucoup de circonstances pour le cas auquel il faut mettre un substantif. Il est cependant quelques rapports dont il faut préciser l'expression plus complétement.

De, placé entre deux substantifs, peut marquer :

1º Un rapport de possession ou de parenté. Alors il se rend par le génitif possessif ; ex. : la maison du père, *aitaren etchia* ; le fils de Pierre, *Pheteriren semia* ;

2º Un rapport de situation. Dans ce cas, il se rend par le génitif relatif ; ex. : la fleur du champ, *alhorreco lilia ;*

3º Un rapport d'essence naturelle, et il se rend par le radical ; ex. : la branche de chêne, *harilz adarra ;* la laine de brebis, *ardi ilhia ;*

4º Un rapport de composition, et il se rend par l'ablatif simple indéfini suivi de la particule *co ;* ex. : une maison de bois, *zourezco elche bat ;* une pièce d'or, *urhezco pheza bat.*

De n'est quelquefois que l'accompagnement obligé de la négation. Il a pour effet de faire mettre le substantif qui le suit au cas dubitatif ; ex. : il n'a pas d'ami, *eztu adizkideric.*

––––––––––

Lorsque deux ou plusieurs substantifs se suivent en étant le complément les uns des autres, le substantif qui forme complément doit être mis immédiatement avant celui qu'il qualifie ; ex. : le livre du père, *aitaren libria* et non *libria aitaren ;* la maison du fils de l'homme de Mauléon, *Mauleco gizounaren semiaren etchia ;* le maître de la pièce d'argent, *zilharezco phezaren jabia.*

––––––––––

Quand deux ou plusieurs substantifs sont tous ou sujets ou régimes d'un même mot, ils peuvent ou se mettre tous au cas voulu auquel chacun serait s'il était seul, ou se mettre tous au radical, à l'exception du dernier qui seul prend la terminaison casuelle exigée. Le seigneur et le maître du champ, *alhorraren jauna eta nausia,* ou bien *alhorraren jaun eta nausia ;* le

3

maître des chevaux, des troupeaux et des champs, *zamarien*, *hazienden eta alhorren nausia*, ou bien *zamari*, *hacienda eta alhorren nausia*. Cette dernière manière est plus employée, parce qu'elle évite la répétition monotone de la même terminaison.

Du Substantif verbal

L'infinitif français est quelquefois employé substantivement : *le manger, le boire*. Mais ça n'a lieu que rarement pour un petit nombre de verbes, et dans ce cas, au lieu de suivre la règle des substantifs ordinaires, il est toujours invariable. Les infinitifs basques, au contraire, sont de vrais substantifs. Ils ont certaines propriétés particulières que nous expliquerons au chapitre du verbe ; mais ils obéissent aux règles des autres substantifs, et nous devons par suite nous en occuper ici.

L'infinitif ou substantif verbal peut suivre les trois formes de déclinaison. Il suit cependant plus généralement la forme indéfinie usitée pour les noms propres ; ex. : je vais boire, *edatera banoa* (je vais au boire) ; manger est nécessaire à l'homme, *jatia gizonari beharrezco da* (le manger est, etc.).

Il résulte du caractère de l'infinitif que, lorsqu'un substantif est en français régime d'un infinitif, il se trouve en basque être le complément d'un substantif, et il doit être mis au cas demandé par son rapport avec ce substantif ; ex. : je l'ai vu envoyer le domestique ; tournez : je l'ai vu dans l'envoyer du domestique, *mithilaren igorten ikhousi dut* ; nous sommes créés pour servir Dieu, *creaturic gira Jincoaren cerbutchatzeco* (pour le servir de Dieu).

Thême

La vie des champs donne le repos de l'âme. La sobriété est la santé de l'âme et du corps. La réputation vaut mieux que la richesse. L'homme est né pour travailler, comme l'oiseau pour voler. Qui donne au pauvre prête à Dieu. La richesse attire beaucoup d'amis, la pauvreté les éloigne. La patience dans le malheur donne le contentement de l'âme. Hommes des champs, allez à la ville, vous y vivrez dans la gêne. Il m'a parlé du malheur de son frère et de la douleur de son père. Je viens de la fontaine. J'ai vu un homme qui venait des forêts de la montagne.

Vie, *bicitze*	Pauvreté, *práubecia*
Champ, *álhor*	Les éloigne, *ohiltzen dutu*
Donne, *emátten du*	Patience, *báthi*
Repos, *pháusu*	Malheur, *zori gáisto*
Ame, *aríma*	Contentement, *eliki*
Sobriété, *sobrecia*	Allez, *zoazté*
Est, *da*	Ville, *híri*
Santé, *ossagárri*	Vous y vivrez, *biciren ziraye.*
Corps, *khórpitz*	Gêne, *nekeciá*
Réputation, *fáma*	Il m'a parlé, *mintzátu záit*
Vaut mieux que, *hobe da eciez*	Son, *bére*
Richesse, *aberaxtárzun*	Frère, *anáye*
Est né pour travailler, *sórthu da lanegitéco*	Et, *eta*
	Douleur, *bihozmín*
Comme, *hala nóula*	Père, *aita*
Pour voler, *hegaltatzéco*	Je viens, *jiten niz*
Qui donne, *emáiten diánac*	Fontaine, *uthurri*
Pauvre, *práube*	J'ai vu un homme qui venait, *ikhousi dut gizoun bat jiten*
Prête, *pherestátzen du*	
Attire, *biltzen du*	Forêt, *óihan*
Beaucoup, *hanítz*	Montagne, *méndi*
Amis, *adiskíde*	—

CHAPITRE II

De la Préposition

La préposition est en français un mot invariable qui
sert à exprimer les rapports que les mots ont entre
eux.

En basque il n'y a pas, à proprement parler, de prépositions. Les prépositions françaises se rendent d'une
des trois manières suivantes :

1° Par les différents cas de la déclinaison ;

2° Par des particules qui se soudent à la fin des
mots. Ces derniers sont mis tantôt au radical, tantôt
à un cas déterminé, suivant chaque particule ;

3° Par des substantifs placés tantôt au radical, tantôt à un cas variant avec leur rôle dans la proposition. Ces substantifs ne sont pas tous usités à
tous les cas. Néanmoins, comme les autres substantifs, ils se placent toujours après le nom qu'ils régissent.

On voit par ce qui précède que la dénomination de
préposition est essentiellement impropre au basque.
Cependant, cherchant le plus possible à conserver les
termes employés dans les grammaires françaises, nous
désignerons sous le nom de prépositions les particules postpositives et les substantifs dont on se sert
pour traduire les prépositions françaises qui ne peuvent pas être rendues par la déclinaison.

Nous distinguerons donc :

1° Les prépositions qui se joignent au substantif ;

2° Les prépositions indépendantes.

Des Prépositions qui se joignent
au Substantif

Les prépositions qui se joignent au substantif ont beaucoup de rapport avec les terminaisons de la déclinaison. La distinction est presque nulle, et il n'est pas deux grammairiens d'accord sur le point de séparation.

Pour nous, la terminaison casuelle est celle qui s'ajoute au radical et qui varie suivant que le nom est au singulier ou au pluriel, au défini ou à l'indéfini. La particule finale qui vient s'unir à un cas et se joint également au singulier et au pluriel de ce cas est, au contraire, une préposition.

Ces prépositions sont :

Ki, kin, kila, avec, se mettant après le génitif possessif dont l'*n* final se supprime ; ex. : *gizounareki*, avec l'homme : *gizouneki*, avec les hommes.

Nota. — Il ne faut pas confondre *ki*, préposition, avec *ki*, désinence adverbiale, ni avec *ki* donnant à un nom une signification restrictive ; dans ces deux derniers cas, *ki* se place immédiatement après le radical ; ex. : *ezti*, doux ; *eztiki*, doucement ; *ollo*, poule ; *olloki*, viande de poule ; *idiki*, viande de bœuf.

Tzat, taco, pour, se mettant après le génitif possessif et quelquefois après le radical : *gizounarentzat, gizounarentaco*, pour l'homme ; *gizounentzat, gizounentaco*, pour les hommes ; *senhartzat*, pour mari ; *hartu dut nescatotaco*, je l'ai prise pour servante.

No, drano, jusques, se mettant après le datif de direction ; ex. : *hirialano* ou *hirialadrano*, jusqu'à la ville : *nitarano*, jusqu'à moi, et *nitaradrano*.

Co, de et *pour*, se mettant soit après le radical, soit après les datifs de situation et de direction, en leur laissant leur signification propre : ex. : *othoïzeco*, pour prier ; *goizeco othoïzia*, la prière du matin ; ou *goizanco othoïzia*, la prière de dans le matin ; *etcheuco arropa*, l'habit de dans la maison ; *Bayounaraco bidia*, le chemin de pour (aller à) Bayonne.

Cette particule *co* est employée très-fréquemment.

Dans certains cas, elle est la marque du génitif relatif ; ex. : *alhorreco lilia*, la fleur du champ.

Placée après l'ablatif simple, elle indique la matière dont une chose est faite ; ex. : *zourezco etche bat*, une maison de bois.

Après les substantifs verbaux, elle traduit la préposition *pour* ; ex. : *maithatzeco*, pour aimer ; *jateco*, pour manger ; *egoiteco*, pour rester.

Enfin, d'autrefois *co* donne aux mots une signification adjective ; ex. : *bezala*, comme ; *bezalaco*, semblable à ; *egias*, en vérité ; *egiazco*, véritable.

Un mot suivi de la préposition *co* peut de nouveau prendre les différentes inflexions de la déclinaison ; ex. : *Bayounaracoan*, dans le (chemin) pour (aller) à Bayonne, c'est-à-dire en allant à Bayonne ; *etchencoari so egizu*, regardez celui de dedans la maison.

Les prépositions suivantes tiennent des précédentes en ce qu'elles se joignent au substantif, et des prépositions indépendantes en ce qu'elles sont de vrais substantifs dont certains cas ne sont pas usités. Certains écrivains les séparent du substantif :

Beithan, chez, sans mouvement.

Beithara,
Gana, } chez, vers, avec mouvement.
Ganat,

Beitharic, }
Ganic, \ de chez.

Ces prépositions veulent le nom qu'elles régissent au génitif possessif ou à l'accusatif ; ex. : *zu beithan izanen nuzu*, je serai chez vous ; il est allé vers l'homme, *gizounagana* ou *gizounaren gana joan da.*

Gatic, à cause de et *malgré*, avec le génitif possessif ou l'accusatif ; ex. : *gizouna gatic* ou *gizounaren gatic,* à cause de l'homme ou malgré l'homme. Le génitif est le plus généralement employé pour exprimer *à cause de,* et l'accusatif pour rendre *malgré.*

Gabe, sans, avec l'accusatif : *gizouna gabe,* sans l'homme ; *gizounac gabe,* sans les hommes.

Des Prépositions indépendantes

Les principales prépositions indépendantes sont :

Aitzinian, aitziniala, aitzinetic, avant, devant, au devant, de devant ;

Oundoan, ondoala, oundotic, après, d'après.

Ces prépositions veulent le nom qu'elles régissent au génitif possessif ou au radical ; ex. : avant et après le repas, *apairu aitzinian eta oundoan;* devant l'église, *elizaren aitzinian.*

Aldian, aldiala, aldetic, à côté de, d'à côté.

Saihexian, même signification.

Arabera
Arauera } selon, suivant.

Barnen, barniala, barnetic, dans, de dedans.

Cantian, cantiala, cantutic, auprès.

Countre, contre.

Eretzian, eretciala, eretcetic, à l'égard de, vis-à-vis.

Givelian, giveliala, giveletic, derrière, de derrière.

Huillan, huillaniala, huillanetic, près, de près.

Hurrun, hurruniala, hurrunetic, loin, de loin.

Pian, piala, petic, sous, de sous.

Ces prépositions veulent avant elles le génitif possessif ; ex. : je viens d'à côté de l'église ; *elizaren aldelic jiten niz ;* évangile suivant saint Matthieu, *evangelioa S. Mathiuren arauera.*

Gañen, gañelic, sur, de sur ; avec le génitif possessif ou le datif de situation. Celui de la déclinaison des noms propres est le plus fréquemment employé ; ex. : sur la croix, *khurutchiaren* ou *khurutchen gañen.*

Campo, campoan, campolic, hors, de hors ; landan, après ; avec l'ablatif de mouvement : ex. : où ira notre âme après le jugement particulier ? *noural joanen da goure arima jujamentu particularrelic landan ?*

Nous renouvelons l'observation déjà faite que les prépositions indépendantes sont en basque, à proprement parler, des cas divers de substantifs. Ainsi, *aitzinian, aitziniala, aitcinelic ; ondoan, ondoala, ondolic ; aldian, aldiala, aldelic ; barnen, barniala, barnelic,* etc., ne sont que les datifs et l'ablatif des substantifs *aitzine, ondo, alde, barne,* etc.

Thème

La clé de la cave est avec l'amadou dans le tiroir de l'armoire près de la fenêtre. Allez jusqu'au village, vous trouverez une femme et un enfant dans la cabane, sous l'arbre, à côté de l'église. Ceci est pour la femme et cela pour l'enfant. Le livre est sur la table, dans la prairie, devant le château. Après le livre, vous prendrez la plume et vous l'apporterez dans la chambre de Marie. Vous trouverez l'écheveau dans le panier, sur la chaise, à côté de la cheminée, dans ma chambre.

Clé, *giltz*

Cave, *ceder*

Est, *da*

Amadou, *arday*

Tiroir, *tirader*

Armoire, *caminel*

Fenêtre, *leiho*

Allez, *zoaza*

Village, *herri*

Vous trouverez, *edirenen duzu*

Une femme, *emazte bat*

Un enfant, *haur bat*

Cabane, *etchola*

Arbre, *zuhañ*

Eglise, *eliza*

Ceci, *hau*

Cela, *hori*

Livre, *libru*

Table, *mahañ*

Prairie, *sorho*

Château, *jauregi*

Vous prendrez, *hartuco duzu*

Plume, *luma bat*

Vous l'apporterez, *ekharrico duzu*

Chambre, *khambera*

Vous trouverez, *edirenen duzu*

Echeveau, *mathaza.*

Panier, *escuzare.*

Chaise, *caidera.*

Cheminée, *chaminia.*

CHAPITRE III

Des Adjectifs

L'adjectif exprime les qualités du substantif, les différentes manières d'être sous lesquelles nous le considérons.

Les adjectifs basques peuvent, comme les substantifs, prendre les terminaisons casuelles quand la place qu'ils occupent dans la proposition le rend utile.

Lorsqu'un adjectif et le substantif auquel il se rapporte sont tous deux sujets ou tous deux régimes de la proposition, l'un des deux seulement, et toujours celui qui est le dernier, prend la préposition casuelle ; l'autre est mis au radical, et quelquefois au nominatif dubitatif; ex.: l'homme bon, *gizoun houna*, et non pas *gizouna houna*; mon fils, *ene semia*, et non pas *enia semia*.

<small>Il n'y a à cette règle qu'une exception. Avec l'adjectif indéfini *oro*, *tout*, le substantif, bien que se plaçant le premier, peut prendre la terminaison casuelle.</small>

Lorsque l'adjectif se rapporte à un nom d'être intelligent, il prend au datif de situation, de direction, de changement et à l'ablatif de mouvement, au lieu de la terminaison propre à ces cas, les prépositions *beithan*, *ganat*, *ganat*, *ganic* ou *beitharic* avec le génitif possessif ou l'accusatif, comme aurait fait le substantif; ex.: il alla à cet homme, *joan zen gizoun haren gana*; je reçois de ce père, *aila horren ganic erreccvitzen dut*.

Les prépositions terminales se joignent aux adjectifs comme aux substantifs; ex.: avec l'homme bon, *gizoun hounareki*.

On distingue deux sortes d'adjectifs: les adjectifs qualificatifs et les adjectifs déterminatifs.

Des Adjectifs qualificatifs

Les adjectifs qualificatifs sont ceux qui s'ajoutent au substantif pour en exprimer la qualité.

Les adjectifs qualificatifs se déclinent comme les substantifs et suivant les mêmes règles.

Radical: HOUN, bon, bonne

		INDÉFINI	DÉFINI	
			Singulier	Pluriel
nominatif	simple	*houn*	*hóuna*	*hounde*
	dubitatif	*hóunic*		
	actif	*hóunec*	*hóunac*	*hounéc*

vocatif...				hóuna	hounác
génitif....	possessif		hóunen	hóunaren	hounén
	relatif	hóuntaco / hóunetaco		hóuneco	hounétaco
datif......	simple		hóuni	hóunari	hounér
	de situation	hóuntan / hóunetan		hóunian	hounétan
	de direction	hóuntara / hóunetara		hóuniala	hounétara
	de changem¹	hóuntarat / hóunetarat		hóunialat	hounétarat
accusatif.	simple		houn	hóuna	hounác
	dubitatif		hóunic		
ablatif....	simple		hóunez	hóunaz	hounéz
	de changem¹	hóuntaric / hóunetaric		hóunetic	hounétaric

L'adjectif qualificatif se place toujours après le substantif auquel il se rapporte ; il se met au cas où se mettrait le substantif s'il était seul ; ex. : la grande maison, *etche handia*; le père du joli enfant, *haur eijeraren aita*.

Lorsque plusieurs adjectifs qualificatifs accompagnent le même substantif, le dernier d'entre eux se met au cas où aurait été le substantif s'il eût été seul, et les autres se mettent généralement au radical ; ex.: l'homme grand et bon, *gizoun handi eta houna*; la maison du père bon et chéri, *aita houn eta mailiaren elchia*. On peut néanmoins dire aussi : *gizoun handia eta houna*, etc.

Lorsque l'adjectif qualificatif est séparé du substantif qu'il qualifie par le verbe, il se met au radical, et si la proposition est affirmative, il se place avant

le verbe ; ex. : l'homme est bon, *gizouna houn da.*
Si la proposition est négative, il se met après le
verbe ; ex. : l'homme n'est pas bon, *gizouna ezta
houn.*

Thème

L'homme bon est aimé. La femme douce, spiri-
tuelle et vertueuse rend heureux ceux qui l'entourent. La maison du méchant homme est vue avec
crainte. J'ai dit à votre riche cousin que j'avais vu le
chien noir. Je vais à la belle maison du nouvel ami.
Je viens du champ moissonné. J'ai parlé avec le
vieux laboureur de la nouvelle récolte. Elle n'est ni
belle ni abondante. La nouvelle est triste pour le pauvre propriétaire.

Est aimé, *maithaturic da*

Doux, *ezti*

Spirituel, *entclegutsu*

Vertueux, *vertutous*

Rend, *errendatzen tu*

Heureux, *dohatsu*

Ceux qui l'entourent, *aldecoac*

Méchant, *gaisto*

Est vue, *ikhousiric da*

Crainte, *beldur*

J'ai dit, *erran deyot*

Votre cousin, *zoure cosi*

Riche, *aberats*

Que j'avais vu, *ikhousi niala*

Chien, *tchakhur*

Noir, *belz*

Je vais, *banoa*

Beau, *eder*

Nouveau, *berri*

Je viens, *jiten niz*

Champ, *alhor*

Moissonné, *berazautu*

J'ai parlé, *mintzatu niz*

Vieux, *zahar*

Laboureur, *haitzurle*

Récolte, *uztac* (au pluriel)

Elle n'est, *eztira*

Ni, ni, *ez, ez*

Abondant, *franco*

Nouvelle, *berri*

Est, *da*

Triste, *triste*

Pauvre, *gacho*

Propriétaire, *jabe*

Des degrés de comparaison

Les degrés de comparaison servent à indiquer que la qualité exprimée par l'adjectif s'applique à un être ou objet avec autant, plus ou moins d'intensité qu'à un autre pris pour terme de comparaison, ou encore avec plus ou moins d'intensité qu'à d'autres objets de la même espèce.

Il y a trois degrés de comparaison :

1° Le comparatif d'égalité indique que la qualité exprimée par l'adjectif se trouve en quantité égale dans l'objet principal et dans le terme de comparaison ; ex. : Jean est aussi grand que Pierre ;

2° Le comparatif de supériorité ou d'infériorité relative, ou comparatif proprement dit, sert à exprimer que l'objet désigné possède la qualité exprimée par l'adjectif plus ou moins que le terme de comparaison ; ex. : la pêche est plus savoureuse que la noix ; la poire est moins acide que la pomme ;

3° Le comparatif de supériorité ou d'infériorité absolue ou superlatif indique que l'objet désigné possède la qualité exprimée par l'adjectif plus que d'autres ou tous les autres de la même espèce ; ex. : le plus grand des trois, la plus haute des montagnes.

1° Comparatif d'égalité

Autant, aussi... que, s'expriment par *bezañ*, placé après le substantif qui sert de terme de comparaison ; ex. : *aussi* blanc *que* la neige, *elurra* BEZAÑ *chouri*.

Lorsque *aussi, autant* ne sont pas suivis de *que*, ils s'expriment par *hañ*, précédant l'adjectif : ex. : il est *aussi* bon, HAÑ *houn da* ; vous êtes grand, votre frère ne l'est pas *autant*, *handi zira*, *zoure anayia ezta* HAÑ.

Aussi... que, *autant de... que*, *autant de... que de*, s'expriment par *bezañ*, *bezambat* ou *bezambeste*, précédés du nom, adjectif, pronom ou verbe, qui suit le *que* français, et suivis du nom, adjectif, pronom ou verbe antécédent en français ; ex. : il n'a pas *autant* d'argent *que de* maux, *eztu gaitz* BEZAMBAT *diharu* ; il est *aussi* riche *que* bon, *aberats* BEZAÑ *houn da* ; il n'est pas *aussi* heureux *qu'*on le croit, *ezta ouste dien* BEZAÑ *irous*.

Autant, répété, se traduit par *hambeste... hañ*: ex. : *autant* il est bon, *autant* il est malheureux, HAMBESTE *houn da*, HAÑ *da malirous*.

2° Du Comparatif proprement dit

1° Le comparatif de supériorité *plus* s'exprime en ajoutant *ago* après le radical de l'adjectif : ex. : plus grand, *zandiago*.

Si le radical est terminé par *r*, on double cette lettre comme dans la déclinaison ; ex. : plus beau, *ederrago*.

Le mot *houn*, *bon*, a le comparatif régulier *hounago* ; on emploie cependant plus souvent, pour exprimer le comparatif français *meilleur*, les mots *hobe* ou *hobiago*.

Lorsque *plus* est suivi de *que*, ce dernier s'exprime par *beno*, placé après le mot qui sert de terme de comparaison ; ex. : plus grand *que* l'homme, *gizouna* BEÑO *handiago*. Quand le *que* est suivi d'un verbe, il se rend par la forme pronominale du verbe ; ex. : il est plus fort qu'il ne croit, *ouste dian* BEÑO *azcarrago da*.

Plus, se rapportant à un verbe, se rend par *haboro* ou *gehiago*, et le *que* suivant par *beno*, en faisant l'inversion, ou par *eciez*, en conservant l'ordre de la phrase française ; ex. : l'homme sage vaut plus *que* l'homme fort, *haboro balio du gizoun zuhurrac gizoun azcarrac* BENO, ou bien *haboro balio du gizoun zuhurrac* ECIEZ *gizoun azcarrac.*

Lorsque *plus* est répété et qu'il se rapporte à des adjectifs, même séparés de lui par le verbe, il se traduit en mettant ces adjectifs au comparatif, et les deux termes de la phrase sont réunis par la conjonction *et, eta* ; ex. : *plus* les hommes sont vertueux, *plus* ils sont heureux, *gizounac vertutous*AGO *eta irous*AGO *dira*. Il faut observer que, dans ces locutions, le verbe se place toujours à la fin.

Lorsque *plus*, répété, se rapporte à l'action indiquée par le verbe, il se traduit par *haboro* ou *gehiago* répété ; ex. : *plus* vous vivrez, *plus* vous souffrirez, HABORO *biciren zira*, HABORO *sofrituren duzu.*

Plus de, répété, s'exprime par *haboro* répété ; ex. : *plus* vous aurez d'amis, *plus* vous aurez de satisfaction, HABORO *adizkide*, HABORO *satisfatzione ukhenen duzu*. Ici encore, le verbe ne se place qu'à la fin.

2º Le comparatif d'infériorité *moins*, placé devant un adjectif, se tourne en basque par *ne pas tant, ne pas aussi* ; ex. : il est *moins* riche ; tournez : il *n'est pas aussi* riche, EZTA HAÑ *aberats.*

Lorsque *moins* n'a pas de complément ou a pour complément un substantif, il se rend par *gutiago* ou *aphurago* ; le substantif se place avant, et *que* se rend par *beno* ; ex. : je souffre moins, GUTIAGO *sofritzen dut* ; il a *moins* d'argent *que* vous, *zuc* BENO *diharu* GUTIAGO *du.*

Moins, répété, se traduit par *gutiago*; ex. : *moins* vous vivrez, *moins* vous souffrirez, GUTIAGO *biciren zira*, GUTIAGO *sofrituren duzu*.

GUTIAGO s'emploie pour les idées intellectuelles et morales, et aussi pour les choses matérielles, tandis que APHURRAGO ne s'emploie que pour les choses matérielles. Ainsi, on ne doit pas dire APHURRAGO *maite dut*, APHURRAGO *sofritcen du*, j'aime *moins*, il souffre *moins*, mais bien GUTIAGO *maite dut*, GUTIAGO *sofritcen du*.

3° Du Superlatif

Le comparatif absolu ou superlatif se rend en interposant entre le radical de l'adjectif et la terminaison casuelle la syllabe *en*. Le substantif qui suit en français se place avant en basque, et il peut se mettre au radical, au nominatif dubitatif, au génitif relatif pluriel ou à l'ablatif de mouvement pluriel ; ex. : le meilleur homme ou le meilleur des hommes, *gizoun*, *gizounic*, *gizounetaco* ou *gizounetaric hounena*.

Lorsque le superlatif français n'exprime que la supériorité d'une chose sur une autre, il peut se rendre par le comparatif ; ex. : de ces deux choses, laquelle vous paraît la plus admirable? *bi gaiza hoyetaric zoun zaizu icigarriago?*

Lorsque le superlatif est suivi de *que*, précédant un verbe, le *que* s'exprime en mettant le verbe à la forme pronominale ; ex. : c'est la femme la plus vertueuse *que* je connaisse, *nic ezagutzen* DUDAN *emazteric vertutousena da*.

Lorsque l'adverbe *très* précède un adjectif (ce que les grammairiens appellent le superlatif relatif), il s'exprime par *hanitz*, *ecinago*, *icigarri*, placés devant l'adjectif, ou par la répétition de l'adjectif; ex.: il est très-fort, *hanitz azcar da*, ou *azcar azcarra da*.

REMARQUE. Le comparatif *ago* et le superlatif *ena* s'emploient aussi pour les substantifs, pour les adverbes et pour les prépositions; ex.: il est plus homme, *gizounago da*; le plus homme de tous, *orotaric gizounena*; plus doucement, *estikiago*; le plus près de l'église, *elizaren huillanena*.

Thême

Votre frère n'est pas aussi sage qu'intelligent. Il pourrait être plus fort que ses condisciples, mais il est moins sage qu'eux; il travaille moins et n'a pas autant de succès. Le plus intelligent des hommes apprend peu s'il songe plus au plaisir qu'à l'étude. Paul est plus paresseux qu'il ne croit et est moins puni qu'il ne le mérite. J'ai reçu du plus grand des amis de Pierre le plus beau cadeau qui m'ait été fait. Cet arbre a plus de fleurs que de feuilles. Je n'ai pas récolté, cette année, autant de blé que l'année dernière. Plus une chose est rare, plus elle est estimée.

Votre frère, *zoure anayia*	Il travaille, *lanian ari da*
N'est pas, *ezta*	N'a pas, *eztu*
Sage, *pherestu*	Succès, *irabazi*
Intelligent, *enthelegutsu*	Apprend, *ikhasten du*
Il pourrait être, *izan ahal leite*	Peu, *guti*
	S'il songe, *pensatzen badu*
Ses condisciples, *bere lagunac*	Plaisir, *plazer*
Mais, *bena*	Etude, *ikhaste*
Il n'est pas, *ezta*	Paul, *Phaule*
Eux, *hourac*	Est, *da*

Paresseux, *auher*

Il ne croit, *ouste dian*

N'est pas, *ezta*

Puni, *punituric*

J'ai reçu, *ukhen dut*

Pierre, *Pheliri*

Cadeau, *emaitze*

Qui m'ait été fait, *egin zaita-nic*

Cet arbre, *zuhañ horrec*

A, *badu*

Fleur, *lili*

Feuille, *osto*

Je n'ai pas récolté cette année, *aurthen eztut bildu*

Blé, *ogi*

L'année dernière, *igaran ourthian*

Rare, *bakant*

Chose, *gaiza*

Estimé, *estimaturic*

—

Des Adjectifs déterminatifs

Les adjectifs déterminatifs se joignent au substantif pour en exprimer certaines manières d'être et pour en déterminer la signification à l'aide d'une idée qu'ils y ajoutent.

Il y a quatre sortes d'adjectifs déterminatifs :

Les adjectifs numéraux, les adjectifs démonstratifs, les adjectifs possessifs et les adjectifs indéfinis.

Des Adjectifs numéraux

Les adjectifs numéraux déterminent la signification du substantif en y ajoutant une idée de nombre ou d'ordre.

Il y a deux sortes d'adjectifs numéraux : les cardinaux et les ordinaux.

Les adjectifs numéraux cardinaux expriment le nombre ; ce sont : *un, deux, trois*, etc.

Les adjectifs numéraux ordinaux marquent l'ordre, le rang ; ce sont : *premier, second*, etc. (Noël et Chapsal).

Nombres cardinaux

Bat	un	*Hógei*	vingt
Bi, biga	deux	*Hógei eta bat*	vingt et un
Hirour	trois	*Hógei eta bi*	vingt-deux
Láur	quatre	etc.	etc.
Bost	cinq	*Hógei eta hámar*	trente
Séi	six	*Hógei eta haméca*	trente et un
Zázpi	sept	etc.	etc.
Zórtzi	huit	*Berrógei*	quarante
Bederátzu	neuf	*Berrógei eta hámar*	cinquante
Hámar	dix	*Hirour-hógei*	soixante
Haméca	onze	*Hirour-hógei eta hamar*	soixante-dix
Hamabi	douze	*Láur-hógei*	quatre-vingts
Hamahírour	treize	*Láur-hógei eta hámar*	quatre-vingt-dix
Hamaláur	quatorze	*Ehun*	cent
Hamabóst	quinze	*Ehun eta bat*	cent un
Hamaséi	seize	*Ehun hógei eta bat*	cent vingt et un
Hamazázpi	dix-sept	*Mila*	mille
Hamazórtzi	dix-huit	*Milióu bat*	un million
Hemerétzu	dix-neuf	—	—

Nombres ordinaux

Léhen	} premier	*Bóstgerren*	cinquième
Lehenbicico		etc.	
Bigerren	second	*Azken*	dernier
Hirourgerren	} troisième		
Héren			
Láugerren	quatrième		

Nous donnons ici les locutions suivantes, bien qu'elles ne fassent pas partie des adjectifs, à cause de leur rapport avec les adjectifs numéraux :

Battarzúna ou *Battasúna*	} l'unité		
Hirourtarzúna ou *Hirourtasúna*	} la trinité		
Zortzierría	la huitaine		
Amostkerría	la quinzaine		
Zamarbat	une dizaine	La dizaine	*hamárrac*
Hogeíbat	une vingtaine	La vingtaine,	*hogéiac*
Erdi	moitié		
Héren	tiers		
Láurdun ou *Láurden*	} quart		

Lehénic et *lehenbicicoric*	premièrement
Bigorrenecóric	deuxièmement
Hirourgerrenecoric	troisièmement
Laugerrenecoric	quatrièmement
Bostgerrenecoric	cinquièmement
etc.	etc.
Béhin	une fois
Bian, bietan, bitan	deux fois
Hirouretan	trois fois
Láuretan	quatre fois
etc.	etc.
Banátan	chacun une fois
Bidtan	chacun deux fois
Hirournátan	chacun trois fois
Laurnátan	chacun quatre fois
etc.	etc.
Bána	chacun une
Biá ou *biná*	chacun deux
Hirourná	chacun trois
Laurná	chacun quatre
etc.	etc.

Banáca	un à un
Biáca	deux à deux
Hirournáca	trois à trois
Laurnáca	quatre à quatre

Les noms de nombre cardinaux, à l'exception de *bat, un*, se placent avant le substantif auquel ils se rapportent, et celui-ci suit la déclinaison indéfinie ; ex. : trois hommes, *hirour gizoun ;* à cinq hommes, *bost gizouni*.

Si, néanmoins, les objets dont on parle sont des objets déterminés, on emploie la forme définie ; ex : les trois hommes, *hirour gizounac ;* aux cinq hommes, *bost gizouner*.

Lorsque les noms de nombre cardinaux sont seuls, ils se déclinent en suivant la forme indéfinie ; ex. : à combien d'hommes avez-vous parlé ? à trois, *zoumbat gizouni mintzatu zira ? hirouri*. A moins que le nombre ne désigne des individus déterminés. Dans ce cas, le nom de nombre devra se mettre à la forme définie ; ex. : auquel de ces hommes avez-vous parlé ? aux trois, *gizoun hayetaric zouñi mintzatu zira ? hirourer*.

Bat, un, se place après le substantif auquel il se rapporte, et suit toujours la déclinaison indéfinie quand il est employé comme nom de nombre ; ex. : un homme est venu, *gizoun bat jin da ;* un homme a fait cela, *gizoun batec hau egin du ;* j'ai donné à une femme, *emazte bati eman dut*.

Quand *deux* précède un substantif, il s'exprime par *bi*. Quand il est seul, il se rend, dans la forme indéfinie, par *biga ;* dans la forme définie, par *biac*. Le *g*, dans *biga*, est euphonique. Dans certains pays, on dit *bida*.

Les adjectifs numéraux ordinaux se placent habituellement avant le substantif, et celui-ci se met à la forme définie ; ex. : chapitre quatrième, *laugerren capitulia.*

Lorsque plusieurs adjectifs numéraux ordinaux se rapportent à un même substantif, on peut exprimer les premiers par les adjectifs numéraux cardinaux, et donner au dernier seul la terminaison ordinale ; ex. : le cinquième, le sixième et le septième homme, *bost, sei eta zazpigerren gizouna.*

Le millésime se rend par le nombre ordinal : ex. : l'an mil huit cent soixante-onze, *mila zortzi ehun hirour hogei eta hamekagerren ourthia.*

Il en est de même de la date ; ex. : le vingt-trois juillet, *uztailaren hogei eta hirourgerrena.*

Le nombre d'heures se rend par le nombre cardinal ; ex. : quelle heure est-il ? trois heures et demie, *zoumbat orenac dira ? hirour orenac eta erdi,* ou simplement *hirour eta erdi,* ou bien encore *hirourac eta erdi.* On dit aussi *cer ordu da ?*

Moins, dans les phrases : moins un quart, moins vingt minutes, se rend par *guti* ou *galic* ; ex. : deux heures moins un quart, *biac laurden bat guti* ; cinq heures moins vingt, *bostac hogei minuta galic.*

Thème

De quatre années, trois ont trois cent soixante-cinq jours et une trois cent soixante-six. Le jour a vingt-quatre heures, l'heure soixante minutes, la minute soixante secondes. Ainsi l'heure a trois mille six cents secondes, et le jour a mille quatre cent quarante minutes et quatre-vingt-six mille quatre cents secondes.

Louis quatorze est mort le premier septembre mil sept cent quinze. Il avait soixante-dix-sept ans.

Combien comptons-nous aujourd'hui? le dix-neuf. J'ai alors trente-deux ans, huit mois et onze jours. Savez-vous l'heure qu'il est? sept heures moins un quart. Il doit être huit heures dix minutes. Huit heures viennent de sonner. Vous trouverez les explications que vous demandez au paragraphe sept du chapitre vingt du second volume. Ils étaient neuf enfants : le premier a cinquante-trois ans ; le second, le cinquième et le huitième sont morts jeunes ; le troisième, le quatrième et le septième sont allés en Amérique ; le sixième et le neuvième, qui sont des filles, aident le frère aîné à élever sa famille.

Année, *ourthe*	Savez-vous l'heure qu'il est? *badakizu zoumbat orenac diren ou zer ordu den?*
Ont, *badie*	
Jour, *egun*	
A, *badu*	Il doit être, *izan behar dira*
Ainsi, *hola*	Viennent de sonner, *orai jo die*
Seconde, *bigerren*	Vous trouverez les explications que vous demandez, *edirenen dutuzu galhatzen dutuzun esplicazioniac*
Louis, *Louis*	
Est mort, *hil da*	
Il avait, *bazian*	
Combien comptons-nous, *zoumbat gerrena da*	Paragraphe, *paragrafa*
	Chapitre, *capitulu*
Aujourd'hui, *egun*	Volume, *libru*
J'ai alors, *badul ordian*	Ils étaient, *baziren*

A, *badu*

Sont morts jeunes, *gazteric hil dira*

Sont allés en Amérique, *Ameriketarat joan dira*

Qui sont des filles, *alhabac bei-*

tira

Aident, *laguntzen die*

Frère, *anaye*

Aîné, *gehien*

A élever sa famille, *karen familiaren eraikitzen*

Des Adjectifs démonstratifs

Les adjectifs démonstratifs déterminent la signification du substantif en y ajoutant une idée d'indication.

Les adjectifs démonstratifs basques sont au nombre de trois : *hau, hori, houra.* Chacun des trois traduit l'adjectif démonstratif français *ce, celle (celui-ci, celui-là.)* Il y a cependant entre eux une différence de signification. Le premier, *hau*, désigne un objet rapproché ; le second, *hori*, un objet un peu moins rapproché, mais qui est à portée ; et le troisième, *houra*, un objet éloigné.

La déclinaison de ces adjectifs présente quelques irrégularités ; la voici :

Radical :		HAU	HORI	HOURA
			Singulier	
nominatif	simple	*hán*	*hóri*	*hóura*
	actif	*hóunec*	*hórrec*	*hárec*
génitif...	possessif	*hóunen*	*hórren*	*háren*
	relatif	*hountáco*	*hortáco*	*hartáco*
datif......	simple	*hóuni*	*hórri*	*hári*
	de situation	*hóuntan*	*hórtan*	*hártan*
	de direction	*hountára*	*hortára*	*hartára*
	de changem'	*hountarát*	*hortárat*	*hartarát*
accusatif		*háu*	*hóri*	*hóura*
ablatif....	simple	*hóuntzaz*	*hórtzaz*	*hártzaz*
		hóunez	*hórrez*	*hárzez*
	de mouvem'	*hountáric*	*hortáric*	*hartáric*

Pluriel

nominatif	simple	*hóic*	*hóric*	*hóurac*
	actif	*hoyéc*	*horiéc*	{ *hayéc* / *héc* }
génitif....	possessif	*hoyén*	*horién*	{ *hayén* / *hen* }
	relatif	*hoyélaco*	*horiélaco*	{ *hayélaco* / *hélaco* }
datif......	simple	*hoyér*	*horiér*	{ *hayér* / *her* }
	de situation	*hoyélan*	*horiélan*	{ *hayélan* / *hélan* }
datif	de direction	*hoyélara*	*horiélara*	{ *hayélara* / *hélara* }
	de changem[t]	*hoyélarat*	*horiélarat*	{ *hayélarat* / *hélarat* }
accusatif.		*hóic*	*hóric*	*hóurac*
ablatif....	simple	{ *hoyélzaz* / *hoyéz* }	{ *horiélzaz* / *horiéz* }	{ *hayéz* / *hayélzaz* / *héz* }
	de mouvem[t]	*hoyélaric*	*horiélaric*	{ *hayélaric* / *hélaric* }

Comme l'adjectif qualificatif, l'adjectif démonstratif se met en basque après le substantif auquel il se rapporte ; ex : le livre de cet homme, *gizoun horren libria*.

Thème

Les amis de ces enfants sont tapageurs. Cette femme m'a dit que cet homme s'était couvert de ces habits, parce que sa tête n'est plus saine. On dit de cet homme-ci qu'il est bon, de cette femme qu'elle est aimable et de cet enfant-là qu'il est très-doux.

Voyez-vous ce bœuf-ci, cette vache-là et cette chèvre plus loin? J'ai commandé pour cette chèvre un collier, pour cette vache une chaine et pour ce bœuf un joug.

Tapageur, *herox egile*	Doux, *ezti*
M'a dit, *erran deit*	Voyez-vous, *ikhousten duzia*
Que... s'était couvert, *estali zela*	Bœuf, *idi*
Parce que sa tête n'est plus, *haren buria ezpeita*	Vache, *behi*
	Chèvre, *ahuntz*
Sain, *sano*	Loin, *hurrun*
On dit, *erraiten die*	J'ai commandé, *manhatu dut*
Qu'il est, *dela*	Collier, *uztun*
Qu'elle est, *dela*	Chaîne, *khatia*
Aimable, *maithagarri*	Joug, *uztarri*

Des Adjectifs possessifs

Les adjectifs possessifs déterminent la signification du substantif en y ajoutant une idée de possession. Ces adjectifs sont :

Ene, mon, ma, mes
Hire, ton, ta, tes
Zóure, votre, vos (s'adressant à une seule personne)
Bére, son, sa, ses, leur, leurs
Góure, notre, nos
Zien, votre, vos (s'adressant à plusieurs personnes)

L'adjectif possessif doit être placé avant le substantif auquel il se rapporte et employé par suite au radical. La terminaison que prend le substantif suivant ou son adjectif qualificatif, s'il y en a un, est toujours celle de la déclinaison définie; ex. : mon ami, *ene adiskidia*; le père de mes chers amis, *ene adiskide maiten aita*; j'ai dit à votre cher homme, *zoure gizoun maitiari erran dut*.

Il faut remarquer l'adjectif *zoure,* qui traduit la forme française poli *votre,* adressé à une seule personne. C'est une forme respectueuse spéciale que nous trouverons aussi dans le verbe. Quand *votre* s'adresse à plusieurs personnes, il se traduit par *zien.*

L'adjectif possessif de la troisième personne, *bere,* exprime le singulier et le pluriel, *son, sa, ses* et *leur, leurs;* mais il ne doit s'employer que lorsqu'il se rapporte au sujet de la proposition; ex.: Pierre a mangé *son* pain, *Phetiric* BERE *ogia jan du.* Lorsque *son, sa, ses* ne se rapporte pas au sujet, on tourne en basque par le pronom personnel de la troisième personne au génitif; ex.: j'ai dit à Pierre que j'avais vu *son* fils, tournez: le fils de lui, *Phetiriri erran dut* HAREN *semia ikhousi niala.*

Thème

Donnez-moi mon chapeau, mes gants et ma canne. Je vais à mon jardin. Les hommes sont toujours les mêmes. Hier, les travailleurs avaient mis leurs vêtements sur des arbres; je leur ai dit qu'ils nuisaient à l'arbre et faisaient perdre ses fruits. Mon ami, je parle du père de votre tante.

Donnez-moi, *eman itzadazu*	Avaient mis, *ezari zutien*
Chapeau, *chapel*	Vêtement, *arropa*
Gant, *escularru*	Arbre, *zuhañ*
Canne, *makhila*	Je leur ai dit, *erran deyet*
Je vais, *banoa*	Qu'ils nuisaient, *guitz egiten*
Jardin, *baratze*	*ziela*
Sont, *dira*	Et faisaient perdre, *eta galerazten*
Toujours, *bethi*	
Les mêmes, *berac*	Fruit, *fruta*
Hier, *atzo*	Je parle, *mintzo nuzu*
Travailleur, *langile*	—

Adjectifs indéfinis

Les adjectifs indéfinis déterminent la signification du substantif en y ajoutant pour la plupart une idée de généralité.

Les adjectifs indéfinis français s'expriment :

Chaque, par *bakhoitz*. Cet adjectif a place après le substantif et suit la déclinaison définie ; ex. : chaque homme, *gizoun bakhoitza* ;

Nul, *aucun*, par *batere*, placé après le radical ou après le nominatif dubitatif ; ex. : je n'ai vu aucun homme, *eztut ikhousi gizoun batere* ou *gizounic batere*. Dans ce mot, *bat* se décline et *ere* reste indéclinable ; ex. : je n'ai donné à aucun homme, *eztut eman gizoun batiere* ;

Même, par *ber*, placé avant le substantif ; ex. : le même homme, *ber gizouna* ;

Tout, par *gucia* et *oro* ;

Gucia se place après le substantif et suit la déclinaison définie ; ex. ; je donne à tous les hommes, *gizoun gucier emaiten dut* ;

Oro se place après le substantif auquel il se rapporte et suit la déclinaison indéfinie ; mais le substantif, au lieu de rester invariable, prend habituellement l'inflexion casuelle et se met au pluriel ; ex. : je donne à tous les hommes, *gizouner orori emaiten dut*. On peut dire : *gizoun orori emaiten dut* ; mais cela signifie : je donne à *tout homme*, et non à *tous les hommes* ;

Quelque, par *zoumbait* et *cerbait*, placés tantôt avant le substantif qui suit alors la déclinaison définie, tantôt après, et dans ce cas le substantif se met au radical et *zoumbait* ou *cerbait* se mettent au cas exigé par leur position dans la phrase.

Voici la déclinaison de *zoumbait*. *Cerbait* se décline absolument de même :

nominatif {	simple	*zoumbáit*	quelque
	actif	*zoumbáitec*	
génitif.... {	possessif	*zoumbáiten*	
	relatif	*zoumbáitetaco*	
datif...... {	simple	*zoumbáiti*	
	de situation	*zoumbáitetan*	
	de direction	*zoumbáitetara*	
	de changem^t	*zoumbáitetarat*	
accusatif	simple	*zoumbáit*	
ablatif.... {	simple	*zoumbáitez*	
	de mouvem^t	*zoumbáitetaric*	

Ex. : dites-nous quelques circonstances sur la vie, *erran izaguzu cerbait guerthaldi bicitzen gañen ;* dites-nous quelques circonstances sur la mort, *erran izaguzu zoumbait guerthaldi hiltzen gañen ;* devant quelque sainte image, *imajina saintu zoumbaiten aitzinian.*

Quel s'exprime par *zouñ* et *noulaco* placés avant le substantif ;

Tel, par *halaco,* placé avant le substantif ; ex. : un tel homme, *halaco gizoun bat ;*

Tel, répété, par *noulaco, halaco ;* ex. : tel père, tel fils, *noulaco aita, halaco semia ;*

Quelques s'exprime aussi par *batzu,* qui se place ordinairement après le substantif et suit la déclinaison indéfinie ;

Quel, interrogatif, s'exprime par *zouñ* et *zer* placés avant le substantif, qui doit suivre la déclinaison indéfinie ; ex. : à quel homme avez-vous parlé ? *zouñ gizouni mintzatu zira ?* quel homme est-ce ? *zer gizoun da ?*

Quelconque se rend par *zouñ-nahi*, placé avant le substantif; ex. : un homme quelconque, *zouñ-nahi gizoun*; donnez-moi un bâton quelconque, *zouñ-nahi makhila eman izadazu*.

Plusieurs se traduit par *hanitz*.

Thême

Je viens de la promenade. Dans chaque rue que j'ai traversée, j'ai trouvé plusieurs personnes qui parlaient avec vivacité. J'ai demandé à quelques amis quelles étaient les nouvelles qui causaient un tel rassemblement. Aucun ami n'a pu le dire. J'ai parlé à un passant quelconque, et il m'a tout raconté. Le même homme l'a raconté à quelques dames qui sont rentrées en toute hâte à leur maison.

Je viens, *jiten niz*	N'a pu le dire, *etzizakedun erran*
Promenade, *passeyu*	
Rue, *carrika*	J'ai parlé, *mintzatu niz*
Que j'ai traversée, *igaran dudan*	Passant, *igaraile*
J'ai trouvé, *ediren dut*	Il m'a... raconté, *khountatu deizt*
Personne, *jente*	
Qui parlaient, *mintzo beitziren*	L'a raconté, *khountatu deye*
Vivacité, *bicitarzun*	Dame, *andere*
J'ai demandé, *galthatu dut*	Qui sont rentrées en toute hâte, *zouñ sarthu beitira lehia handireki.*
Etaient, *ziren*	
Qui causaient, *eragiten zienac*	
Rassemblement, *bilkhura*	—

Adjectifs verbaux

Certains grammairiens donnent au participe le nom d'adjectif verbal. C'est, en effet, un vrai adjectif qui se décline comme les adjectifs qualificatifs, et suit les mêmes règles quand il est pris adjectivement, si ce n'est celle d'après laquelle l'adjectif qualificatif est toujours placé après le substantif auquel il se rapporte.

A certains cas, l'adjectif verbal a une signification particulière que nous expliquerons plus loin.

Des Augmentatifs et Diminutifs

On ajoute quelquefois, soit aux substantifs, soit aux adjectifs, des particules finales qui en modifient la signification.

Voici quelques-unes de ces terminaisons :

Tto ajoute au substantif la signification de *petit ;* ex. : *gizountto*, petit homme ; *haurtto,* petit enfant ;

Tzar ajoute au substantif le sens de *gros* et *méprisable ;* ex. : *emaztetzar bat,* une vilaine femme ;

Char donne le sens de *faible, pauvre, maigre ;* ex. : *gizounchar,* un homme de peu ;

Egi, ajouté au substantif ou à l'adjectif, exprime le sens de *trop ; handiegi,* trop grand ; *hurrunegi,* loin ;

Che, chegi ajoutent le sens *d'un peu trop ;* ex. : *gizounche,* un peu trop homme ; *handiche, handichegi,* un peu trop grand.

CHAPITRE IV

Du Pronom

Le pronom est un mot qui remplace le nom pour en éviter la répétition.

En basque les pronoms se déclinent comme les substantifs, mais avec quelques irrégularités qui seront exposées plus loin.

Lorsque les pronoms tiennent la place d'un nom propre ou d'un nom commun d'être intelligent, au lieu du datif de situation, de direction, de changement et de l'ablatif de mouvement, ils peuvent employer les prépositions *beithan, gana, ganat, ganic* ou *beilharic* avec le génitif ou l'accusatif.

Les prépositions terminales se joignent aux pronoms comme aux substantifs ; ex. : *nigabe,* sans moi ; *nitarano,* jusqu'à moi ; *enegatic* ou *nigalic,* à cause de moi ou malgré moi.

Il y a cinq sortes de pronoms : les pronoms personnels, démonstratifs, possessifs, relatifs et indéfinis.

1. Pronoms personnels

Les pronoms personnels sont ceux qui distinguent le plus fréquemment en français les personnes du verbe.

Une personne parle à une autre de quelqu'un ou de quelque chose. Celle qui parle est la première personne ; celle à qui l'on parle est la seconde personne ; l'être ou objet de qui l'on parle est dit troisième personne.

Les pronoms personnels sont rarement exprimés en basque. Le verbe indique d'une manière claire, et par un changement accusé, les différentes modifications, soit de sujet, soit de régime, que le langage peut offrir ; l'expression séparée des personnes est ordinairement inutile. Néanmoins, elle est quelquefois nécessaire pour rendre la phrase plus claire, pour donner plus de force à l'expression ou pour rendre quelques modifications que le verbe seul n'exprime pas.

Pronoms de la 1ʳᵉ personne

		Singulier	Pluriel
nominatif	simple	*ni*, je ou moi	*gu*, nous
	actif	*nic*	*guc*
génitif....	possessif	*éne*	*góure*
datif......	simple	*éni*	*góuri*
	de situation	*nítan*	*gútan*
	de direction	*nitára*	*gutára*
	de changemᵗ	*nitarát*	*gutarát*
accusatif	simple	*ni*	*gu*
ablatif....	simple	*nítzaz*	*gútzaz*
	de mouvemᵗ	*nitáric*	*gutáric*

Pronoms de la 2ᵐᵉ personne

		Singulier		Pluriel
		Familier	Respectueux	
nominatif	simple	*hi*, tu ou toi	*zu*, vous	*ziec*, vous
	actif	*hic*	*zuc*	*ziec*
génitif....	possessif	*hire*	*zóure*	*zien*
datif......	simple	*hiri*	*zóuri*	*zier*
	de situation	*hitan*	*zútan*	*ziétan*
	de direction	*hitára*	*zutára*	*ziétara*
	de changemᵗ	*hitarát*	*zutarát*	*ziétarat*
accusatif.	simple	*hi*	*zu*	*ziec*
ablatif....	simple	*hítzaz*	*zútzaz*	*ziétzaz, ziez*
	de mouvemᵗ	*hitáric*	*zutáric*	*ziétaric*

On voit qu'en basque il y a deux pronoms personnels singuliers de la seconde personne.

Il est nécessaire de donner la déclinaison de ce pronom :

		Singulier	Pluriel
nominatif {	simple	*zihaur*, vous-même	*zihauréc*, vous-mêmes
	actif	*zihaurc* et *zihaurec*	*zihauréc*
génitif ...	possessif	*zihauren*	*zihaurén*
datif ...... {	simple	*zihauri*	*zihaurér* et *zihauér*
	de situation	*zihaurtan*	*zihaurétan*
	de direction	*zihaurtara*	*zihaurétara*
	de changemt	*zihaurtarat*	*zihaurétarat*
accusatif	simple	*zihaur*	*zihauréc*
ablatif .... {	simple	*zihaurtzaz*	*zihaurétzaz*
	de mouvemt	*zihaurtaric*	*zihaurétaric*

Nihaur et *gihaur* se déclinent comme le singulier de *zihaur*; et nous ferons remarquer en passant que le pronom *gu* également se décline comme le *zu* singulier.

Le pronom réfléchi de la troisième personne, *bera*, veut dire *soi-même* et se décline régulièrement ; mais il a, outre le génitif régulier *beraren*, le génitif irrégulier *bere*, d'où ont été formés l'adjectif possessif *bere*, son, sa, ses, et le pronom possessif *beria*, le sien, la sienne.

Souvent, au lieu de dire *soi-même*, on tourne par *sa tête* (prenant la partie pour le tout), *bere buria*. Cette locution est aussi employée pour les autres pronoms réfléchis, et au lieu de dire: *gihaur, zihaur, nous-même, vous-même*, on dit: *goure buria, zoure buria, votre tête, notre tête*; ex.: il faut aimer le prochain comme nous-même, *goure buria bezala behar da proximoa maithatu*.

Thême

Toi, ton frère et moi nous partirons demain avec lui pour la ville. Je suis fâché contre vous, contre eux et contre vos amis. Parler trop de soi est le propre d'un petit esprit. Mes amis, avant vous vos parents, après vous vos enfants, après eux vos domestiques.

Frère, *anaye*	Parler trop, *sobera mintzatzia*
Nous partirons demain, *joanen gira bihar*	Est le propre, *señalia da*
	Avant, *beno lehen*
Ville, *hiri*	Domestique, *miscandi*
Je suis fâché, *khechu niz*	—

2. Pronoms démonstratifs

Les pronoms démonstratifs sont ceux qui ajoutent une idée d'indication aux noms qu'ils représentent :

1° Les pronoms démonstratifs, *ce*, *celui*, *ceux*, *celles*; *celui-ci*, etc.; *celui-là*, etc.; *ceci*, *cela*, s'expriment par *hau*, *hori*, *houra*, dont nous avons donné la déclinaison et expliqué la différence de signification au chapitre des adjectifs démonstratifs ; ex. : celui-ci est bon, celui-là est mauvais, *hau houn da, houra gaisto*;

2° *Celui*, *celle* se rendent encore par les terminaisons qui caractérisent la déclinaison définie *a*, *aren*, *ari*, etc., placées après les génitifs définis des substantifs, des adjectifs, des adverbes ou après la forme pronominale du verbe ; ex. : la maison du père et celle du fils, *aitaren etchia eta semiarena*; la fleur du champ et celle de la prairie, *alhorreco lilia eta sorhocoa*; les livres des travailleurs et ceux des paresseux, *agudoen libriac eta auherrenac*; celui de là, *hancoa*; celui qui est bon, *houn dena*.

Lorsqu'un substantif ou un pronom est précédé de la préposition *à*, indiquant possession, la préposition *à* doit se tourner par *celui de*, *celle de*, et s'exprimer par le pronom basque ou, pour mieux dire, par la

forme pronominale *a*, *aren*, etc., placée après le substantif ou le pronom mis au génitif possessif, etc.; ex.:
cette maison est à Pierre; tournez : celle de Pierre,
Pheţiririrena da etche hau; à qui est ce château? *nou-
rena da jauregi hori?*

Thême

Celui-ci est aimable, celui-là est fatigant. Ce que l'on
aime n'est pas toujours ce qui vaut le mieux pour la
santé. Je donnerai à celles-ci des poupées, à celles-
là des robes, à ceux-là des sabres. Je suis fâché de
ce que vous avez fait. Les hommes des villes et ceux
des campagnes n'ont pas le même sort. Ceux-ci
vivent au grand air et ont peu de besoins, ceux-là
vivent dans un air corrompu et sont exposés à toutes
les tentations. L'homme bien portant et celui qui est
malade ne peuvent envisager la vie de la même manière. Tout sourit à celui que la maladie n'a jamais
atteint. La souffrance épure ceux qui sont bons, et
aigrit ceux qui ont le caractère mauvais et l'âme mé-
chante :

Est, *da*	Je suis fâché, *khechu niz*
Aimable, *maithagarri*	Que vous avez fait, *egin duzun*
Fatigant, *cñhegarri*	Campagne, *bazter*
Que l'on aime, *maite den*	N'ont pas, *eztie*
N'est pas toujours, *ezta bethi*	Même, *ber*
Qui vaut le mieux, *hobenic den*	Sort, *zorthe*
Santé, *osagarria*	Vivent, *bicitzen dira*
Je donnerai, *emanen dut*	Grand air, *aire zabal*
Poupée, *mounaca*	Ont peu de besoins, *beharrune*
Robe, *zaya*	*aphur die*
Sabre, *sabre*	Corrompu, *sokhitu*

Sont exposés, *paraturic dira*	*secula eritar zunac hounkitu*
Tentation, *tentacione*	*eztian*
Bien portant, *ounxa denac*	Souffrance, *sofrimentiac*
Qui est malade, *eri den*	Epure, *chahatzen*
Ne peuvent envisager la vie, *ez-*	Qui sont bons, *houn diren*
tezakeye sogin biciari	Et aigrit, *eta kharasten (dutu)*
Même manière, *ber gisa*	Qui ont, *dien*
Sourit, *so houn egiten du*	Caractère, *caractera*
Que la maladie n'a jamais atteint,	Ame, *arima*

5. Pronoms possessifs

Les pronoms possessifs sont ceux qui ajoutent une idée de possession aux noms qu'ils représentent.

Les pronoms possessifs sont :

Enia	le mien, la mienne
Neuria *Nouria*	le mien propre, la mienne propre
Gouria	le nôtre, la nôtre
Zouria	le vôtre, la vôtre (singul. resp.)
Ziena	le vôtre, la vôtre (pluriel)
Beria	le sien propre, la sienne
Hounena *Horrena* *Harena*	le sien, la sienne, le leur, la leur

Tous ces pronoms suivent de la manière la plus régulière la déclinaison définie. Il est inutile d'en donner un exemple.

Quand *le sien*, *la sienne*, etc., se rapporte au sujet du verbe, il s'exprime par *beria*. Dans les autres cas il se rend par *hounena*, *horrena* ou *harena*, qui signifient *celui* ou *celle de lui* (près, un peu plus loin ou loin) ; ex. : il a vu votre fils et le sien, *zoure semia eta beria ikhousi dutu* ; j'ai vu votre fils et le sien, *zoure semia eta harena* (ou *hounena* ou *horrena*) *ikhousi dutut*.

Thême

Chacun a ses amis ; les vôtres me plaisent beaucoup ; j'aime moins ceux de Pierre ; je leur préfère ceux de Paul ; les miens ont toute mon affection. Cet homme a perdu la fortune de ses parents et la sienne. Mes amis, je vous en prie, donnez-lui un peu de la vôtre. Celui qui est dur pour le malheur des autres ne trouve personne pour plaindre le sien. Enfants, vous êtes bien méchants ; vos amis aussi. Je vais écrire à vos parents et aux leurs.

Chacun a, *bakhoitzac batu*	*tiet*
Me plaisent beaucoup, *hanitz agrada zaizt*	Donnez-lui, *emozie*
	Peu, *guti*
J'aime moins, *gutiago maite dutut*	Qui est dur, *gogor den*
	Malheur, *zorigaisto*
Je leur préfère, *hoic beno maitiago dutut*	Autre, *beste*
	Ne trouve personne, *eztu edi*
Ont, *badie*	*reiten nihour ere*
Affection, *amorio*	Pour plaindre, *deithoratzeco*
A perdu, *galdu dutu*	Vous êtes, *ziraye*
Fortune, *hountarzunac* (plur.)	Aussi, *ere bai*
Parent, *ascazi*	Je vais écrire, *izkiribaturen*
Je vous en prie, *othoitzen zu-*	*dut*

1. Pronoms relatifs

Les pronoms relatifs sont en rapport, dans la même phrase, avec un autre pronom ou avec le substantif qu'ils représentent.

1. Les pronoms relatifs français s'expriment :

> Qui, que, par *nour*
> Qui, lequel, laquelle, par *zouñ*
> Que, quoi, par *cer*

Voici la déclinaison de ces pronoms :

nominatif	simple	*nour*	*zóuñ*	*cer*
	actif	*nourc*	*zóuñec*	*cerc*
génitif....	possessif	*nouren*	*zóuñen*	*ceren*
	relatif	*nóurtaco* et *nóurentaco*	*zuñtaco* et *zóuñentaco*	*certaco*
datif......	simple	*nóuri*	*zóuñi*	*céri*
	de situation	*nóurtan*	*zóuñtan*	*cértan*
	de direction	*nóurtara*	*zóuñtara*	*cértara*
	de changem^t	*nóurtaral*	*zóuñtaral*	*cértaral*
accusatif.	simple	*nour*	*zouñ*	*cer*
ablatif....	simple	*nóurtzaz*	*zóuñcz*	*cértzaz*
	de mouvem^t	*nóurtaric*	*zóuñtaric*	*cértaric.*

2. Le pronom relatif *qui, que*, se rend encore plus souvent par une forme particulière du verbe que nous désignerons sous le nom de forme pronominale, parce qu'indépendamment des pronoms personnels que toutes les formes expriment, elle traduit encore le pronom relatif; ex. : l'homme qui est malade, *eri den gizouna.*

Cette forme tient de l'adjectif, en ce qu'elle peut se mettre après le substantif et que, dans ce cas, elle prend la terminaison casuelle qu'aurait le substantif, s'il était le dernier; ex.: le lit de l'homme qui est malade, *eri den gizounaren ohia*, ou bien *gizoun eri denaren ohia*; je l'ai donné à l'homme que vous avez vu, *ikhousi duzun gizounari eman dut*, ou *gizoun ikhousi duzunari eman dut.*

3. *Qui, quel, que*, interrogatifs, s'expriment par

nour, zouñ, cer; ex. : à qui l'avez-vous donné? *nouri eman duzu?* quel avez-vous vu? *zòuñ ikhousi duzu?* que dites-vous? *cer erraiten duzu?*

Thême

Qui a frappé? L'homme qui est venu hier. Que veut-il? Il porte une lettre qu'il ne veut remettre qu'à vous-même. Quelle nouvelle peut-il m'apporter? Par qui êtes-vous envoyé? Par votre oncle, qui est malade et qui voudrait vous parler des projets que vous aviez formés ensemble. La maladie qu'il a est-elle forte? quel médecin a-t-on appelé? Celui qui a guéri sa maladie de l'an passé. C'est un homme à qui on attribue un vrai talent, et en qui j'ai grande confiance.

A frappé, *jo du*

Qui est venu hier, *atzo jin den*

Veut-il, *nahi du*

Il porte, *ekharten du*

Lettre, *lettera*

Qu'il ne veut remettre que, *ezpeitu nahi eman... baicic*

Nouvelle, *berri*

Peut-il m'apporter, *ekharten ahal deit*

Etes-vous envoyé, *igorriric zira*

Oncle, *osaba*

Qui est malade, *eri den*

Qui voudrait vous, *nahi litzei-kezun*

Parler, *mintzatu*

Projet, *egingeia*

Que vous aviez formés ensemble, *alkharreki hitzartu zuntien*

Maladie, *eritarzun*

Qu'il a, *dian*

Est-elle, *deya*

Fort, *azkar*

Médecin, *atcheter*

A-t-on appelé, *deithu die*

Qui a guéri, *sendotu dian*

An passé, *igaran ourthe*

C'est, *da*

On attribue, *emaiten beitie*

Vrai talent, *egiazco talentu*

J'ai grande confiance, *beitut confidantcha hundi bat*

Pronoms indéfinis

Les pronoms indéfinis désignent d'une manière vague les personnes ou les choses dont ils rappellent l'idée.

Ces pronoms sont :

Chacun, qui s'exprime par		*bakhoitza, batbedera*
Quelqu'un	—	*nourbait*
Quelque chose	—	*cerbait*
Quelques-uns	—	*batzu, elibat*
Plusieurs	—	*hanitz*
Personne	—	*nihour ere et ihour*
Aucun	—	*batere*
L'un	—	*bata*
L'autre	—	*bestia*
L'un et l'autre	—	*bata eta bestia*
Ni l'un ni l'autre	—	*bata ez bestia*
L'un, l'autre	—	*alkhar et algar*
Quiconque	—	*nour ere, zouñ ere, nourbait*
Quoi que ce soit	—	*cer ere, cer nahiden*
N'importe qui	—	*edozoun, zouñ nahi, nour nahi*

Nourbait et *cerbait* se déclinent comme *zoumbait*, dont nous avons donné la déclinaison au paragraphe des adjectifs indéfinis. *Batzu, elibat, nihour, ihour, hanitz, alkhar* suivent la déclinaison indéfinie. Dans *bat ere, bat* seul se décline et suit aussi la déclinaison indéfinie ; *bakhoitza, bata* et *bestia* suivent la déclinaison définie.

Le pronom indéfini, *on, l'on,* n'a pas de mot spécial correspondant en basque. Il se traduit d'une des manières suivantes :

1° Par la troisième personne du pluriel du verbe ; ex. : on dit ; tournez : ils disent, *erraiten die* ; on vient ; tournez : ils viennent, *jiten dira* ;

2º En remplaçant *on, l'on* par *quelqu'un, nourbait;* ex. : on dit; tournez: quelqu'un dit, *nourbailec
erraiten du;* on vient; tournez: quelqu'un vient,
nourbait jiten da;

3º En employant la forme réfléchie; ex. : on dit;
tournez : il se dit, *erraiten da;* on fait un péché;
tournez : un péché se fait, *egiten da bekhatu bat;*

4º Si *on* est précédé de *quand, lorsque,* le verbe
qui suit se tourne par le participe présent, précédé
ou non de la préposition *en,* et se rend par le datif
de situation de la forme pronominale du verbe, par le
nominatif dubitatif de l'adjectif verbal (participe) ou
l'ablatif indéfini du nom verbal (infinitif); ex. : quand
on voit cela; tournez : voyant cela ou en voyant cela,
hau ikhousten denian, hau ikhousiric ou *hau ikhoustez.*

En, y

Les locutions *en, y,* tantôt pronominales, tantôt
adverbiales, n'ont pas de correspondant en basque.
Souvent on ne les traduit pas; ex. : ces fruits sont
beaux, j'en prends quatre, *eder dira frutu horic, laur
hartzen dut;* allez-vous à Bayonne? j'y vais, *Bayou-
nara bazoaza? banoa.*

Quand on veut les exprimer, il faut tourner la
phrase et remplacer *en* ou *y* par le pronom ou l'adverbe dont il tient la place; ex. : j'y pense; tournez :
je pense à cela, *pensatzen dut horri;* ces arbres sont
petits, mais les fruits en sont très-bons; tournez :
leurs fruits sont très-bons, *tchipi dira zuhañ horic
bena horien frutiac ecinayo houn dira;* j'y vais;
tournez : je vais là, *hara banoa;* j'en viens; tournez:
je viens de là, *hantic jiten niz.*

Thème

On m'a dit que quelqu'un avait porté quelque chose pour moi. Je ne sais ce que c'est ; mais, quoi que ce soit, portez-le moi, je vous prie. On s'est trompé quand on vous a remis cela ; ce n'est pas pour moi. J'ai vu quelques-uns de mes amis ; j'ai remis à chacun ce qui lui appartenait. A l'un c'était un livre, à l'autre des clés. Ni les uns ni les autres ne se souvenaient d'avoir rien laissé chez moi. On a sonné plusieurs fois. Les domestiques comptent l'un sur l'autre, et aucun ne va ouvrir. Ils devraient montrer plus d'empressement et chercher à se dépasser l'un l'autre.

On m'a dit, *erran deitade*

Que. . avait porté, *ekharri diala*

Je ne sais, *eztakit*

C'est, *den*

Portez-le-moi, *ekhar ezadazu*

Je vous prie, *othoitzen zutut*

On s'est trompé, *inganatu dira*

Quand on vous a remis, *eman deizienian*

Ce n'est pas, *ezta*

J'ai vu, *ikhousi dut*

J'ai remis, *eman dut*

Ce qui lui appartenait, *beria*

C'était, *zen*

Clé, *giltz*

Ne se souvenaient, *etziren orhitzen*

D'avoir rien laissé, *deus utziric*

Chez moi, *ene etchen*

On a sonné, *sonatu die*

Domestique, *miscandi*

Comptent, *khountatzen die*

Ne va ouvrir, *ezta zabaltzera joaiten*

Ils devraient montrer, *behar lukeye eracousi*

Empressement, *lehia*

Et chercher, *eta tchercatu*

A se dépasser, *alkharri lehentcera*

CHAPITRE V

Du Verbe

§ 1ᵉʳ

NOTIONS GÉNÉRALES

Tout jugement complet indique nécessairement :

1º Un être ou objet dont on parle ; on le nomme *sujet ;*

2º Une qualité, un état ou une action se rapportant au sujet ; on l'appelle *attribut ;*

3º L'affirmation que la qualité, l'action ou l'état exprimé par l'attribut se rapporte à l'être ou à l'objet formant le sujet ; on le désigne sous le nom de *verbe.*

L'expression de ces trois conditions constitue la *proposition.*

Toute proposition se compose donc essentiellement du sujet, du verbe, de l'attribut.

Le sujet et l'attribut peuvent avoir besoin de plusieurs mots pour être déterminés complétement ; les mots qui se joignent soit au sujet, soit à l'attribut, prennent le nom de *complément.*

On désigne souvent le complément de l'attribut sous le nom de *régime du verbe.*

Il y a trois sortes de propositions :

1º La proposition *principale,* qui existe seule ou pourrait exister seule sans cesser d'avoir une signification ;

2° La proposition *incidente*, qui explique ou modifie un terme de la proposition principale ;

3° La proposition *régie*, qui dépend de la proposition principale.

Dans la phrase : je crois que la vertu est préférable à tous les biens ; l'homme qui s'en écarte s'éloigne du bonheur, *je crois* et *l'homme s'éloigne du bonheur* sont deux propositions principales ; *que la vertu est préférable à tous les biens* est une proposition régie ; *qui s'en écarte* est une proposition incidente.

Le verbe affirme que le sujet possède l'état, la qualité ou supporte l'acte, exprimés par l'attribut, verbe *être* ou verbe intransitif ; ou bien il affirme que le sujet fait l'acte exprimé par l'attribut sur un autre être ou objet exprimé ou sous-entendu, verbe *avoir* ou verbe transitif.

Il n'y a en réalité que l'affirmation sous ces deux formes qui mérite le nom de verbe. Il n'y a donc logiquement qu'un verbe, et ce verbe a deux voix : la voix transitive et la voix intransitive. Mais il est admis par les grammairiens français que la combinaison de l'attribut et de l'affirmation doit aussi porter le nom de verbe. Nous appellerons donc verbe la traduction de tout ce qui en français porte ce nom, et nous distinguerons :

1° Les *verbes auxiliaires*, ainsi nommés parce qu'ils aident à conjuguer les autres verbes : ce sont les deux voix du verbe proprement dit ;

2° Les *verbes attributifs* ou adjectifs, formés tantôt par la combinaison, tantôt par le rapprochement du verbe proprement dit et de l'attribut.

Il y a deux sortes de verbes attributifs ou adjectifs :

1º Le verbe transitif ou actif, qui exprime une action faite par le sujet sur un autre que lui. L'être ou objet qui supporte l'action prend le nom de régime direct ;.

2º Le verbe intransitif, qui exprime un état du sujet ou une action supportée par lui.

Le verbe attributif intransitif prend le nom de verbe neutre quand il exprime un état du sujet, le nom de verbe passif quand l'action reçue par le sujet n'est pas faite par lui, le nom de verbe réfléchi lorsque l'action reçue par le sujet est aussi faite par lui.

Sauf un petit nombre d'exceptions que nous ferons connaître plus loin, les verbes basques ne combinent pas l'auxiliaire avec l'attribut. Au lieu de dire : *je pars, j'offre*, on dit : *je suis partant* ou, plus littéralement, *en partance ; j'ai offrant* ou *en offre, joaiten niz, eskentzen dut ;* au lieu de *je partirai, j'offrirai*, on dira : *je serai partant, j'aurai offrant, joaiten nizate, eskentzen duket*, et plus souvent : *je suis devant partir, j'ai devant offrir, joanen niz, eskenturen dut ;* en un mot, on généralise à tous les temps, ce qui a lieu en français au passé indéfini : *je suis parti, j'ai offert, joan niz, eskentu dut.*

La science de la conjugaison se borne donc à connaître :

1º Les verbes auxiliaires *être, izan*, et *avoir, ukhen ;*

2º Les radicaux, les infinitifs et les participes qui, avec les auxiliaires, traduisent les verbes adjectifs des autres langues.

§ II

Des Verbes auxiliaires

Les auxiliaires basques subissent différentes modifications, suivant le mode, la forme de la proposition, le temps, le nombre, la personne, le traitement, et la conjugaison.

1. Des Modes

Le mode est la forme que prend le verbe pour indiquer de quelle manière est présentée l'affirmation marquée par le verbe.

Le verbe basque a sept modes :

L'indicatif, *l'impératif*, le *conditionnel*, le *subjonctif*, le *votif*, le *suppositif* et le *potentiel*.

L'indicatif présente l'affirmation d'une manière positive et absolue.

L'impératif la présente sous l'idée d'un ordre ou d'une défense, d'une exhortation, d'une prière. L'impératif basque a deux formes différentes : l'une pour l'ordre, l'autre pour la défense.

Le conditionnel la présente sous l'idée d'une condition.

Le subjonctif la présente d'une manière subordonnée et dépendante.

Le votif la présente sous l'idée d'un vœu, d'un désir.

Le suppositif la présente sous l'idée d'une supposition. Il remplace la conjonction *si* devant l'auxiliaire français.

Le potentiel la présente sous l'idée de possibilité.

L'infinitif et le participe ne doivent pas être considérés comme faisant partie du verbe, puisqu'ils n'expriment pas d'affirmation : mais comme ils sont nécessaires pour la formation d'un grand nombre de temps, il est utile de s'en occuper en traitant du verbe.

Comme nous l'avons déjà dit, l'infinitif basque est un vrai substantif qui se décline comme les autres substantifs, mais est le plus souvent employé à la forme spéciale des noms propres. (Nous le désignerons indifféremment sous le nom de substantif verbal ou sous celui d'infinitif.) Le participe est un adjectif qui se décline comme les adjectifs qualificatifs, mais qui n'est pas assujetti, comme eux, à se placer après le substantif. (Nous lui donnerons le nom de participe ou celui d'adjectif verbal, indifféremment.)

L'infinitif et le participe basques ne sont pas la traduction littérale de l'infinitif et du participe français. Nous expliquerons les différentes manières dont doivent se rendre ces derniers, suivant le rôle qu'ils jouent dans la proposition.

2. Des formes de la Proposition

Suivant les phrases : *il* EST, *il dit qu'il* EST; *voyez où il* EST; *il ressemble à un homme qui* EST, le mot EST se rend de quatre manières différentes : DA; *erraiten du* DELA ; *ikhous ezazu noun* DEN ; *uduri du gizoun bat zouñ* BEITA.

Il en est de même pour le verbe *avoir*.

De là quatre formes différentes pour exprimer le même temps du même auxiliaire :

1° La forme principale à laquelle se met le verbe de la proposition principale ; ex. : il est, *da ;*

2° La forme régie que prend le verbe d'une proposition régie quand il est précédé de la conjonction *que,* suivie en français de l'indicatif ; ex. : il dit qu'il est, *erraiten du* DELA. La conjonction ne s'exprime pas ;

6

3° La forme pronominale qu'adopte le verbe d'une proposition régie quand il est précédé des pronoms *qui, que, quel*, etc., ou de *où, si, comme*. Cette forme dispense d'exprimer le pronom relatif *qui, que*; ex. : voyez où il est, *ikhous czazu noun* DEN ; j'ai demandé quel âge il a, *galthalu du cer adin* DIAN ; l'homme que j'ai vu, *ikhousi* DUDAN *gizouna*. Cette forme se décline. Quand l'auxiliaire suit un substantif, la terminaison définie indique le cas auquel est ce dernier ; quand il n'y a pas de substantif, la terminaison définie traduit le pronom démonstratif *celui, celle*; ex. : l'homme que j'ai vu a fait cela, *gizoun ikhousi* DUDANAC *hori egin du* ; celui que j'ai vu l'a fait, *ikousi* DUDANAC *egin du*.

Dans le premier exemple, la finale *ac* est la marque du nominatif singulier actif de la déclinaison définie ; elle doit se placer à la fin du dernier des deux mots en rapport, et on peut dire indifféremment: *gizoun ikhousi* DUDAN *hori egin du* ou *ikhousi* DUDAN *gizounac hori egin du*.

Dans le second exemple, la finale *ac* traduit le pronom *celui*, sujet singulier d'un verbe transitif.

Le français offre une grande analogie : *le, la, les*, tantôt indiquent, comme articles, que le substantif est pris dans un sens déterminé : *le mari, la femme, les enfants* ; tantôt remplacent le substantif en qualité de pronom : *je le vois, je la regarde, je les reconnais*.

4° La forme incidente à laquelle se place le verbe d'une proposition incidente. Comme dans la forme précédente, le verbe est habituellement précédé d'un pronom relatif ou bien de *où, comme, de même que* ; ex. : il ressemble à un homme qui est... *uduri du gizoun bat zouñ* BEITA.

Cette forme s'emploie quelquefois sans être précédée de pronoms ni d'adverbes, et elle ajoute au verbe le sens de *parce que, comme* ; ex. : cet homme, parce qu'il est puissant, se croit grand, *photerexu* BEITA, *handi dela ouste du gizoun horrec.*

Trois modes, l'indicatif, le conditionnel et le potentiel, ont seuls ces quatre formes. Les autres n'en ont qu'une. Ils ne peuvent pas, en effet, être employés dans des propositions principales. C'est évident pour le subjonctif et le suppositif, et la réflexion fait voir que l'impératif et le votif sont des formes elliptiques qui supposent toujours une proposition principale sous-entendue.

3. Des Temps

On appelle temps les différentes modifications que subit le verbe pour exprimer qu'une chose est, a été ou sera.

De là trois temps principaux : le présent, le passé et le futur.

Le présent, indiquant un point unique dans la durée, ne forme qu'un temps.

Le passé et le futur peuvent indiquer une foule d'instants différents ; par suite, chacun d'eux se subdivise en plusieurs temps secondaires.

Le verbe basque exprime souvent le temps avec plus de précision que le verbe français. Ainsi l'imparfait de l'indicatif français peut, quand il est précédé de la préposition *si*, indiquer un fait passé ; ex. : *si Néron était bon, il a été calomnié;* un fait présent : *s'il était bon, je l'aimerais tant;* un fait à venir : *s'il était ici demain, j'irais le voir.* Le verbe basque a une forme spéciale pour exprimer chacun de ces trois temps différents, et l'on dira : *houn* BAZEN *Nero, gaizkisaldia izan da; houn* BALITZ, *hañ maite nuke; heben bihar* IZAN BALEDI, *joan neinte ikhoustera.*

4. Du Nombre

Le nombre est la modification que subit le verbe, suivant que le sujet est au singulier ou au pluriel.

5. De la Personne

La personne est la forme que prend le verbe, suivant que le sujet est à la première, à la seconde ou à la troisième personne.

En français, le sujet est exprimé par un pronom toutes les fois qu'il ne l'est pas par un substantif. En basque, le pronom sujet ne s'exprime que lorsqu'il pourrait y avoir amphibologie ou lorsqu'on veut donner plus de force à l'expression. La terminaison du verbe varie à chaque personne d'une manière assez accentuée pour que l'expression séparée du pronom sujet soit inutile.

6. Des Traitements

Celui ou celle qui prononce une phrase s'adresse :
1º A plusieurs personnes réunies ;
2º Ou à une seule personne qu'il respecte ;
3º Ou à une seule personne qui lui est familière.

Quand on parle à une personne familièrement, par une étrange singularité dans une langue qui ne fait aucune distinction de genre, on distingue si cette personne est du sexe masculin ou du sexe féminin.

Ces différentes situations donnent lieu à quatre formes différentes que nous nommerons *traitements*. On distinguera donc :

1º Le traitement *indéfini*, quand la parole s'adresse à plusieurs personnes ; ex. : il donne, *emaiten du ;*

2º Le traitement *respectueux*, quand l'auteur de la phrase parle à une seule personne à qui il veut témoigner du respect ; ex. : il donne, *emaiten dizu ;*

3º Le traitement *masculin*, quand celui qui parle s'adresse à un homme qu'il tutoierait en français ; ex. : il donne, *emaiten dik ;*

4º Le traitement *féminin*, quand il s'adresse à une femme qu'en français il tutoierait ; ex. : il donne, *emaiten din.*

En français, le nombre de ceux à qui l'on parle et, si l'on parle à une seule personne, le degré d'intimité dans lequel on est avec elle, ne sont indiqués qu'à la seconde personne, par l'emploi du pluriel si l'on parle à plusieurs personnes ou à une seule personne qu'on respecte, par l'emploi du singulier si l'on parle à une seule personne avec qui l'on est intime. En basque, c'est à toutes les personnes qu'est indiquée, par la différence du traitement, la relation entre celui qui parle et celui ou ceux à qui il parle.

Il faut remarquer néanmoins que la seconde personne ne peut avoir au singulier que le traitement respectueux et les traitements familiers, et, au pluriel, que le traitement indéfini. C'est la conséquence forcée de la nature des divers traitements.

Le verbe de la proposition principale est seul à subir les modifications du traitement. Dans les propositions régies et incidentes, on n'emploie que le traitement indéfini, excepté lorsque le verbe a un pronom singulier de la deuxième personne pour sujet ou pour régime.

Le traitement indéfini est aussi seul employé quand la proposition principale est interrogative, excepté lorsqu'un pronom singulier de la seconde personne, exprimé ou sous-entendu, est sujet ou régime.

Le verbe de la proposition principale subissant seul les modifications de traitement, la forme principale de l'indicatif, du conditionnel et du potentiel a seule les quatre traitements. Les autres modes et les formes secondaires n'ont plusieurs traitements que lorsque la seconde personne du singulier est sujet ou régime.

7. Des Conjugaisons

Nous donnons le nom de conjugaisons aux diverses modifications que subit le verbe, suivant le nombre et la personne de ses régimes.

Le pronom régime direct et le pronom régime indirect se combinent avec l'auxiliaire, de manière à ne former qu'un seul mot. Ainsi, pour exprimer : *je le lui donne,* on dira, d'après ce que nous avons déjà dit : *je le lui ai donnant* ou *en don,* et cette phrase se rendra en deux mots : *emailen deyot* (à la forme indéfinie). Le mot *emailen* traduit *donnant* ou plutôt *en don,* et le mot *deyot, je le lui ai.*

Cette combinaison de l'auxiliaire avec le pronom régime peut se présenter des différentes manières suivantes :

Pour le verbe intransitif (forme indéfinie) :

1. Il vient	tournez :	*il est*	venant ou en venue	*jilen*	DA
2. Il vient à moi	»	*il est à moi* venant		*jilen*	ZAIT
3. Il vient à toi	»	*il est à toi* venant		*jilen*	ZAIZU
4. Il vient à lui	»	*il est à lui* venant		*jilen*	ZAYO
5. Il vient à nous	»	*il est à nous* venant		*jilen*	ZAIKU
6. Il vient à vous	»	*il est à vous* venant		*jilen*	ZAIZIE
7. Il vient à eux	»	*il est à eux* venant		*jilen*	ZAYÉ

On voit par là que l'auxiliaire intransitif a sept formes différentes pour le même temps du même mode.

Pour le verbe transitif, les combinaisons suivantes peuvent se rencontrer (forme indéfinie) :

Tournez :

1. Il le donne	il l'a { donnant / ou en don	*emáiten*	DU	
2. Il les donne	il *les* a donnant	*emáiten*	DUTU	
3. { Il me donne / Il donne moi	il *m'*a donnant	*emáiten*	NAI	
4. Il me le donne	il *l'*a à *moi* donnant	*emáiten*	DÉIT	
5. Il me les donne	il *les* a à *moi* donnant	*emáiten*	DÉIZT	
6. { Il te donne / Il donne toi	il *l'*a donnant	*emáiten*	ZUTU (1)	
7. Il te le donne	il *l'*a à *toi* donnant	*emáiten*	DÉIZU	
8. Il te les donne	il *les* a à *toi* donnant	*emáiten*	DÉITZU	
9. Il le lui donne	il *l'*a à *lui* donnant	*emáiten*	DÉYO	
10. Il les lui donne	il *les* a à *lui* donnant	*emáiten*	DÉITZO	
11. { Il nous donne / Il donne nous	il *nous* a donnant	*emáiten*	GUTU	
12. Il nous le donne	il *l'*a à *nous* donnant	*emáiten*	DÉIKU	
13. Il nous les donne	il *les* a à *nous* donnant	*emáiten*	DÉIZKU	
14. { Il vous donne / Il donne vous	il *vous* a donnant	*emáiten*	ZUTIE	
15. Il vous le donne	il *l'*a à *vous* donnant	*emáiten*	DÉIZIE	
16. Il vous les donne	il *les* a à *vous* donnant	*emáiten*	DÉITZIE	
17. Il le leur donne	il *l'*a à *eux* donnant	*emáiten*	DÉYE	
18. Il les leur donne	il *les* a à *eux* donnant	*emáiten*	DÉITZE	

(1) *Zutu* est la forme respectueuse ; *hai* est la forme du tutoiement correspondant à *te* ; mais, pour rendre la deuxième personne du singulier, nous emploierons dans la conjugaison générale la forme respectueuse, qui est la même pour les deux genres, nous réservant de donner à part les formes familières masculines et féminines.

Cela fait dix-huit formes différentes de conjugaison pour la même personne du même temps, du même mode de l'auxiliaire transitif.

Il peut se présenter d'autres réunions de pronoms dans le verbe transitif, telles que : *il le donne à moi, à nous ; il me donne à toi, à vous, à eux*, etc. ; mais, dans tous les cas autres que ceux donnés plus haut, la combinaison n'a pas lieu, et on exprime les pronoms séparément.

Ecrire ou réciter un verbe avec toutes ses terminaisons de voix, de modes, de temps, de nombres et de personnes, c'est ce qu'on appelle conjuguer. Les vingt-cinq formes ci-dessus ne forment donc qu'une conjugaison, puisqu'un seul verbe à signification transitive peut être employé à toutes les personnes, de tous les temps, de tous les modes, de toutes ces formes. Néanmoins, afin de faciliter les explications, nous donnerons le nom de conjugaison à chacune de ces vingt-cinq formes.

Nous dirons donc qu'il y a sept conjugaisons intransitives et dix-huit conjugaisons transitives.

Lorsque le verbe transitif n'a pas de régime exprimé, on emploie la première conjugaison transitive ; ex. : il donne, *emailen* ᴅᴜ ; il voit, *ikhousten* ᴅᴜ.

Lorsque le verbe a pour régime direct un substantif au lieu d'un pronom, on emploie la conjugaison qui exprime le pronom par lequel le substantif pourrait être remplacé ; ex. : il donne le livre, *libria emailen* ᴅᴜ ; il donne les dix livres, *hamar libriac emailen* ᴅᴜᴛᴜ.

Cependant, si le substantif est à l'indéfini, on doit employer la conjugaison exprimant le pronom singulier, alors même que la substitution devrait amener le pronom pluriel ; ex. : il donne dix livres, *hamar libru emailen* ᴅᴜ.

Lorsque le verbe transitif a pour régime indirect un substantif, on peut indifféremment employer la conjugaison qui exprime le pronom indirect ou celle qui ne l'exprime pas ; ex. : Dieu donne la terre à l'homme ; on dira : Dieu *la* donne la terre à l'homme ou Dieu *la lui* donne la terre à l'homme, *gizounari lurra emaiten* DU *Jincoac* ou *gizounari lurra emaiten* DEYO *Jincoac* ; j'offre les livres aux enfants, *haurrer libriac eskentzen* DUTUT ou *haurrer libriac eskentzen* DEITZET.

Pour essayer de simplifier, en la divisant, une conjugaison bien compliquée, malgré son admirable régularité, nous allons donner les vingt-cinq formes de conjugaison en indiquant d'abord seulement pour les trois modes principaux (indicatif, conditionnel et potentiel) le traitement indéfini et le traitement respectueux de la forme principale. Nous donnerons les autres modes complétement, excepté les traitements familiers, quand la seconde personne est sujet ou régime. Nous exposerons ensuite les formes secondaires des trois modes principaux, et enfin les traitements familiers de tous les modes.

Le verbe réfléchi s'exprimant par la combinaison de l'auxiliaire intransitif avec un participe transitif, comme nous l'expliquerons plus tard, les auxiliaires n'ont pas de formes particulières pour exprimer les actions réfléchies directement ou indirectement.

Dans tous les tableaux de conjugaison ci-après, le lecteur devra considérer les deux pages en regard comme n'en formant qu'une seule et, par conséquent, lire après chaque ligne de la page à gauche la ligne correspondante de la page à droite. Cette disposition nous a paru devoir faciliter l'intelligence de l'ensemble des conjugaisons, tout en respectant les nécessités de la typographie.

Voix intransitive

RADICAL : Izan, *être*. — INFINITIF OU NOM VERBAL : Izate, *être*.

INDICATIF (Forme principale).

PRÉSENT (*Singulier*).

Conj.		Trait	*je suis*	*tu es*	*il est* (*)
1re		I.	niz	....	da
		R.	núzu	zíra, ziráde	dúzu
2e	à moi	I.	....	....	záit
		R.	....	zitzáit	zítazu
3e	à toi	R.	nitzáizu	....	záizu
4e	à lui	I.	nitzáyo	....	záyo
		R.	nitzózu	zitzáyo	ziózu
5e	à nous	I.	....	....	záiku
		R.	....	zitzáiku	zíkuzu
6e	à vous	I.	nitzáizie	....	záizie
7e	à eux	I.	nitzáye	....	záye
		R.	nítzézu	zitzáye	ziézu

IMPARFAIT (*Singulier*).

			j'étais	*tu étais*	*il était*
1re		I.	níntzan	....	zén
		R.	nundúzun	zinén	zúzun
2e	à moi	I.	....	....	zéitan, zitzéitan
		R.	....	zinzéitan	zítazun
3e	à toi	R.	nintzéizun	....	zéizun, zitzéizun
4e	à lui	I.	nintzéyon	....	zéyon, zitzéyon
		R.	nintzózun	zintzéyon	ziózun
5e	à nous	I.	....	....	zéikun, zitzéikun
		R.	....	zinzéikun, zint-zéikun	zíkuzun
6e	à vous	I.	nintzéizien	....	zéizien, zitzéizien
7e	à eux	I.	nintzéyen	....	zéyen, zitzéyen
		R.	nintzézun	zintzéyen	ziézun, zitzézun

(*) Bien que, dans le texte français, nous mettions seulement le pronom basques n'ont pas de genre et que les mêmes formes verbales traduisent : *il*

(Auxiliaire ÊTRE)

— PARTICIPE OU ADJECTIF VERBAL : Izan, *été.*

INDICATIF (Forme principale).

PRÉSENT (*Pluriel*).

nous sommes	*vous êtes*	*ils sont* (*)
gíra, giráde	zirayé, ziradeyé, zirade	díra, diráde
gutúzu	. . . .	dutúzu
. . . .	zitzáiztaye, zitzaiztade	záizt, záitzat
. . . .	. . . .	zíztatzu
gitzáizu, gitzáitzu	. . . .	záitzu
gitzáyo	zitzáyoe, zitzáitzoe	zaitzó
gitzózu, gitzótzu	. . . .	zitzózu, zitzótzu
. . . .	zitzáizkuye	záizku
. . . .		zízkutzu
gitzáizie	. . . .	záitzie
gitzáye	zitzáyie, zitzayé	zaitzé
gitzézu, gitzétzu	. . . .	zitzézu, zitzétzu

IMPARFAIT (*Pluriel*).

nous étions	*vous étiez*	*ils étaient*
ginén	zinién	zirén
guntúzun	. . . .	zutúzun
. . . .	zintzéiztayen, zintzéiztaden	zéiztan, zitzéiztan
. . . .	. . . .	zíztatzun
gintzéizun	. . . .	zéitzun
gintzéyon	zintzéyoen	zeitzón, zitzeitzón
gintzózun	. . . .	zitzózun, zitzótzun
. . . .	zintzéizkuyen	zéizkun, zitzéizkun
. . . .	. . . .	zizkutzun
gintzéizien	. . . .	zéitzien, zitzéitzien
gintzéyen	zintzéyien	zéitzen, zitzéitzen
gintzézun	. . . .	zitzézun, zitzétzun

masculin de la troisième personne, il ne faut pas oublier que les pronoms *est et elle est, je suis à lui et je suis à elle, tu es à eux et tu es à elles,* etc.

PASSÉ INDÉFINI (*Singulier*).

Conj.		j'ai été	tu as été	il a été
1re	Trait			
	I.	ízan niz	. . . .	ízan da
	R.	ízan núzu	ízau zíra	izan dúzu

etc.

PASSÉ DÉFINI (*Singulier*).

		je fus	tu fus	il fut
1re	I.	izan níntzan	. . . .	ízan zén
	R.	ízan nundúzun	ízan zinén	ízan zúzun

etc.

PLUS-QUE-PARFAIT (*Singulier*).

		j'avais été	tu avais été	il avait été
1re	I.	izánic níntzan	. . . .	izanic zén
	R.	izánic nundú - zun	izánic zinén	izánic zúzun

etc.

FUTUR (*Singulier*).

			je serai	tu seras	il sera
1re		I.	nizáte et nizá- teke	. . . .	dáte et dáteke
		R.	nukézu	ziráte zirateke	dukézu
2e	à moi	I.	. . . .	. . . .	záiket
		R.	. . . .	zitzáiket	zikedázu
3e	à toi	R.	nitzáikezu	. . . .	záikezu
4e	à lui	I.	nitzaikó		zaikó
		R.	nitzikózu	zitzaikó	zikózu
5e	à nous	I.	. . . .	. . . .	záikegu
		R.	. . . .	zitzáikegu	zikegúzu
6e	à vous	I.	nitzáikezie	. . . .	záikezie
7e	à eux	I.	nitzaiké	. . . .	zaiké
		R	nitzikézu	zitzáiké	zikézu

FUTUR ANTÉRIEUR (*Singulier*).

		j'aurai été	tu auras été	il aura été
1re	J.	izan nizáte	. . . .	izan dáte
	R.	izan nukézu	izan ziráte	ízan dukézu

etc.

Passé indéfini (*Pluriel*).

nous avons été	*vous avez été*	*ils ont été*
ízan gíra	ízan zirayé	ízan díra
izan gutúzu	. . . .	ízan dutúzu

Passé défini (*Pluriel*).

nous fûmes	*vous fûtes*	*ils furent*
ízan ginén	ízan, zinien	ízan zirén
ízan guntúzun	. . . .	ízan zutúzun

Plus-que-Parfait (*Pluriel*).

nous avions été	*vous aviez été*	*ils avaient été*
izánic ginén	izánic zinién	izánic zirén
izánic guntúzun	. . . .	izánic zutúzun

Futur (*Pluriel*).

nous serons	*vous serez*	*ils seront*
giráte et girateke	ziráteye et giráte-keye	diráte et dirateke
gutukézu	. . . .	dutukézu
. . . .	zitzáizkede	záizket
. . . .	. . . .	zizkedátzu
gitzáikezu	. . . .	záizketzu
gitzaikó	zitzáizkoe	zaizkó
gitzikózu	. . . .	zizkótzu
. . . .	zitzáizkegie	záizkegu
. . . .	. . . .	zizkegútzu
gitzáikezie	. . . .	záizketzie
gitzaiké	zitzáizkeye	zaizké
gitzikézu	. . . .	zizkétzu

Futur Antérieur (*Pluriel*).

nous aurons été	*vous aurez été*	*ils auront été*
ízan giráte	ízan ziráteye	ízan diráte
ízan gutukezu	. . . .	ízan dutukézu

CONDITIONNEL (Forme principale).

PRÉSENT (Singulier).

Conj.		Trait	je serais	tu serais	il serait
1re		I.	nintzáte, nintzáteke	....	lizáte, lizáteke
		R.	nundukézu	zináte, zinateke	lukézu
2e	à moi	I.	....	....	litzéiket
		R.	....	zintzéiket	litzikedázu
3e	à toi	R.	nintzéikezu	....	litzéikezu
4e	à lui	I.	nintzéiko	....	litzéiko
		R	nintzikózu	zintzéiko	litzikózu
5e	à nous	I.	....	....	litzéikegu
		R.	....	zintzéikegu	litzikegúzu
6e	à vous	I.	nintzéikezie	....	litzéikezie
7e	à eux	I	nintzéike	....	litzéike
		R.	nintzikézu	zintzéike	litzikézu

PASSÉ (Singulier).

			j'aurais été	tu aurais été	il aurait été
1re		I	nintzátekian, nintzátian	....	zátekian, zátian
		R.	nundukézun	zinátekian, zinátian	zukézun
2e	à moi	I.	....	....	zitzéikedan, zéikedan
		R.	....	zintzéikedan	zitzikedázun, zíkedazun
3e	à toi	R.	nintzéikezun	....	zitzéikezun, zéikezun
4e	à lui	I.	nintzéikon	....	zitzéikon, zikéyon
		R.	nintzikiózun	zintzéikon	zitzikiózun, zikiózun
5e	à nous	I.	....	....	zitzéikegun, zéikegun
		R.	....	zintzéikegun	zitzikegúzun, zikegúzun
6e	à vous	I.	nintzéikezien	....	zitzéikezien, zéikezien
7e	à eux	I.	nintzéiken	......	zitzéiken, zéiken
		R.	nintzikiézun	zintzéiken	zitzikiézun, zikézun

Le passé du conditionnel basque, *nintzatekian*, signifie aussi

CONDITIONNEL (Forme principale).

PRÉSENT (*Pluriel*).

nous serions	*vous seriez*	*ils seraient*
gináte, gináteke	zináteye, zinatékeye	liráte, liráteke
guntukézu	. . . .	lutukézu
. . . ., ...	zintzéizkede	litzéizket
. . . .	. . . .	litzizkedátzu
gintzéikezu	. . . .	litzéizketzu
gintzéiko	zintzéizkoe, zintzéiz-koye	litzéizko
gíntzikózu	. . . .	litzizkótzu
. . . .	zintzéizkegie	litzéizkegu
. . . .	. . . .	litzizkegútzu
gintzéikezie	. . . .	litzéizketzie
gintzéike	zintzéizkeye	litzéizke
gintzikézu	. . . .	litzizkétzu

PASSÉ (*Pluriel*).

nous aurions été	*vous auriez été*	*ils auraient été*
gintzátekian, gináte-kian, ginátian	zinátekien., zináte-keyen, zinátieu	zirátekian, zirátian
guntukézun	. . . .	zutukézun
. . . .	zintzéizkeden, zint-zéikeden	zitzéizkedan
. . . .	.	zitzizkedátzun
gintzéikezun	. . . .	zitzéizketzun
gintzéikon	zintzéizkoen, zint-zéikoen	zitzéizkon
gintzikiózun	. . . .	zitzizkiótzun
. . . .	zintzéizkegien, zint-zéikegien	zitzéizkegun
. . . .	. . . .	zitzizkegútzun
gíntzéikezien	. . . .	zitzéizketzien
gintzéiken	zintzéizkeyen, zint-zéikeden	zitzéizken
gintzikiézun	. . . .	zitzizkiétzun, zizkét-zun

je devais être, tu devais être, etc.

FUTUR (*Singulier*).

Conj.	Trait	*je serais*	*tu serais*	*il serait*
1re	I.	néinte, nintáke, néinteke	....	léite, léiteke
	R.	nintézu, ninta-kézu	zínte, zintake	litézu
2e à moi	I.	....	....	léikit, léitekit
	R.	....	zenéinkit, zintá-kit, zintakídat	likidázu
3o à toi	R.	néinkizu, ninta-kízu	....	léikizu, léitekizu
4e à lui	I.	néinkio, ninta-kió	....	léikio, léitekio
	R.	néinkiozu, nin-takiózu	zenéinkio, zintakió	likiózu, léitekio-zu
5o à nous	I	....	....	léikigu, léiteki-gu
	R.	....	zenéinkigu, zintakígu	likigúzu
6o à vous	I	néinkizie, nin-takizíe	....	léikizie, léiteki-zie
7o à eux	I.	néinkie, ninta-kié	....	léikie, léitekie
	R.	néinkiezu, nin-takiézu	zenéinkie, zintakié	likiézu, léitekie-zu

Le futur du conditionnel, *neinte*, *nintake*, etc., exprime aussi

POTENTIEL (Forme principale).

PRÉSENT ET FUTUR (*Singulier*).

		je peux ou je pourrai	*tu peux ou pourras*	*il peut ou pourra*
1ro	I.	náite, náiteke, nitáke, nádi	....	dáite, dáiteke, dádi
	R.	nitézu, nitakézu	záite, záiteke, zitáke, zite	ditézu
2e à moi	I.	....	....	ditakídat, dakí-dat
	R.	....	zitákit, zitaki-dat	ditakidázu, da-kidázu
3e à toi	R.	nitakízu	....	ditakízu, dakízu
4e à lui	I.	nitakió	....	ditakió, dakió
	R.	nitakiózu	zitakió	ditakiózu, da-kiózu

FUTUR (*Pluriel*).

nous serions	*vous seriez*	*ils seraient*
gínte, gintáke	zintakeyé, zinteyé	líte, litáke
gintézu, gintakézu	. . . .	litakézu
. . . .	zenéinkide, zintakidé	léizkit, litákit
. . . .	. . . .	litakidátzu
genéinkizu, gintakízu	. . . .	léizkitzu, litakítzu
genéinkio, gintakió	zenéinkoye, zinta-kióye	léizkio, litakió
genéinkiozu, ginta-kiózu	. . . .	lizkiótzu, litakiótzu
. . . .	zenéinkigie, zintaki-gié	léizkigu, litakígu
. . . .	. . . .	léizkigutzu, litaki-gútzu
genéinkizie, ginta-kizíe	. . . .	léizkitzie, litakitzíe
genéinkie, gintakié	zenéinkeye, zinta-kieyé	léizkie, litakié
genéinkiezu, ginta-kiézu	. . . .	lizkiétzu, litakietzu

le potentiel conditionnel, *je pourrais être, tu pourrais être*, etc.

POTENTIEL (Forme principale).

PRÉSENT ET FUTUR (*Pluriel*).

nous pouvons ou pourrons	*vous pouvez ou pourrez*	*ils peuvent ou pourront*
gáite, gitáke, gíte	zaiteyé, zaitekeyé, zitakeyé, ziteyé	ditáke, díte
gitézu, gitakézu	. . . .	ditakézu
. . . .	zitakidayé, zitakidé	ditakíztat, dakíztat et ditazkidat
. . . .	. . . .	ditakiztátzu, dakiz-tátzu
gitakízu	. . . .	ditakítzu, dakítzu
gitakió	zitakioyé	ditakitzó, dakitzó
gitakiózu	. . . .	ditakitzótzu, dakitzót-zu et ditazkitzótzu

Conj.		Trait	je peux ou je pourrai	tu peux ou pourras	il peut ou pourra
5e	à nous	I. R.	....	 zitakígu	ditakigu, dakígu ditakigúzu , da-kigúzu
6e	à vous	I.	nitakizíe	....	ditakizíe , daki-zie
7e	à eux	I. R.	nitakié nitakiézu	.... zitakié	ditakié, dakié ditakiéżu , da-kiézu

La forme *nadi*, *zite*, *dadi*, *gite*, *ziteye*, *nite* n'est usitée que conjonction *si*.

PASSÉ (*Singulier*).

			je pouvais ou j'aurais pu	tu pouvais ou tu aurais pu	il pourrait ou aurait pu
1re		I. R.	nintakían, néin-tekian nintakézun	.... zintakían	záitekian , zita-kían zitakézun
2e	à moi	I. R.	....	.... zintakédan	zitakédan zitakedázun
3e	à toi	R.	nintakéizun	....	zitakéizun
4e	à lui	I. R.	nintakión , nin-takéyon nintakiózun	.... zintakión	zitakión zitakiózun
5e	à nous	I. R.	....	.... zintakégun	zitakégun zitakegúzun
6e	à vous	I.	nintakéizien	....	zitakéizien
7e	à eux	I. R.	nintakién, nin-takéyen nintakiézun	.... zintakién	zitakién, zitaké-yen zitakiézun

IMPÉRATIF AFFIRMATIF (*Singulier*).

			sois	Trait	qu'il soit
1re		R.	zíte, zirén, zitiala	I.	biz, bédi, den, dadíla
2e	à moi	R.	zakízat, zakíztat, za-kiztadála	I.	békit, bekidála

nous pouvons ou pourrons	vous pourez ou pourrez	ils peuvent ou pourront
....	zitakiguyé	ditakízku, dakízku
....	....	ditakízkutzu, dakiz-kutzu, ditazkígutzu
gitakizíe	....	ditakitzíe, dakitzíe et ditazkitzíe
gitakié	zitakieyé	ditakitzé, dakitzé
gitakiézu	....	ditakitzétzu, dakit-zétzu, ditazkitzétzu

lorsque le verbe est précédé de la particule BA, traduisant la

PASSÉ (Pluriel).

nous pouvions ou au-rions pu	vous pouriez ou au-riez pu	ils pouvaient ou au-raient pu
gintakían	zintakeyén, zintakén	zitakíen, zitakén
gintakézun	....	zitakézun
... ...·.........	zintakedén	zitazkédan, zitakié-dan
....	....	zitazkedátzun
gintakéizun	....	zitazkéitzun
gintakión	zintakióyen	zitazkión, zitakiéyon
gintakiózun	....	zitazkiótzun
....	zintakegién	zitazkégun, zitakié-gun
....	....	zitazkegútzun, zita-kiégutzun
gintakéizien	....	zitazkéitzien, zitaz-kiétzien
gintakién, gintakeyén	zintakiéyen	zitazkéyen, zitazkién, zitakéyen
gintakiézun	....	zitazkiétzun, zitakiét-zun

IMPÉRATIF AFFIRMATIF (Pluriel).

soyons	soyez	qu'ils soient
gitían, girén, gitiála	ziteyé, zirayén, zi-teyéla	bíte, dirén, ditiéla
....	zakitzadé, zakiztadé, zakitzadéla, zakiz-tadéla	bekítzat, bekíztat, da-kitzádala

Conj.		Trait	sois	Trait	qu'il soit
3e	à toi	R.	....	R.	bekízu, bekizúla
4e	à lui	R.	zakitzó, zakitzóla	I.	bekió, bekióla
5e	à nous	R.	zakízku, zakizkula	I.	bekígu, bekigula
6	à vous	R.	....	I.	bekizte, bekiziéla
7e	à eux	R.	zakitzé, zakitzéla	I.	bekié, bekiéla

IMPÉRATIF NÉGATIF (*Singulier*).

			ne sois pas		qu'il ne soit pas
1re		R.	etzitiála, etziréla	I.	eztadíla, eztéla
2e	à moi	R.	etzakitzadála	I.	eztakidála
3e	à toi		....	R.	eztakizúla
4e	à lui	R.	etzakitzóla	I.	eztakióla
5e	à nous	R.	etzakizkúla	I.	eztakigúla
6e	à vous		....	I.	eztakiziéla
7e	à eux	R.	etzakitzéla	I.	eztakiéla

SUBJONCTIF

PRÉSENT OU FUTUR (*Singulier*).

			que je sois		que tu sois	Trait	qu'il soit
1re		I.	nádin	R.	zitían	I.	dádin
2e	à moi		....	R.	zakiztádan, zakíztan	I.	dakídan
3e	à toi	R.	nakízun		....	R.	dakízun
4e	à lui	I.	nakión	R.	zakitzón	I.	dakión
5e	à nous		....	R.	zakízkun	I.	dakígun
6e	à vous	I.	nakizién		....	I.	dakízién
7e	à eux		nakién	R.	zakitzén	I.	dakién

IMPARFAIT (*Singulier*).

			que je fusse		que tu fusses		qu'il fût
1re		J.	néndin	R.	zintían	l.	lédin, zédin
2e	à moi	I.	....	R.	zintzakídan, zenénkidan	I.	lekídan, zekídan
3e	à toi	R.	nenkízun		....	R.	lekízun, zekízun
4e	à lui	I.	nenkión	R.	zintzakión, zenénkion	l.	lekión, zekion

soyons	*soyez*	*qu'ils soient*
gitzakízun, gitzaki-zúla	....	bekitzu, dakitzúla
gitzakión, gitzakióla	zakitzoé, zakitzoéla	bekitzó, dakitzóla
....	zakizkuyé, zakitzagié, zakizkié, zakizkiéla	bekízku, bekítzagu, dakitzagúla
gitzakízién, gitzaki-ziéla	....	bekitzie, dakitziéla
gitzakién, gitzakiéla	zakitzeyé, zakitzeyéla	bekitzé, dakitzéla

Impératif négatif (*Pluriel*).

ne soyons pas	*ne soyez pas*	*qu'ils ne soient pas*
ezkitían, ezkitiála	etziteyéla, etzirayéla	eztitiéla, eztiréla
....	etzakitzadéla, etza-kiztadéla	eztakitzadála
ezkitzakízun, kízula	....	eztakitzúla
ezkitzakión, kióla	etzakitzoéla	eztakitzóla
....	etzakitzagiéla	eztakitzagúla
ezkitzakízién, kiziéla	....	eztakitziéla
ezkitzakién, kiéla	etzakitzeyéla	eztakitzéla

SUBJONCTIF

Présent ou Futur (*Pluriel*).

que nous soyons	*que vous soyez*	*qu'ils soient*
gitían	ziteyén	ditían
....	zakiztadén, zakizta-yén	dakiztádan
gitzakézun	....	dakitzún, dakitzát.un
gitzakión	zakitzoén	dakitzón
....	zakizkién	dakízkun
gitzakezién	....	dakitzíen
gitzakién	zakitzeyén	dakitzén

Imparfait (*Pluriel*).

que nous fussions	*que vous fussiez*	*qu'ils fussent*
gintían	zinteyén	litían
.\..............	zintzazkidén, zenén-kiden	lekíztan, lekiztádan, lekiztádan
gintzakízun, genén-kizun	....	lekitzun, lezkítzun
gintzakión, genén-kion	zintzazkioén, zenén-kioyen	lekitzón, lezkión

Conj.	Trait	que je fusse	Trait	que tu fusses	Trait	qu'il fût
5e à nous		....	R.	zintzakigun, zenénkigun	I.	lekígun, ze-kigun
6e à vous	I.	nenkizíen		....	I.	lekizíen, ze-kizíen
7e à eux	I.	nenkién	R.	zintzakién, zenénkien	I.	lekién, ze-kién

PASSÉ (Singulier).

		que j'aie été		que tu aies été		qu'il ait été
1re	I.	ízan nádin	R.	izan zitían	I.	izan dádin

etc.

PLUS-QUE-PARFAIT (Singulier).

		que j'eusse été		que tu eusses été		qu'il eût été
1re	I.	izan néndin	R.	izan zintían	I.	izan lédin, zé-din

etc.

VOTIF.

PRÉSENT (Singulier).

		plût à Dieu que je fusse		plût à Dieu que tu fusses		plût à Dieu qu'il fût
1re	I.	áinintz	R.	aitzína	I.	áilitz
2e à moi		....	R.	aitzinzéit	I.	ailitzéit
3e à toi	R.	ainintzéizu		....	R.	ailitzéizu
4e à lui	I.	ainintzéyo	R.	aitzintzéyo	I.	ailitzéyo
5e à nous		....	R.	aitzinzéiku	I.	ailitzéiku
6e à vous	I.	ainintzéizie		....	I.	ailitzéizie
7e à eux	I.	ainintzéye	R.	aitzinzéye	I.	ailitzéye

FUTUR (Singulier).

		puissé-je être		puisses-tu être		puisse-t-il être
1re	I.	ainéndi	R.	aizinte, ait-zinte	I.	ailédi
2e à moi		....	R.	aitzenénkit, aitzénzkit, aitzintzákit	I.	ailékit

que nous fussions	que vous fussiez	qu'ils fussent
....	zintzazkigién, zenén-kigien	lekizkun, lezkigun, lekitzágun
gintzakizíen, genén-kizièn	....	lekítzién, lezkitzién
gíntzakién, genén-kien	zintzazkicyén, zenén-kieyen	lekitzén, lezkién

PASSÉ (Pluriel).

que nous ayons été	que vous ayez été	qu'ils aient été
ízan gitían etc.	ízan ziteyén	ízan dilían

PLUS-QUE-PARFAIT (Pluriel).

que nous eussions été	que vous eussiez été	qu'ils eussent été
ízan gintían etc.	'zan zinteyén	ízan litían

VOTIF.

PRÉSENT (Pluriel).

plût à Dieu que nous fussions	plût à Dieu que vous fussiez	plût à Dieu qu'ils fussent
aikíua	aitzinie	ailíra
....	aitzintzéiztade	ailitzéizt, ailitzéitzat
aikintzéizu	....	ailitzéitzu
aikintzéyo	aitzintzéyoc	ailitzéitzo
....	aitzintzéizkuye	ailitzéizku
aikíntzéizie	....	ailitzéitzie
aikíntzéye	aitzintzéyie	ailitzéitze

FUTUR (Pluriel).

puissions-nous être	puissiez-vous être	puissent-ils être
aikínte	aizinteyé, aitzinteye	ailíte
....	aitzenénkidet, ait-zénzkitet	ailézkit

Conj.		Trait	*puissé-je être*	Trait	*puisses-tu être*	Trait	*puisse-t-il être*
3e	à toi	R.	ainénkizu		....	R.	ailékizu
4e	à lui	I.	ainénkio	R.	aitzenénkio , aitzénzkio	I.	ailékio
5e	à nous		....	R.	aitzenénkigu , aitzénzkigu	I.	ailékigu
6o	à vous	I.	ainénkizie		....	I.	ailékizie
7e	à eux		ainénkie	R.	aitzenénkie , aitzénzkie	I.	ailékie

SUPPOSITIF.

Présent (*Singulier*).

			si j'étais		*si tu étais*		*s'il était*
1re		I.	bánintz	R.	bazína	I.	bálitz
2e	à moi		....	R.	bazintzéit	I.	balitzéit
3e	à toi	R.	banintzéizu		....	R.	balitzéizu
4o	à lui	I.	banintzéyo	R.	bazintzéyo , bazintzéitzo	I.	balitzéyo
5e	à nous		....	R.	bazintzéiku	I.	balitzéiku
6e	à vous	I.	banintzéizie		....	I.	balitzéizie
7e	à eux	I.	banintzéye	R.	bazintzéye , bazintzéitze	I.	balitzéye

Futur (*Singulier*).

			si j'étais		*si tu étais*		*s'il était*
1re		I.	banéndi	R	bazínte	I.	balédi
2e	à moi		....	R.	bazenénkit , bazíntzakit	I.	balékit
3e	à toi	R.	banénkizu		....	R	balekízu
4e	à lui	I.	banénkio	R.	bazenénkio , bazíntzakió	I.	balekió
5e	à nous		....	R.	bazenénkigu , bazíntzakigu	I.	balekígu
6e	à vous	I.	banénkizie		....	I.	balekizie
7o	à eux	I.	banénkie	R.	bazenénkie , bazíntzakié	I.	balekié

Passé.

Le passé du suppositif se forme en faisant précéder de la particule *nian, si tu étais*, etc., en employant toujours le traitement indéfini,

puissions-nous être	*puissiez vous être*	*puissent-ils être*
aikenénkizu, aikénz-kitzu	. . . .	ailézkitzu
aikenénkio , aikénz-kió	aitzenénkioye , ait-zenzkioye	ailezkió
. . . .	aitzenénkigie , ait-zénzkigie	ailézkigu
aikenénkizie, aikénz-kitzie	. . . .	ailézkitzie
aikenénkie , aikenz-kić	aitzenénkieye , ait-zénzkieye	ailezkié

SUPPOSITIF.

PRÉSENT (*Pluriel*).

si nous étions	*si vous étiez*	*s'ils étaient*
bagína	bazimié	balira
. . . .	bazintzéiztade -- ztaye	balitzéizt , balitzéitzat
bagintzéizu	. . . .	balitzéitzu
bagintzéyo	bazintzeyoc , bazint-zéitzoe	balitzéitzo
. . . .	bazintzéizkuye	balitzéizku
bagintzéizie	. . . .	balitzéitzie
bagintzéye	bazintzéyie , bazint-zéitzeye	balitzéitze

FUTUR (*Pluriel*).

si nous étions	*si vous étiez*	*s'ils étaient*
baginte	bazinteyé	balite
. . . .	bazenénkidet, bazint-zakidét	balézkit, balezkítzat
bagenénkizu, bagint-zakizu	. . . .	balézkitzu, balekitzu
bagenénkio , bagint-zakio	bazenénkioye, bazint-zakióye	balézkio, balekitzó
. . . .	bazenénkigie, bazint-zakigié	balézkigu , balekit-zágu
bagenénkizie, bagint-zakizie	. . . .	balézkitzie, balekitzie
bagenénkie , bagint-zakié	bazenénkieye, bazint-zakiéye	balézkie, balekitzé

PASSÉ.

ba l'imparfait de l'indicatif, et l'on dit : *banintzan, si j'étais : bazu-*
à moins que la seconde personne du singulier ne soit sujet ou régime.

Voix transitive

RADICAL : Ukhen, *avoir*. — INFINITIF OU NOM VERBAL : Ukheite,

INDICATIF (Forme principale).

PRÉSENT (*Singulier*).

Conj.		Trait	j'ai	tu as	il a
1re	*le* (régime direct. 3e personne. singulier, indéfini ou nul)	I.	dut	....	du
		R.	dízut, dit	dúzu	dízu
2e	*les* (régime direct pluriel . 3e personne).	I.	dútut, tut	....	dútu, tu
		R.	ditizut, ditit, tízut	dutúzu, túzu	ditízu, tizu
3e	*moi*	I.	....	....	nái
		R.	....	náizu	nizu
4e	*le à moi*	I.	....	....	déit
		R.	....	déitazu, déita-dazu	dítazu
5e	*les à moi*	I.	....	....	déizt, déitzat
		R.	....	déiztatzu, déiztadatzu	diztatzu
6e	*toi*	R.	zútut	....	zútu
7e	*le à toi*	R.	déizut	....	déizu
8e	*les à toi*	R.	déitzut	....	déitzu
9e	*le à lui*	I.	déyot, derót, dériot	....	déyo, deró, dório
		R.	diózut, diót	déyozu, déozu	diózu
10e	*les à lui*	I.	déitzot	....	déitzo
		R.	diótzut, ditzót	déitzozu, déitzotzu	ditzó u, ditzótzu
11e	*nous*	I.	....	....	gútu
		R.	....	gutúzu	gitízu
12e	*le à nous*	I.	....	....	déiku
		R.	....	déikuzu	dikuzu
13e	*les à nous*	I.	....	....	déizku
		R.	....	déizkutzu	dizkutzu
14e	*vous*	I.	zutiét	....	zutié
15e	*le à vous*	I.	déiziet	....	deizié
16e	*les à vous*	I.	déitziet	....	deitzié
17e	*le à eux*	I.	déyet, dériet	....	déye
		R.	diézut, diét	déyezu	diézu
18e	*les à eux*	I.	déitzet	....	déitze
		R.	ditzézut, ditzét	déitzezu	ditzézu, ditzétzu

(Auxiliaire AVOIR)

avoir. — PARTICIPE OU ADJECTIF VERBAL : Ukhen, *cu, cue.*

INDICATIF (Forme principale).

PRÉSENT (*Pluriel*).

nous avons	*vous avez*	*ils ont*
dúgu	duzie	die
dizúgu	. . . .	dizie
dutúgu, túgu	dutuzie, tuzie	dutie, tie
ditizúgu, tizúgu	. . . .	ditizie, tizie
. . . .	náizie	náye
. . . .	. . . .	nizie
. . . .	déitazie	déitaye, déitade
. . . .	. . . .	ditazie
. . . .	déiztatzie	déiztaye, déiztade
. . . .	. . . .	díztatzie
zutúgu	. . . .	zutie
déizugu	. . . .	déizie, déizuye
déitzugu	. . . .	déitzie
déyogu, derogu, deriogu	déyozie, deózie	déyoe
diózugu	. . . .	diózie
déitzogu	déitzozie	déitzoe
ditzózugu, diotzugu	. . . .	ditzózie
. . . .	gutuzie	gutie
. . . .	. . . .	gitizie
. . . .	déikuzie	déikuye
. . . .	. . . .	díkuzie
. . . .	déizkutzie	déizkuye
. . . .	. . . .	dízkutzie
zutiégu	. . . .	zutiê
déiziegu	. . . .	deiziê
déitziegu	. . . .	deitziê
déyegu	déyezie, deézie	déyie
diézugu	. . . .	diézie
deitzegu	déitzezie, deétzie	déitzeye
ditzézugu, diétzugu	. . . .	ditzézie

IMPARFAIT (*Singulier*).

Conj.		Trait	j'avais	tu avais	il avait
1re	le	I.	nían	. . . .	zían
		R.	nízun	zunían	zízun
2e	les	I.	nutían	. . . .	zutían
		R.	nitízun	zuntían	zitízun
3e	moi	I.	. . . .	. . . .	nundían
		R.	. . . .	nundúzun	nindízun
4e	le à moi	I.	. . . .	. . . .	zéitan, zéitadan
		R.		zenéitan, zenéitadan	zitazun, zitadazun
5e	les à moi	I.	. . . .	. . . .	zéiztan, zéiztadan
		R.	. . . .	zenéiztan	ziztatzun, ziztadatzun
6e	toi	R.	zuntúdan	. . . .	zuntían
7e	le à toi	R.	néizun	. . . .	zéizun
8e	les à toi	R.	néitzun	. . . .	zéitzun
9e	le à lui	I.	néyon	. . . .	zéyon
		R.	niózun	zenéyon	ziózun
10e	les à lui	I.	néitzon	. . . .	zéitzon
		R.	nitzózun, niótzun	zenéitzon	zitzózun
11e	nous	I.	. . . .	. . . .	guntían
		R.	. . . .	guntúzun	gintízun
12e	le à nous	I.	. . . .	. . . .	zéikun
		R.	. . . .	zenéikun	zikuzun
13e	les à nous	I.	. . . .	. . . .	zéizkun
		R.	. . . .	zenéizkun	zizkutzun
14e	vous	I.	zuntiédan	. . . .	zuntíen
15e	le à vous	I.	néizien	. . . .	zeizién
16e	les à vous	I.	néitzien	. . . .	zeitzién
17e	le à eux	I.	néyen	. . . .	zéyen
		R.	niezun	zenéyen	ziezun
18e	les à eux	I.	néitzen	. . . .	zéitzen
		R.	nitzézun, niétzun	zenéitzen	zitzézun

IMPARFAIT (*Pluriel*).

nous avions	vous aviez	ils avaient
gunían	zunién	zién
ginízun	. . . .	zizién
guntían	zuntién	zutién
gintízun, ginitízun	. . . .	zitizién
. . . .	nunduzíen	nundién
. . . .	. . . .	niudizién
. . . .	zenéitayen, zenéita-zien	zéitayen, zéitaden
. . . .	. . . .	zitadazién, zítazien
. . . .	zenéiztayen, zenéiz-tatzien	zéiztayen, zéiztaden
. . . .	. . . .	ziztadatzién, zízta-tzien
zuntúgun	. . . .	zuntién
genéizun	. . . .	zéizuyen, zéizien
genéitzun	. . . .	zéitzuyen, zéitzien
genéyon	zenéyoen, zenózien	zéyoen
giniózun	. . . .	ziózien
genéitzon	zenéitzoen, zenót-zien	zéitzoen
gintzózun	. . . .	zitzózien, ziótzien
. . . .	guntuzíen	guntién
. . . .	. . . .	gintizién
. . . .	zenéikuyen, zenéiku-zien	zéikuyen
. . . .	. . . .	zíkuzien
. . . .	zenéizkuyen, zenéiz-kutzien	zéizkuyen
. . . .	. . . .	zízkutzien
zuntiégun	. . . .	zuntién
genéizien	. . . .	zeizién
genéitzien	. . . .	zeitzién
genéyen	zenéyen, zenézien	zéyien, zéyeen
giniézun	. . . .	ziéézien, ziézien
genéitzen	zenéitzen, zenétzien	zeitzeyen
ginitzézun	. . . .	zietzézien, zitzézien

PASSÉ INDÉFINI (*Singulier*).

Conj.		Trait	j'ai eu	tu as eu	il a eu
1re	le	I.	úkhen dut	. . . .	úkhen du
		R.	úkhen dízut, dit	úkhen dúzu	úkhen dízu

etc.

PASSÉ DÉFINI (*Singulier*).

			j'eus	tu eus	il eut
1re	le	I.	úkhen nían	. . . .	úkhen zían
		R.	úkhen nízun	úkhen zunían	úkhen zízun

etc.

PLUS-QUE-PARFAIT (*Singulier*).

			j'avais eu	tu avais eu	il avait eu
1re	le	I.	ukhénic nían	. . . .	ukhénic zían
		R.	ukhénic nízun	ukhénic zunían	ukhénic zízun

etc.

FUTUR (*Singulier*).

			j'aurai	tu auras	il aura
1re	le	I.	dúket	. . . .	dúke
		R.	dikézut, díket	dukézu	dikézu
2e	les	I.	dutúket	. . . .	dutúke
		R.	ditikézut, di-tíket	dutukézu	ditikézu
3e	moi	I.	.. . .	náikezu	náike
		R.	. . . .		nikézu
4e	le à moi	I.	. . . .		déiket
		R.	. . . .	déikedazu	díkedazu
5e	les à moi	I.	. . . .		déizket
		R.	. . . .	déizkedatzu	dízkedatzu, di-tikedátzu
6e	toi	R.	zutúket	. . . .	zutúke
7e	le à toi	R.	déikezut	. . . .	déikezu
8e	les à toi	R.	déizketzut	. . . .	déizketzu
9e	le à lui	I.	déikot	. . . .	deikó
		R.	dikiózut, dikiót	deikózu	dikiózu
10e	les à lui	I.	déizkot	. . . .	déizka
		R.	ditikiózut, di-tikiót	deizkótzu	dizkiótzu, di-tikiótzu

PASSÉ INDÉFINI (*Pluriel*).

nous avons eu	*vous avez eu*	*ils ont eu*
úkhen dúgu	úkhen duzíe	úkhen díe
úkhen dizúgu	. . . .	úkhen dizíe

PASSÉ DÉFINI (*Pluriel*).

nous eûmes	*vous eûtes*	*ils eurent*
úkhen gunían	úkhen zunién	úkhen zién
úkhen ginízun	. . . .	úkhen zizién

PLUS-QUE-PARFAIT (*Pluriel*).

nous avions eu	*vous aviez eu*	*ils avaient eu*
ukhénic gunían	ukhénic zunién	ukhénic zién
ukhénic ginízun	. . . .	ukhénic zizién

FUTUR (*Pluriel*).

nous aurons	*vous aurez*	*ils auront*
dukégu	dukezíe	dukeyé, dukíe
dikezúgu	. . . .	dikezíe
dutukégu	dutukezíe	dutukeyé, dutukíe
ditikezúgu	. . . .	ditikezíe
. . . .	náikezie	náikeye
. . . .	. . . .	nikezie
. . . .	déikedazie	déikede
. . . .	. . . .	dikedazie
. . . .	déizkedatzie	déizkede
. . . .	. . . .	dízkedatzie
zutukégu	. . . .	zutukeyé
déikezugu	. . . .	déikezie
déizketzugu	. . . .	déizketzie
déikogu, déikeogu	déikozie, déikeozie	déikoye, déikoe
dikiózugu	. . . .	dikiózie
déizkogu	déizkotzie	déizkoye, déizkoe
ditikiózugu, dizkiót-zugu	. . . .	ditikiózie

Conj.		Trait	j'aurai	tu auras	il aura
11e	nous	I.	....	....	gutúke
		R.	....	gutukézu	gitikézu
12e	le à nous	I.	....	....	déikegu
		R.	....	déikeguzu	dikegúzu
13e	les à nous	I.	....	....	déizkegu
		R.	....	déizkegutzu	dízkegutzu, di-tikegútzu
14e	vous	I.	zutukiét	....	zutukie, zutu-ké
15e	le à vous	I.	déikeziet	....	déikezie
16e	les à vous	I.	déizketziet	....	déizketzie
17e	le à eux	I.	deikét, déikeet	....	deiké
		R.	dikiézut, di-kiét	deikézu, déi-keezu	dikiézu
18e	les à eux	I.	deizkét, déiz-keet	....	deizké
		R.	ditikiézut, di-tikiét	deizkétzu	ditikiézu, diz-kiétzu

FUTUR ANTÉRIEUR (Singulier).

			j'aurai eu	tu auras eu	il aura eu
1re	le	I.	úkhen dúket	....	úkhen dúke
		R.	úkhen dikézut, diket	úkhen dukézu	úkhen dikézu

etc.

CONDITIONNEL (Forme principale).

PRÉSENT (Singulier).

			j'aurais	tu aurais	il aurait
1re	le	I.	núke	....	lúke
		R.	nikézu	zunúke	likézu
2e	les	I.	nutúke	....	lutúke
		R.	nitikézu	zuntúke	litikézu
3e	moi	I.	....	....	nundúke
		R.	....	nundukézu	nindikézu
4e	le à moi	I.	....	....	léiket
		R.	....	zenéiket	likedázu

nous aurons	vous aurez	ils auront
. . . .	gulukezie	gulukeyé
. . . .		gilíkezie
. . . .	déikeguzie	deikegié
. . . .		dikeguzie
. . . .	déizkegutzie	deizkegié
. . . .		dizkegutzie
zutukiégu	. . . .	zutukiéye, zutukeyé
déikeziegu	. . . .	deikezié, deikeézie
déizketziegu	. . . .	deizketzié, deizkeét-zie
deikégu, deikeégu	deikeézie	deikeyé, deikeéye
dikiézugu	. . . .	dikiézie
deizkegu, deizkeégu	deizkeétzie	deizkeyé, deizkeéye
ditikiézugu	. . . .	ditikiézie, dizkiétzie

FUTUR ANTÉRIEUR (Pluriel).

nous aurons eu	vous aurez eu	ils auront eu
úkhen dukégu	úkhen dukezie	úkhen dukeyé, dukie
úkhen dikezúgu	. . . .	úkhen dikezie

CONDITIONNEL (Forme principale).

PRÉSENT (Pluriel).

nous aurions	vous auriez	ils auraient
gunúke	zunukeyé	lukeyé, lukié
ginikézu	. . . .	likezie
guntúke	zuntukeyé	lutukeyé, lutukié
gintikézu	. . . .	litikezie
. . . .	nundukezie	nundukeyé
. . . .		nindikezie
. . . .	zenéikede, zenéike-dazie	léikede
. . . .	. . . .	likedazie

8

conj	trait	j'aurais	tu aurais	il aurait
5e les à moi	I.	....	....	léizket
	R.	....	zenéizket	lizkedátzu, liti-kedátzu
6e toi	R.	zuntúket	....	zuntúke
7e le à toi	R.	néikezü	....	léikezu
8e les à toi	R.	néizketzu	....	léizketzu
9e le à lui	I.	neikó	....	leikó
	R.	nikózu	zeneikó	likózu
10e les à lui	I.	neizkó, nitzikó	....	leizkó
	R.	nizkótzu, nit-zikótzu	zeneizkó	litzikótzu
11e nous	I.	....	....	guntúke
	R.	....	guntukézu	gintikézu
12e le à nous	I.	....	....	léikegu
	R.	....	zenéikegu	likegúzu
13e les à nous	I.	....	....	léizkegu
	R.	....	zenéizkegu	lizkegútzu, liti-kegútzu
14e vous	I.	zuntukét, zun-tukeyét	....	zuntukié
15e le à vous	I.	néikezie	....	léikezie
16e les à vous	I.	néizketzie	....	léizketzie
17e le à eux	I.	neiké	....	leiké
	R.	nikézu	zeneiké	likézu
18e les à eux	I.	neizké, nitziké	....	leizké
	R.	nizkétzu, nit-zikétzu	zeneizké	litzikétzu, liz-kétzu

PASSÉ (Singulier).

		j'aurais eu	tu aurais eu	il aurait eu
1re le	I.	nukían	....	zukían
	R.	nikézun	zunukían	zikézun
2e les	I.	nutukían	....	zutukian
	R.	nitikézun	zuntukían	zitikézun
3e moi	I.	....		nundukían
	R.	....	nundukézun	nendikézun
4e le à moi	I.	....		zéikedan
	R.	....	zenéikedan	zikedázun
5e les à moi	I.	....		zéizkedan
	R.	....	zenéizkedan	zitikedázun

nous aurions	*vous auriez*	*ils auraient*
…	zenéizkede, zenéizke-datzie	léizkede
…	…	lízkedatzie
zuntukégu	…	zuntukie
genéikezu	…	léikezie, léikezuye
genéizketzu	…	léizketzie, leizketzuye
geneikó	zenéikoye, zenéikozie	léikoye
ginikózu	…	likózie, likiózie
geneizkó	zenéizkoye, zenéizkotzie	léizkoye
gintzikótzu, ginizkótzu	…	litzikotzie
…	guntukezie	guntukeyé
…	…	gintikezie
…	zenéikegie, zenéikeguzie	leikegié
…	…	likeguzie
…	zenéizkegie, zenéizkegutzie	leizkegié
…	…	lizkegutzie
zuntukiégu	…	zuntukeyé
genéikezie	…	leikezié
genéizketzie	…	leizketzié
geneiké	zenéikeye, zenéikezie	leikeyé
ginikézu	…	likézie
geneizké	zenéizkeye	leizkeyé
gintzikétzu, ginizkétzu	…	litzikétzie

Passé (Pluriel).

nous aurions eu	*vous auriez eu*	*ils auraient eu*
gunukían	zunukeyén	zukíen
ginikézun	…	zikezíen
guntukían	zuntukeyén	zutukien
gintikézun	…	zitikezien
…	nundukezíen	nundukién
…	…	nindikezíen
…	zenéikeden	zeikedén
…	…	zikedazión
…	zenéizkeden	zeizkedén
…	…	zitikedazién

Luhi		Trait	j'aurais eu	tu aurais eu	il aurait eu
6e	toi	R.	zuntukédan	....	zuntukían
7e	le à toi	R.	néikezun	....	zéikezun
8e	les à toi	R.	néizketzun	....	zéizketzun
9e	le à lui	J.	neikón	....	zéikon
		R.	nikiózun	zenéikon	zikiózun
10e	les à lui	J.	neizkón	....	zéizkon
		R.	nitikiózun	zenéizkon	zitikiózun
11e	nous	I.	....	....	guntukían
		R.	....	guntukézun	gintikézun
12e	le à nous	I.	....	....	zéikegun
		R.	....	zenéikegun	zikegúzun
13e	les à nous	I.	....	....	zéizkegun
		R.	....	zenéizkegun	zizkegúzun
14e	vous	I.	zuntukiédan	....	zuntukén
15e	le à vous	I.	neikezién	....	zeikezién
16e	les à vous	I.	neizketzién	....	zeizketzién
17e	le à eux	I.	neikón, nei-keén	....	zéiken
		R.	nikézun, ni-keézun	zeneikén	zikeézun, zikézun
18e	les à eux	J.	neizkén, neiz-keén	....	zéizken
		R.	nitikézun, ni-tikeézun	zeneizkén	zitikeézun, zi-tikézun

FUTUR (Singulier).

			j'aurais	tu aurais	il aurait
1re	le	I.	nezáke, nióke, níro	....	lezáke, lióke, líro
		R.	nezakézu, nió-kezu	zenezáke, zi-nióke	lezákezu, lió-kezu
2e	les	I.	netzáke, nitió-ke	....	letzáke, litióke
		R.	netzakétzu, ni-tióketzu	zenetzáke, zin-tióke	letzakétzu, li-tióketzu
3e	moi	I.	....	....	nentzáke, nin-tió, nintióke
		R.	....	nentzakézu	nintzakézu, nintiózu, nintiókezu

nous aurions eu	vous auriez eu	ils auraient eu
zuntukégun	. . . .	zuntukién
genéikezun	. . . .	zéikezuyen, zéikezien
genéizketzun	. . . .	zéizketzien, zéizkeitzuyen
genéikon	zenéikoen, zenéikozien	zéikoyen
ginikiózun	. . . .	zikózien
genéizkon	zenéizkoen, zenéizkotzien	zéizkoyen
gintikiózun	. . . .	zitikózien, zizkótzien
. . . .	guntukezien	guntukién
. . . .		gintikezién
. . . .	zenéikegien	zéikegien
. . . .		zikeguzién
. . . .	zenéizkegien	zéizkegien
. . . .		zitikeguzién, zizkegutzién
zuntukiégun	. . . .	zuntukeéyen, zuntukeyén
genéikezien	. . . .	zeikezién
genéizketzien	. . . .	zeizketzién
genéiken	zenéikeyen	zéikeyen
ginikeézun, ginikézun	. . . .	zikeézien, zikézien
genéizken	zenéizkeyen	zéizkeyen
gintikeézun, gintikézun	. . . .	zitikeézien, zitikézien

Futur (Pluriel).

nous aurions	vous auriez	ils auraient
genezáke, ginióke, giniíro	zenezakeyé, ziniókeye	lezakie, liókeye, liroé
genezakézu, giniókezu	. . . .	lezakezie, liókezie
genetzáke, gintióke	zenetzakeyé, zintiókeye	letzakie, litiókeye
genetzakétzu, gintióketzu	. . . .	letzaketzie, litióketzie
. . . .	nentzakezie	nentzakeyé, nintiókeye
. . . .	. . . .	nintzakezie, nintiókezie

Conj	Trad	j'aurais	tu aurais	il aurait
4e le à moi	I.	. . . .	. . . .	lizakédat, léiket
	R.	. . . .	zinizakédat	lizakedázu
5e les à moi	I.	. . . .	. . . . .	litzakédat, léizket
	R.	. . . .	zinitzakédat	litzakedátzu
6e toi	R.	zentzáket, zintióket	. . . .	zintzáke, zintió, zintióke.
7e le à toi	R.	nizakézu, nizakéizu	. . . .	lizakézu, likéizu, léikezu
8e les à toi	R.	nitzakétzu, nitzakéitzu	. . . .	litzakétzu, lizkéitzu, léizketzu
9e le à lui	I.	nizakió		lizakió, likió
	R.	nizakiózu	zinizakió	lizakiózu, likiózu
10e les à lui	I.	nitzakió	. . . .	litzakió, litikió
	R.	nitzakiótzu	zinitzakió	litzakiótzu, litikiótzu
11e nous	I.	. . . .	. . . .	gentzáke, gintióke
	R.	. . . .	gentzakézu	gintzákezu, gintiókezu
12e le à nous	I.	. . . .	. . . .	lizakégu
	R.	. . . .	zinizakégu	lizakegúzu litzakégu
13e les à nous	I.	. . . .	. . . .	
	R.	. . . .	zinitzakégu	litzakegútzu
14e vous	I.	zentzakeyét, zintzakét	. . . .	zentzaké, zintioé, zintiokeyé
15e le à vous	I.	nizakezié	. . . .	lizakezié
16e les à vous	I.	nitzaketzié	. . . .	litzaketzié
17e le à eux	I.	nizakié	. . . .	lizakié
	R.	nizakiézu	zinizakié	lizakiézu
18e les à eux	I.	nitzakié	. . . .	litzakié
	R.	nitzakiétzu	zinitzakié	litzakiétzu

Le futur du conditionnel, *nezake*, *nioke*, *niro*, etc., exprime

nous aurions	*vous auriez*	*ils auraient*
. . . .	zinizakedé, ziníkede	lizakedayé, leikedé
. . . .	. . . .	lizakedazié
. . . .	zinitzakedé, zintíkede	litzakedayé , leizkedé
. . . .	. . . .	litzakedatzié
zentzakégu, zintióke-gu	. . . .	zintzakie , zintzaké , zintiókeyé
ginizakézu, genéike-zu	. . . .	lizakézuye, lizakézie
ginitzakétzu, genéiz-ketzu	. . . .	litzakétzie
ginizakío, ginikío	zinizakióye, zinikióye	lizakióye
ginizakiózu, ginikiózu	. . . .	lizakiózie
ginitzakío, gintikío	zinitzakióye , zinti-kióye	litzakióye
ginitzakiótzu, ginti-kiótzu	. . . .	litzakiótzie
. . . .	gentzakezié	gentzákeye , gintió-keye
. . . .	. . . .	gintzakezie, gintioke-zie
. . . .	zinizakegié , zinike-gié	lizakegie, léikegie
. . . .	. . . .	lizakeguzie
. . . .	zinitzakegié, zintike-gié	litzakegié
. . . .	. . . .	litzakegutzie
zentzakiégu , zentió-kegu	. . . .	zintzakeyé, zintiokeyé
ginizakezíe, geneike-zíe	. . . .	lizakezié, léikezie
ginitzaketzíe, goneiz-ketzíe	. . . .	litzaketzié
ginizakié, ginikié	ziuizakiéye, zinikiéye	lizakiéye, likiéye
ginizakiézu, ginikié-zu	. . . .	lizakiézie, likiézie
ginitzakié, gintikié	zinitzakiéye , zinti-kiéye	litzakiéye, litikiéye
ginitzakietzu, ginti-kiétzu	. . . .	litzakiétzie , litikiét-zie

aussi le potentiel conditionnel : *je pourrais avoir*, etc.

POTENTIEL (Forme principale).

PRÉSENT ET FUTUR (*Pluriel*).

nous pouvons ou pourrons	*vous pouvez ou pourrez*	*ils peuvent ou pourront*
dezakégu , dirógu , diokégu	dezakezie, dirozie	dezakeyé, diroé, diókeye
dezakezúgu	....	dizakezie
detzakégu, ditzirógu	detzakezie, ditzirozie	detzakeyé, ditiókeye
detzakezúgu	....	ditzakezie
....	netzakezie, nezakezie	netzakie, nitzakeyé
....	....	nitzakezie
....	dizakedazie	dizakedé
....	....	dizakedazié
....	ditzakedatzie	ditzakedé
....	....	ditzakedatzié
zetzákegu, zitzákegu	....	zitzakié
dizakezúgu	....	dizakezie
ditzaketzúgu	....	ditzaketzie
dizakiógu	dizakeózie, dizakózie	dizakióye
dizakiózugu	....	dizakiózie
ditzakiógu	ditzakeótzie, ditzakótzie	ditzakióye
ditzakiótzugu	....	ditzakiótzie
....	gitzaketzie	getzakíe , gitzakie , gitzakeyé
....	....	gitzakezie
....	dizakeguzie	dizakegié
....	....	dizakeguzié
....	ditzakegutzie	ditzakegié
....	....	ditzakegutzié
zitzakiégu, zetzakiégu	....	zitzakié, zetzakié
dizakeziégu	....	dizakezié
ditzaketziégu	....	ditzaketzié
dizakiégu	dizakeézie, dizakézie	dizakiéye
dizakiézugu	....	dizakiézie

Conj.	Trait	je peux ou je pourrai	tu peux ou tu pourras	il peut ou pourra
18e les à eux	1.	ditzakiet	....	ditzakie
	R.	ditzakiézut	ditzakétzu	ditzakiétzu

Indépendamment des manières ci-dessus de rendre le potentiel sitions principales et qui, par suite, n'a qu'une forme et qu'un sujet ou régime. Elle s'emploie lorsque le présent du conditionnel un suppositif potentiel présent et correspond à la forme *nadi*,

Conj	Trait	si je peux	Trait	si tu peux	trait	s'il peut
1re le	I.	badézat	R.	badezázu	I.	badéza
2e les	I.	badétzat	R.	badetzátzu	I.	badétza
3e moi		....	R.	banezázu	I.	banéza
4e le à moi		....	R.	badizadázut	I.	badízat
5e les à moi		....	R.	baditzadát-zut	I.	badítzat
6e toi	R.	bazítzat		....		bazítza
7e le à toi	R.	badizázut		....		badizázu
8e les à toi	R.	baditzátzut		....		baditzátzu
9e le à lui	I.	badizót	R.	badizózu	I.	badizó
10e les à lui	I.	baditzót	R.	baditzótzu	I.	baditzó
11e nous		....	R.	bagitzátzu	I.	bagítza
12e le à nous		....	R.	badizadazú-gu	I.	badizágu
13e les à nous		....	R.	baditzadat-zúgu	I.	baditzágu
14e vous	I.	bazitzét		....		bazitzé
15e le à vous	I.	badizaziét		....		badizazié
16e les à vous	I.	baditzatziét		....		baditzatzié
17e le à eux	I.	badizét	R.	badizézu	I.	badizé
18e les à eux	I.	baditzét	R.	baditzétzu	I.	baditzé

PASSÉ (*Singulier*).

		je pourrais ou j'aurais pu	tu pourrais ou aurais pu	il pourrait ou aurait pu
1re le	J.	nezakian, niókian	....	zezakian, ziókian
	R.	nezakézun, niókezun	zenezakian, ziniókian	zezakézun, ziókezun
2e les	J.	netzakian, nitiókian	....	zetzakian, zitiókian
	R.	netzakétzun, nitióketzun	zenetzakian, zintiókian	zetzakétzun, zitióketzun

nous pouvons ou pourrons	vous pouvez ou pourrez	ils peuvent ou pourront
ditzakiégu	ditzakeétzie, ditzakétzie	ditzakiéye
ditzakiétzugu	. . . .	ditzakiétzie

présent, il en est une autre qui n'est plus usitée dans les propotraitement, excepté lorsque la seconde personne du singulier est est précédé de la préposition *ba*, *si*. Elle forme, par conséquent, *zite*, etc., de la voix intransitive. Voici sa conjugaison :

si nous pouvons	si vous pouvez	s'ils peuvent
badezágu	badezazie	badezé
badetzágu	badetzatzie	badetzé
. . . .	banezázie	banezayé
. . . .	badizadazíe	badizadé
. . . .	baditzadatzíe	baditzadé
bazitzágu	. . . .	bazitzé
badizazúgu	. . . .	badizázie
baditzatzúgu	. . . .	baditzátzie
badizógu	badizózie	badizoé
baditzógu	baditzótzie	baditzoé
. . . .	bagitzatzíe	bagitzayé
. . . .	badizadaziégu	badizagié
. . . .	baditzadatziégu	baditzagié
bazitzégu	. . . .	bazitzayé
badizaziégu	. . . .	badizazié
baditzatziégu	. . . .	baditzatzié
badizégu	badizézic	badizéye
baditzégu	baditzétzie	baditzéye

PASSÉ (*Pluriel*).

nous pouvions ou aurions pu	vous pouviez ou auriez pu	ils pouvaient ou auraient pu
genezakian, giniókian	zenezakeyén, ziniókeyen	zezakeyén, ziókeyen
genezakézun, giniókezun	. . . .	zezakezien, ziókezien
genetzakían, gintiókian	zenetzakeyén, zintiókeyen	zetzakeyén, zitiókeyen
genetzakétzun, gintióketzun	. . . .	zetzaketzien, zitióketzien

(90)

			je pourrais ou j'aurais pu	tu pourrais ou aurais pu	il pourrait ou aurait pu
3°	moi	I.			nentzakian, nindiókian
		R.		nentzakézun, nindiókezun	nentzakézun, nindiókezun
4°	le à moi	I.			zizakédan
		R.		zinizakédan	zizakedázun
5°	les à moi	I.			zitzakédan
		R.		zinitzakédan	zitzakedátzun
6°	toi	R.	zentzakédan, zintiókedan		zintzakían, zintiókian
7°	le à toi	R.	nezakéizun, nizakézun		zezakéizun, zizakézun
8°	les à toi	R.	netzakéitzun, nitzakétzun		zetzakéitzun, zitzakétzun
9°	le à lui	I.	nezakión, nizakión		zezakión, zizakión
		R.	nizakiózun	zinizakión	zezakiózun
10°	les à lui	I.	netzakión, nitzakión		zetzakión, zitzakión
		R.	nitzakiótzun	zinitzakión	zetzakiótzun
11°	nous	I.			gentzakían, gintiókian
		R.		gentzakézun, gintiókezun	gintzakézun
12°	le à nous	I.			zizakégun
		R.		zinizakégun	zizakegúzun
13°	les à nous	I.			zitzakégun
		R.		zinitzakégun	zitzakegútzun
14°	vous	I.	zentzakiédan, zintioké-dan		zintzakén, zintióken
15°	le à vous	I.	nezakéizien, ni·akezien		zizakéizien, zizakezién
16°	les à vous	I.	netzakéitzien, nitzaketzien		zetzakéitzien, zitzaketzién
17°	le à eux	I.	nezakién, nizakién		zezakién, zizakién
		R.	nizakiézun	zenezakién, zinizakién	zizakiézun
18°	les à eux	I.	netzakién, nitzakién		zetzakién, zitzakién
		R.	nitzakiétzun	zenetzakién, zinitzakién	zitzakiétzun

nous pourions ou au- rions pu	vous pouriez ou au- riez pu	ils pouraient ou au- raient pu
. . . .	nentzakezién, nindio- kezién	nentzakeyén, nindió- keyen
. . . .	. . . .	nentzakezién, nindio- kezíen
. . . .	zinizakedén	zizakedén
. . . .	. . . .	zizakedazién
. . . .	zinitzakedén	zitzakedén
. . . .	. . . .	zitzakedatzién
zentzakegun, zintió- kegun	. . . .	zentzakién, zintiókien
genezakéizun, giniza- kézun	. . . .	zizakiézien
genetzakéitzun, ginit- zakétzun	. . . .	zitzakiétzien
genezakión, giniza- kión	zinizakióyen	zezakióyen, zizakió- yen
ginizakiózun	. . . .	zizakiozién
genetzakión, ginitza- kión	zinitzakióyen	zetzakióyen, zitzakió- yen
ginitzakiótzun	. . . .	zitzakiotzién
. . . .	gentzakezién, gintio- kezién	gentzakeyén, gintió- keyen
. . . .	. . . .	gentzakezien, gintio- kezíen
. . . .	zinizakegién	zizakegién
. . . .	. . . .	zizakeguzién
. . . .	zinitzakegién	zitzakegién
. . . .	. . . .	zitzakegutzién
zentzakiégun, zintio- kégun	. . . .	zentzakeyén, zintió- keyen
ginizakezién	. . . .	zizakeézien, zizake- ziéyen
ginitzakeizién	. . . .	zitzakeétzien, zitza- ketziéyen
genezakién, giniza- kién	zinizakićyen	zezakiéyen, zizakié- yen
ginizakiézun	. . . .	zezakiézien, zizakié- zien
genetzakién, ginitza- kién	zinitzakiéyen	zetzakiéyen, zitzakié- yen
ginitzakiézun	. . . .	zetzakiétzien, zitza- kiétzien

IMPÉRATIF AFFIRMATIF (*Singulier*).

Conj.		Trait	aie	Trait	qu'il ait
1re	le	R.	ezázu, dezazúla	I.	béza, dezála
2e	les	R.	etzátzu, detzatzúla	I.	bítza, detzála
3e	moi	R.	nezázu, nezazúla	I.	....
4e	le à moi	R.	izadázu, izadazúla	I.	bízat, dizadála
5e	les à moi	R.	itzadátzu, itzadatzúla	I.	bítzat, ditzadála
6e	toi		....	R.	....
7e	le à toi		....	R.	bizázu, dizazúla
8e	les à toi		....	R.	bitzátzu, ditzatzúla
9e	le à lui	R.	izózu, izozula	I.	bizó, dizóla
10e	les à lui	R.	itzótzu, itzotzula	I.	bitzó, ditzóla
11e	nous	R.	gitzátzu, gitzatzula	I.	....
12e	le à nous	R.	izagúzu, izaguzula	I.	bizágu, dizagúla
13e	les à nous	R.	itzagútzu, itzagut-zula	I.	bitzágu, ditzagúla
14e	vous		....	I.	
15e	le à vous		....	I.	bizazié, dizaziéla
16e	les à vous		....	I.	bitzatzié, ditzatziéla
17e	le à eux	R.	izézu, izezula	I.	bizé, dizéla
18e	les à eux	R.	itzétzu, itzetzula	J.	bitzé, ditzéla

IMPÉRATIF NÉGATIF (*Singulier*).

Conj.			n'aie pas		qu'il n'ait pas
1re	le	R.	eztezazúla	I.	eztezála
2e	les	R.	eztitzatzúla	I.	eztitzála
3e	moi	R.	enezazúla	I.	enezála
4e	le à moi	R.	eztizadazúla	I.	eztizadála
5e	les à moi	R.	eztitzadatzúla	I.	eztitzadála
6e	toi		....	R.	etzitzála
7e	le à toi		....	R.	eztizazúla
8e	les à toi		....	R.	eztitzatzúla
9e	le à lui	R.	eztizózula	J.	eztizóla
10e	les à lui	R.	eztitzótzula	I.	eztitzóla
11e	nous	R.	ezkitzatzúla	I.	ezkitzála
12e	le à nous	R	eztizaguzúla	I.	eztizagúla
13e	les à nous	R.	eztitzagutzúla	I.	eztitzagúla
14e	vous		....	I.	etzitzéla
15e	le à vous		....	J.	eztizaziéla
16e	les à vous		....	J.	eztitzatziéla
17e	le à eux	R.	eztizézula	I.	eztizéla
18e	les à eux	R.	eztitzétzula	I.	eztitzéla

IMPÉRATIF AFFIRMATIF (*Pluriel*).

ayons	ayez	qu'ils aient
dúgun, dezágun	ezazié, dezaziéla	bezé, dezéla
dutúgun, ditzágun	etzatzié, ditzatziéla	bitzé, ditzéla
. . . .	nezazie, nezaziéla	. . . .
. . . .	izadazie, izadaziéla	bizade, dizadéla
. . . .	itzadatzie, itzadatziéla	bitzade, ditzadéla
zitzágun	. . . .	. . . .
dizazúgun	. . . .	bizazie, dizaziéla
ditzatzúgun	. . . .	bitzatzie, ditzatziéla
dizógun	izózie, izóziela	bizoé, dizoéla
ditzógun	itzótzie, itzótziela	bitzoé, ditzoéla
. . . .	izaguzie, izaguziéla	bizagié, dizagiéla
. . . .	itzagutzie, itzagutzié- la	bitzagié, ditzagiéla
zitzégun	. . . .	. . . .
dizaziégun	. . . .	bizazié, dizaziéla
ditzatziégun	. . . .	bitzatzié, ditzatziéla
dizégun	izézie, izéziela	bizeyé, dizeyéla
ditzégun	itzétzie, itzétziela	bitzeyé, ditzeyela

IMPÉRATIF NÉGATIF (*Pluriel*).

n'ayons pas	n'ayez pas	qu'ils n'aient pas
eztúgun, eztezágun	eztezaziéla	eztezéla
eztutúgun, eztitzágun	eztitzatziéla	eztitzéla
. . . .	enezaziéla	enezéla
. . . .	eztizadaziéla	eztizadéla
. . . .	eztitzadatziéla	eztitzadéla
etzitzágun	. . . .	etzitzéla
eztizazúgun	. . . .	eztizazuyéla
eztitzatzúgun	. . . .	eztitzatzuyéla
eztizógun	. . . .	eztizoéla
eztitzógun	. . . .	eztitzoéla
. . . .	ezkitzatziéla	eztitzéla
. . . .	eztizaguziéla	eztizagiéla
. . . .	eztitzagutziéla	eztitzagiéla
etzitzégun	. . . .	etzitzayéla
eztizaziégun	. . . .	eztizaziéla
eztitzatziégun	. . . .	eztitzatziéla
eztizégun	eztizéziela	eztizeyéla
eztitzégun	eztitzétziela	eztitzeyéla

SUBJONCTIF

Présent (Singulier).

Cond.		Trait	que j'aie	Trait	que tu aies	Trait	qu'il ait
1re	le	I.	dezádan	R.	dezázun	I.	dézan
2e	les	I.	detzádan	R.	detzátzun	I.	détzan, dítzan
3e	moi		....	R.	nezázun	I.	nézan
4e	le à moi		....	R.	dizadázun	I.	dizádan
5e	les à moi		....	R.	ditzadátzun	I.	ditzádan
6e	toi	R.	zitzádan		....		zítzan
7e	le à toi	R.	dizazúdan		....		dizázun
8e	les à toi	R.	ditzatzúdan		....		ditzátzun
9e	le à lui	I.	dizódan	R.	dizózun	I.	dizón
10e	les à lui	I.	ditzódan	R	ditzótzun	I.	ditzón
11e	nous		....	R.	gitzátzun	I.	gítzan
12e	le à nous		....	R.	dizagúzun	I.	dizágun
13e	les à nous		....	R.	ditzagútzun	I.	ditzágun
14e	vous	I.	zitzédan		....		zitzén
15e	le à vous	I.	dizaziédan		....		dizazién
16e	les à vous	I.	ditzatziédan		....		ditzatzién
17e	le à eux	I.	dizédan	R.	dizézun	I.	dizén
18e	les à eux	I.	ditzédan	R.	ditzétzun	I.	ditzén

Imparfait (Singulier).

			que j'eusse		que tu eusses		qu'il eût
1re	le	I.	nézan	R.	zenézan	I.	lézan, zézan
2e	les	I.	nétzan, nítzan	R.	zenétzan	I.	létzan, lítzan, zétzan
3e	moi		....	R.	nentzázun	I.	néntzan
4e	le à moi		....	R.	zinizádan	I.	lizádan, zizádan
5e	les à moi		....	R.	zinitzádan	I.	litzádan, zitzádan
6e	toi	R.	zintzádan		....		zíntzan
7e	le à toi	R.	nizázun		....		lizázun
8e	les à toi	R.	nitzátzun		....		litzátzun
9e	le à lui	I.	nizón	R.	zinizón	I.	lizón, zizón
10e	les à lui	I.	nitzón	R.	zinitzón	I.	litzón, zitzón
11e	nous		....	R.	gintzázun	I.	gíntzan
12e	le à nous		....	R.	zinizágun	I.	lizágun

SUBJONCTIF

Présent (*Pluriel*).

que nous ayons	que vous ayez	qu'ils aient
dezágun	dezazién	dezén
detzágun	detzatzién	detzén, ditzén
....	nezazién	nezén
....	dizadazién	dizadén, dizadédan
....	ditzadatzién	ditzadén, ditzadédan
zitzágun	....	zitzén, zitzayén
dizazúgun	....	dizazien, dizazuyén
ditzatzúgun	....	ditzatzíen , ditzatzu- yén
dizógun	dizózien	dizoén
ditzógun	ditzótzien	ditzoén
....	gitzatzién	gitzén
....	dizaguzién	dizagién
....	ditzagutzién	ditzagién
zitzégun	....	zitzeén, zitzeyén
dizaziégun	....	dizazién
ditzatziégun	....	ditzatzién
dizégun	dizézien	díezen
ditzégun	ditzétzien	díetzen

Imparfait (*Pluriel*).

que nous eussions	que vous eussiez	qu'ils eussent
genézan	zenezén	lezén, zezén
genétzan	zenetzén	litzén, zetzén
....	nentzazién	nentzén
....	zinizadén	lizadén
....	zinitzadén	litzadén
zintzágun	....	zintzén
ginizázun	....	lizazien, lizazuyén
ginitzátzun	....	litzatzíen, litzatzu- yén
ginizón	zinizoén	lizoén
ginitzón	zinitzoén	litzoén
....	gintzazién	gintzén
....	zinizagién	lizagién

9

Conj.		Trait	que j'cusse	Trait	que tu cusses	Trait	qu'il eût
13e	les à nous		....	R.	zinítzágun	I.	litzágun
14e	vous	I.	zintzédan		....		zintzén
15e	le à vous	I.	nizazién		....		lizazién
16e	les à vous	I.	nitzatzién		....		litzatzién
17e	le à eux	I.	nizén , nié-zen	R.	zinizén	I.	lizén, zizén
18e	les à eux	I.	nitzén, niét-zen	R.	zinitzén	I.	litzén, zitzén

Passé (*Singulier*).

			que j'aie eu		que tu aies eu		qu'il ait eu
1ro	le	I.	úkhen dezá-dan	R.	úkhen dezá-zun	I.	úkhen dé-zan

etc.

Plus-que-Parfait (*Singulier*).

			que j'eusse eu		que tu eus-ses eu		qu'il eût eu
1re	le	I.	úkhen né-zan	R.	úkhen zcné-zan	I.	úkhen lézan, zézan

etc.

VOTIF.

Présent (*Singulier*).

			plût à Dieu que j'eusse		plût à Dieu que tu eus-ses		plût à Dieu qu'il eût
1re	le	I.	áinu	R.	aitzúnu	I.	áilu
2e	les	I.	ainútu	R.	aitzúntu	I.	ailútu
3e	moi		....	R.	ainundúzu	I.	ainúndu
4e	le à moi		....	R.	aitzenéit	I.	ailéit, aléit
5e	les à moi		....	R.	aitzenéitzat	I.	ailéitzat , aléitzat
6e	toi	R.	aitzúntut		....		aitzúntu
7e	le à toi	R.	ainéizu		....		ailéizu
8e	les à toi	R.	ainéitzu		....		ailéitzu
9e	le à lui	I.	ainéyo	R.	aitzenéyo	I.	ailéyo

que nous eussions	que vous eussiez	qu'ils eussent
. . . .	zinitzagién	litzagién
zintzégun	. . . .	zintzayén, zintzeyén, zintzên
ginizazién	. . . .	lizazién
ginitzatzién	. . . .	litzatzién
ginizén, giniézen	ziniczén, zinizeyén	liezén, lizeyén
ginitzén, giniétzen	zinietzén, zintzeyén	lietzén, litzeyén

Passé *(Pluriel)*.

que nous ayons eu	que vous ayez eu	qu'ils aient eu
úkhen dezágun	úkhen dezazién	úkken dezén

Plus-que-Parfait *(Pluriel)*.

que nous eussions eu	que vous eussiez eu	qu'ils eussent eu
úkhen genézan	úkhen zenezén	úkhen lezén, zezén

VOTIF.

Présent *(Pluriel)*.

plût à Dieu que nous eussions	plût à Dieu que vous eussiez	plût à Dieu qu'ils eussent.
aikúnu	aitzunie	ailíe
aikúntu	aitzuntíe	ailutíe
. . . .	ainunduzíe	ainundíe
. . . .	aitzenéitade	ailéitade, aléitaye
. . . .	aitzenéiztade	ailéiztade, ailéiztaye
aitzuntúgu	. . . .	aitzuntíe
aikenéizu	. . . .	ailéizie
aikenéitzu	. . . .	ailéitzie
aikenéyo	aitzenózie	ailéyoe

Conj.		plût à Dieu que j'eusse	plût à Dieu que tu eusses	plût à Dieu qu'il eût
10e	les à lui	I. ainéitzo	R. aitzenéitzo	I. ailéitzo
11e	nous	....	R. aikuntúzu	I. aikúntu
12e	le à nous	....	R. aitzenéiku	I. ailéiku
13e	les à nous	....	R. aitzenéizku	I. ailéizku
14e	vous	I. aitzuntiét	....	aitzuntié
15e	le à vous	I. ainéizie	....	ailéizie
16e	les à vous	I. ainéitzie	....	ailéitzie
17e	le à eux	I. ainéye	R. aitzenéye	I. ailéye
18e	les à eux	I. ainéitze	R. aitzenéitze	I. ailéitze

FUTUR (*Singulier*).

		puissé - je avoir	puisses - tu avoir	puisse - t - il avoir
1re	le	I. ainéza	R. aitzenéza	I. ailéza
2e	les	I. ainítza	R. aitzenétza	I. ailítza
3e	moi	....	R. ainentzázu	ainéntza
4e	le à moi	....	R. aitzinízat	I. ailízat
5e	les à moi	....	R. aitzinítzat	I. ailítzat
6e	toi	R. aitzíntzat	....	aitzíntza
7e	le à toi	R. ainizázu	....	ailizázu
8e	les à toi	R. ainitzátzu	....	ailitzátzu
9e	le à lui	I. ainizó	R. aitzinizó	I. ailizó
10e	les à lui	I. ainitzó	R. aitzinitzó	I. ailitzó
11e	nous	....	R. aikintzázu	I. aikíntza
12e	le à nous	....	R. aitzinizágu	I. ailizágu
13e	les à nous	....	R. aitzinitzágu	I. ailitzágu
14e	vous	I. aitzintzét	....	aitzintzé
15e	le à vous	I. ainizazíe	....	ailizazíe
16e	les à vous	I. ainitzatzíe	....	ailitzatzíe
17e	le à eux	I. ainizé	R. aitzinizé	I. ailizé
18e	les à eux	I. ainitzé	R. aitzinitzé	I. ailitzé

SUPPOSITIF.

PRÉSENT (*Singulier*).

		si j'avais	si tu avais	s'il avait
1re	le	I. bánu	R. bazúnu	I. bálu
2e	les	I. banútu	R. bazúntu	I. balútu
3e	moi	....	R. banundúzu	I. banúndu
4e	le à moi	....	R. bazenćit	I. balćit
5e	les à moi	....	R. bazenćizt	I. baléizt

plût à Dieu que nous eussions	plût à Dieu que vous eussiez	plût à Dieu qu'ils eussent
aikenéitzo	aitzenótzie	ailéitzoe
... .	aikuntuzíe	aikuntié
....	aitzenéikuye	ailéikuye
...tzenéizkuye	aitzenéizkuye	ailéizkuye
aitzuntiégu	....	aitzuntié
aikenéizie	....	ailéizie
aikenéitzie	....	ailéitzie
aikenéye	aitzenézie	aileyié
aikenéitze	aitzenétzie	ailéitzeye

FUTUR (*Pluriel*).

puissions-nous avoir	puissiez-vous avoir	puissent-ils avoir
aikenéza	aitzenezé	ailezé
aikíntza	aitzintzé, aitzenetzé	ailitzé
....	ainentzazie	ainentzé
.......•......	aitzinízade	ailizadé
....	aitzinítzade	ailitzadé
aitzintzágu	....	aitzintzé
aikinizázu	....	ailízazie
aikinitzátzu	....	ailítzatzie
aikinizó	aitzinízoe	ailízoe
aikinitzó	aitzinítzoe	ailítzoe
....	aikintzazie	aikintzé
....	aitzinizagíe	ailízagie
•...•.......	aitzinitzagíe	ailítzagie
aitzintzégu	....	aitzintzé, aitzintzayé
aikinizazie	....	ailizazié
aikinitzatzíe	....	ailitzatzié
aikinizé	aitzinizé	ailizéye
aikinitzé	aitzinitzé	ailitzéye

SUPPOSITIF.

PRÉSENT (*Pluriel*).

si nous avions	si vous aviez	s'ils avaient
bagúnu	bazunie	balie
bagúntu	bazuntie	balutie
....	banunduzie	banundie
....	bazenéitaye	baléitaye
....	bazenéiztaye	baléiztaye

Conj.		Trait	si j'avais	Trait	si tu avais	Trait	s'il avait
6e	toi	R.	bazúntut		....		bazúntu
7e	le à toi	R.	banéizu		....		baléizu
8e	les à toi	R.	banéitzu		....		baléitzu
9e	le à lui	I.	banéyo	R.	bazenéyo	I.	baléyo
10e	les à lui	J.	banéitzo	R.	bazenéitzo	J.	baléitzo
11e	nous		....	R.	baguntúzu	I.	bagúntu
12e	le à nous		....	R.	bazenéiku	I.	baléiku
13e	les à nous		....	R.	bazenéizku	I.	baléizku
14e	vous	I.	bazuntiét		....		bazuntié
15e	le à vous	I.	banéizie		....		baleizié
16e	les à vous	I.	banéitzie		....		baleitzié
17e	le à eux	I.	banéye	R.	bazenéye	I	baléye
18e	les à eux	I.	banéitze	R.	bazenéitze	I.	baléitze

FUTUR (*Singulier*).

Conj		Trait	si j'avais	Trait	si tu avais	Trait	s'il avait
1re	le	I.	banéza	R.	bazenéza	I.	baléza
2e	les	I.	banitza	R.	bazíntza	I.	balítza
3e	moi		....	R.	banentzázu	I.	banéntza
4e	le à moi		....	R.	bazinizat	I.	balízat
5e	les à moi		....	R.	bazinítzat	I.	balítzat
6e	toi	R.	bazíntzat		....		bazíntza
7e	le à toi	R.	banizázu		....		balizázu
8e	les à toi	R.	banitzátzu		....		balitzátzu
9e	le à lui	I.	banizó	R.	bazinizó	I.	balizó
10e	les à lui	I.	banitzó	R.	bazinitzó	I.	balitzó
11e	nous		....	R.	bagintzázu	I.	bagintza
12e	le à nous		....	R.	bazinizágu	I.	balizágu
13e	les à nous		....	R.	bazinitzágu	I.	balitzágu
14e	vous	I.	bazintzét		....		bazintzé
15e	le à vous	I.	banizazié		....		balizazié
16e	les à vous	I.	banitzatzié		....		balitzatzié
17e	le à eux	I.	banizé	R.	bazinizé	I.	balizé
18e	les à eux	I.	banitzé	R.	bazinitzé	I.	balitzé

PASSÉ (*Singulier*).

Le passé du suppositif se forme en faisant précéder de la *nian*, etc., *banutian*, *bazuntian*, etc.; *si je l'avais, si tu l'avais*, le traitement indéfini, à moins que la seconde personne du

si nous avions	si vous aviez	s'ils avaient
bazuntúgu	....	bazuntié
bagenéizu	....	baléizie
bagenéitzu	....	baléitzie
bagenéyo	bazenózie	baléyoe
bagenéitzo	bazenótzie	baléitzoe
....	baguntuzíe	baguntíe
....	bazenéikuye	baléikuye
....	bazenéizkuye	baléizkuye
bazuntiégu	....	bazuntié
bagenéizie	....	baleizié
bagenéitzie	....	baleitzié
bagenéye	bazenézie	baléyie
bagenéitze	bazenétzie	baléitzeye

FUTUR (*Pluriel*).

si nous avions	si vous aviez	s'ils avaient
bagenéza	bazenezé	balezé
bagíntza	bazintzé	balitzé
....	banentzazié	banentzé
....	bazinizadé	balizatét
....	bazinitzadé	balitzatét
bazintzágu	....	bazintzé
baginizázu	....	balizázuye
baginitzátzu	....	balitzátzuye
baginizó	bazinizoé	balizoé
baginitzó	bazinitzoé	balitzoé
....	bagintzazié	bagintzé
....	bazinizagié	balizagié
....	bazinitzagié	balitzagié
bazintzagié	....	bazintzayé, bazintzé
baginizazié	....	balizazié
baginitzatzié	....	balitzatzié
baginizé	bazinizeyé	balizcyé
baginitzé	bazinitzeyé	balitzeyé

PASSÉ (*Pluriel*).

particule *ba* l'imparfait de l'indicatif, et l'on dit : *banian, bazu-*
etc., *si je les avais, si tu les avais*, etc., en employant toujours
singulier ne soit sujet ou régime.

Formes secondaires.

Les trois formes secondaires dérivent de la forme principale.

La forme régie ajoute la syllabe *la* à la forme principale en faisant supporter à la finale de cette forme certaines modifications que la conjugaison de l'indicatif ci-après indiquera.

La forme pronominale ajoute *n* à la forme capitale en faisant subir à la désinence les mêmes modifications que la forme régie. Aussi on n'a, pour avoir la forme pronominale, qu'à changer en *n* la syllabe *la* de la forme régie. La forme principale ayant son passé dans tous les modes terminés en *n*, la forme pronominale se confond avec elle à ce temps.

La forme incidente place devant la forme capitale la syllabe *bei*, et n'altère en rien la terminaison. Par euphonie, *bei* supprime son *i* final quand l'auxiliaire commence par *n* ou *l* ; il ajoute un *t* quand l'auxiliaire commence par un *z* ; le *d* initial de l'auxiliaire se change en *t*, le *g* en *k* ; ex. : *beniz* au lieu de *beiniz*, *beilzira* au lieu de *beizira*, *beita* au lieu de *beida*, *beikira* au lieu de *beigira*.

Voix

INDICATIF (Forme régie).

PRÉSENT (*Singulier*).

Conj.		Trait	*que je suis*	Trait	*que tu es*	Trait	*qu'il est*
1re		I.	nizála	R.	ziréla	I.	déla
2e	*à moi*		....	R.	zitzáitala	I.	záitala
3e	*à toi*	R.	nitzáizula		....		záizula
4e	*à lui*	I	nitzáyola	R.	zitzáyola	I	záyola
5e	*à nous*		....	R.	zitzáikula	I.	záikula
6e	*à vous*	I.	nitzáiziela		....		záiziela
7e	*à eux*	I.	nitzáyela	R.	zitzáyela	I.	záyela

IMPARFAIT (*Singulier*).

			que j'étais		*que tu étais*		*qu'il était*
1re		I.	nintzála	R.	zinéla	I.	zéla
2e	*à moi*		... .	R.	zintzéitala	I.	zéitala, zitzéitala
3e	*à toi*	R.	nintzéizula		....		zéizula, zitzéizula
4r	*à lui*	I.	nintzéyola	R.	zintzéyola	I.	zéyola, zitzéyola
5e	*à nous*		....	R.	zintzéikula	I	zéikula, zitzéikula
6e	*à vous*	I.	nintzéiziela		....		zéiziela, zitzéiziela
7e	*à eux*	I.	nintzéyela	R.	zintzéyela	I.	zéyela, zitzéyela

PASSÉ INDÉFINI (*Singulier*).

			que j'ai été		*que tu as été*		*qu'il a été*
1re		I.	izan nizála	R.	izan ziréla	I.	izan déla

PASSÉ DÉFINI (*Singulier*).

			que je fus		*que tu fus*		*qu'il fut*
1re		I.	izan nintzála	R.	izan zinéla	I.	izan zéla

intransitive.

INDICATIF (Forme régie).

PRÉSENT (*Pluriel*).

que nous sommes	*que vous êtes*	*qu'ils sont*
giréla	zirayéla	diréla
. . . .	zitzáiztadela	záiztala
gitzáizula	. . . .	záitzula
gitzáyola	zitzáyoela, zitzáitzoela	záitzola
. . . .	zitzáizkuyela	záizkula
gitzáiziela	. . . .	záitziela
gitzáyela	zitzáyiela, zitzáitzeela	zaitzéla, zaitzeéla

IMPARFAIT (*Pluriel*).

que nous étions	*que vous étiez*	*qu'ils étaient*
ginéla	ziniéla	ziréla
. . . .	zintzéiztadela, zintzéiztayela	zéiztala, zitzéiztala
gintzéizula	. . . .	zéitzula, zitzéitzula
gintzéyola	zintzéyoela	zéitzola, zitzéitzola
. . . .	zintzéizkuyela	zéizkula, zitzéizkula
gintzéiziela	. . . .	zéitziela, zitzéitziela
gintzéyela	zintzéyiela	zéitzela, zitzéitzela

PASSÉ INDÉFINI (*Pluriel*).

que nous avons été	*que vous avez été*	*qu'ils ont été*
izan giréla	izan zirayéla	izan diréla

PASSÉ DÉFINI (*Pluriel*).

que nous fûmes	*que vous fûtes*	*qu'ils furent*
izan ginéla	izan ziniéla	izan ziréla

Plus-que-Parfait (*Singulier*).

Conj.	Trait	que j'avais été	Trait	que tu avais été	Trait	qu'il avait été
1re	I.	izánic nintzâla	R.	izánic zinéla	I.	izánic zela

Futur (*Singulier*).

		que je serai		que tu seras		qu'il sera
1re		I.	nizátiala, nizátekiala	R.	zirátiala, zirátekiala	I.	dátiala, dátekiala
2e	à moi		....	R.	zitzáikedala	I.	záikedala
3e	à toi	R.	nitzáikezula		....		záikezula
4e	à lui	I.	nitzáikola	R.	zitzáikola	I.	záikola
5e	à nous		....	R.	zitzáikegula	I.	záikegula
6e	à vous	I.	nitzáikeziela		....		záikeziela
7e	à eux	I.	nitzáikela	R.	zitzáikela	I.	záikela

Futur Antérieur (*Singulier*).

		que j'aurai été		que tu auras été		qu'il aura été
1re		I.	ízan nizátiala, etc.	R.	ízan girátiala, etc.	I.	izan dátiala, etc.

etc

INDICATIF (Forme pronominale).

Présent (*Singulier*).

		que je suis		que tu es		qu'il est
1re		I.	nízan	R.	zirén	I.	den
2e	à moi		....	R.	zitzáitan	I.	záitan
3e	à toi	R.	nitzáizun		....		záizun
4e	à lui	I.	nitzáyon	R.	zitzáyon	I.	záyon
5e	à nous		....	R.	zitzáikun	I.	záikun
6e	à vous	I.	nitzáizien		....		záizien
7e	à eux	I.	nitzáyen	R.	zitzáyen	I.	záyen

Imparfait (*Singulier*).

		que j'étais		que tu étais		
1re		I.	nintzan	R.	zinén	I.	etc..

Plus-que-Parfait (*Pluriel*).

que nous avions été	*que vous aviez été*	*qu'ils avaient été*
izánic ginéla	izánic ziniéla	izánic ziréla

Futur (*Pluriel*).

que nous serons	*que vous serez*	*qu'ils seront*
girátiala, girátekiala	ziráteyela, zirátekeye-la	dirátiala, dirátekiala
....	zitzáizkedela	záizkedala
gitzáikezula	....	záizketzula
gitzáikola	zitzáizkoyela	záizkola
....	zitzáizkegiela	záizkegula
gitzáikeziela	....	záizketziela
gitzáikela	zitzáizkeyela	záizkela

Futur Antérieur (*Pluriel*).

que nous aurons été	*que vous aurez été*	*qu'ils auront été*
Izan girátiala, etc.	izan ziráteyela, etc.	ízan dirátiala, etc.

INDICATIF (Forme pronominale).

Présent (*Pluriel*).

que nous sommes	*que vous êtes*	*qu'ils sont*
girén	zirayén	dirén
....	zitzáiztaden	záiztan
gitzáizun	... .	záitzun
gitzáyon	zitzáyoen, zitzáitzoen	zaitzón
....	zitzáizkuyen	záizkun
gitzáizien	....	záitzien
gitzáyen	zitzáyien, zitzáitzeen	zaitzén, zaitzeén

Imparfait (*Pluriel*).

comme à la forme principale, avec un seul traitement.

Passé indéfini (*Singulier*).

Conj.		que j'ai été		que tu as été		qu'il a été
1re	I.	ízan nízan	R.	ízan zirén	I.	ízan den

Passé défini (*Singulier*).

		que je fus		que tu fus		qu'il fut
1re	I.	ízan níntzan	R.	ízan zinén	I.	ízan zen

Plus-que-Parfait (*Singulier*).

		que j'avais été		que tu avais été		qu'il avait été
1re	I.	izánic níntzan	R.	izánic zinén	I.	izánic zen

Futur (*Singulier*).

			que je serai		que tu seras		qu'il sera
1re		I.	nizátian, ni-zátekian	R.	zirátian, zirá-tekian	I.	dátian, dáte-kian
2e	à moi		....	R.	zitzáikedan	I.	záikedan
3e	à toi	R.	nitzáikezun		....		záikezun
4e	à lui	I.	nitzáikon	R.	zitzáikon	I.	zaikón
5e	à nous		....	R.	zitzáikegun	I.	záikegun
6e	à vous	I.	nitzáikezien		....		záikezien
7e	à eux	I.	nitzáiken	R.	zitzáiken	I.	záiken

Futur Antérieur (*Singulier*).

			que j'aurai été		que tu auras été		qu'il aura été
1re		I.	ízan nizátian, etc.	R.	ízan zirátian, etc.	I.	ízan dátian, etc.

INDICATIF (Forme incidente).

Présent (*Singulier*).

			je suis		tu es		il est
1re		I.	béniz, béiniz	R.	beitzíra	I.	béita
2e	à moi		....	R.	beitzitzáit	I.	beitzáit
3e	à toi	R.	benitzáizu		....		beitzáizu
4e	à lui	I.	benitzáyo	R.	beitzitzáyo	I.	beitzáyo

PASSÉ INDÉFINI (*Pluriel*).

etc.

PASSÉ DÉFINI (*Pluriel*).

etc.

PLUS-QUE-PARFAIT (*Pluriel*).

etc.

FUTUR (*Pluriel*).

que nous serons	*que vous serez*	*qu'ils seront*
girátian, girátekian	ziráteyen, zirátekeyen	dirátian, dirátekian
....	zitzáizkeden	záizkedan
gitzáikezun	....	záizketzun
gitzáikon	zitzáizkoyen	záizkon
....	zitzáizkegien	záizkegun
gitzáikezien	....	záizketzien
gitzáiken	zitzáizkeyen	záizken

FUTUR ANTÉRIEUR (*Pluriel*).

que nous aurons été	*que vous aurez été*	*qu'ils auront été*

etc.

INDICATIF (Forme incidente).

PRÉSENT (*Pluriel*).

nous sommes	*vous êtes*	*ils sont*
beikíra	beitzirayé	beitíra
....	beitzitzáiztaye	beitzáizt, beitzáitzat
beikitzáitzu	....	beitzáitzu
beikitzáyo	beitzitzáyoe, beitzit-záitzoe	beitzáitzo

Conj.		Trait	je suis	Trait	tu es	Trait	il est
5e	à nous		....	R.	beitzitzáiku	I.	beitzáiku
6e	à vous	I.	benitzáizie		....		beitzáizie
7e	à eux	I.	benitzáye .	R.	beitzitzáye	I	beitzáye

IMPARFAIT (*Singulier*).

			j'étais		tu étais		il était
1re		I.	benÍntzan	R.	beitzinén	I.	beitzén
2a	à moi		....	R.	beitzintzéitan	I.	beitzéitan, beitzitzéitan
3e	à toi	R.	benintzéizun		....		beitzéizun
4e	à lui	I.	benintzéyon	R.	beitzintzéyon	I.	beitzéyon, beitzitzéyon
5e	à nous		....	R.	beitzintzéikun	I.	beitzéikun
6o	à vous	I.	benintzéizien		....		beitzéizien
7e	à eux	I.	benintzéyen	R.	beitzintzéyen	I.	beitzéyen

PASSÉ INDÉFINI (*Singulier*).

		j'ai été		tu as été		il a été
1re	I.	ízan béniz, etc.	R.	izan beitzíra	I.	izan béita

PASSÉ DÉFINI (*Singulier*).

		je fus		tu fus		il fut
1re	I.	ízan beníntzan	R.	ízan beitzinén	I.	ízan beitzén

PLUS-QUE-PARFAIT (*Singulier*).

		j'avais été		tu avais été		il avait été
1re	I.	izánic benintzan	R.	izánic beitzinén	I.	izánic beitzén

FUTUR (*Singulier*).

			je serai		tu seras		il sera
1re		I.	benizáte, benizáteke	R.	beitziráte	I.	beitáte
2e	à moi	R.	....	R.	beitzitzáiket	I.	beitzáiket
3e	à toi	I.	benitzáikezu		....		beitzáikezu

nous sommes	*vous êtes*	*ils sont*
. . . .	beitzitzáizkuye	beitzáizku
beikitzáizie	. . . .	beitzáitzie
beikitzáye .	beitzitzáyie , beitzit-záitze	beitzaitzé

IMPARFAIT (*Pluriel*).

nous étions	*vous étiez*	*ils étaient*
beikinén	beitzinién	beitzirén
. . . .	beitzintzéiztaden	beitzéiztan , beitzit-zéiztan
beikintzéizun	. . . .	beitzéitzun
beikintzéyon	beitzintzéyoen	beitzeitzón , beitzit-zéitzon
. . . .	beitzintzéizkuyen	beitzéizkun
beikintzéizien	. . . .	beitzéitzien
beikintzéyen	beitzintzéyien	beitzéitzen , beitzit-zéitzen

PASSÉ INDÉFINI (*Pluriel*).

etc.

PASSÉ DÉFINI (*Pluriel*).

etc.

PLUS-QUE-PARFAIT (*Pluriel*).

etc.

FUTUR (*Pluriel*).

nous serons	*vous serez*	*ils seront*
beikiráte	beitziráteye	beitiráte
. . . .	beitzitzáizkede	beitzáizket
beikitzáikezu	. . . .	beitzáizketzu

10

Conj.		Trait	je serai	Trait	tu seras	Trait	il sera
4e	à lui	I.	benitzaikó	R.	beitzitzaikó	I.	beitzaikó
5e	à nous		....	R.	beitzitzáike-gu	I.	beitzáikegu
6e	à vous	I.	benitzáikezie		....		beitzáikezie
7e	à eux	I.	benitzaiké	R.	beitzitzaiké	I.	beitzaiké

FUTUR ANTÉRIEUR (*Singulier*).

			j'aurai été		tu auras été		il aura été
1re		I.	ízan benizáte, etc.	R.	ízan beitzirá-te	I.	izan beitáte

Voix

INDICATIF (Forme régie).

PRÉSENT (*Singulier*).

			que j'ai		que tu as		qu'il a
1re	le	I.	dudála	R.	duzúla	I.	diála
2e	les	I.	dutudála	R.	dutuzúla	I.	dutiála
3e	moi		....	R.	náizula	I.	náyala
4e	le à moi		....	R.	déitazula, déitadazula	I.	déitala, déi-tadala
5e	les à moi		....	R.	déiztatzula, déiztadat-zula	I.	déiztala, déiztadala
6e	toi	R.	zutudála		....		zutiála
7e	le à toi	R.	déizudala		....		déizula
8e	les à toi	R.	déitzudala		....		déitzula
9e	le à lui	I.	déyodala	R.	déyozula, deózula	I.	déyola
10e	les à lui	I.	déitzodala	R.	déitzozula	I.	déitzola
11e	nous		....	R.	gutuzúla	I.	gutiála
12e	le à nous		....	R.	déikuzula	I.	déikula
13e	les à nous		....	R.	déizkutzula	I.	déizkula
14e	vous	I.	zutiédala		....		zutiéla
15e	le à vous	I.	déiziedala		....		deiziéla
16e	les à vous	I.	déitziedala		....		deitziéla
17e	le à eux	I.	déyedala	R.	déyezula, deézula	I.	déyela
18e	les à eux	I.	déitzedala	R.	déitzezula	I.	déitzela

nous serons	vous serez	ils seront
beikitzaikó	beitzitzaizkoé	beitzaizkó
. . . .	beitzitzáizkegie	beitzáizkegu
beikitzáikezie	. . . .	beitzáizketzie
beikitzaiké	beitzitzaizkeyé	beitzaizké

FUTUR ANTÉRIEUR (*Pluriel*).

etc.

transitive.

INDICATIF (Forme régie).

PRÉSENT (*Pluriel*).

que nous ayons	que vous ayez	qu'ils aient
dugúla	duziéla	diéla
dutugúla	dutuziéla	dutiéla
. . . .	náiziela	nâyela
. . . .	déitaziela	déitadela
. . . .	déiztatziela	déiztadela
zutugúla		zutiéla
déizugula	. . . .	déiziela, déizuyela
déitzugula	. . . .	déitziela
déyogula	déyoziela	déyoela
déitzogula	déitzoziela	déitzoela
. . . .	gutuziéla	gutiéla
. . . .	déikuziela	déikuyela
. . . .	déizkutziela	déizkuyela
zutiégula	. . . .	zutiéla
déiziegula	. . . .	deiziéla
déitziegula	. . . .	deitziéla
déyegula	déyeziela	déyiela
déitzegula	déitzeziela	déitzeyela

IMPARFAIT (Singulier).

(obj)	Trait	que j'avais	Trait	que tu avais	Trait	qu'il avait
1re le	I.	niála	R.	zuniála	I.	ziála
2e les	I.	nutiála	R.	zuntiála	I.	zutiála
3e moi		....	R.	nunduzúla	I.	nundiála
4e le à moi		....	R.	zenéitala, zenéitadala	I.	zéitala, zéitadala
5e les à moi		....	R.	zenéiztala, zenéiztadala	I.	zéiztala, zéiztadala
6e toi	R.	zuntudála		....		zuntiála
7e le à toi	R.	néizula		....		zéizula
8e les à toi	R.	néitzula		....		zéitzula
9e le à lui	I.	néyola	R.	zenéyola	I.	zéyola
10e les à lui	I.	néitzola	R.	zenéitzola	I	zéitzola
11e nous		....	R.	guntuzúla	I.	guntiála
12e le à nous		....	R.	zenéikula	I.	zéikula
13e les à nous		....	R.	zenéizkula	I.	zéizkula
14e vous	I.	zuntiédala		....		zuntiéla
15e le à vous	I.	néiziela		....		zéiziela
16e les à vous	I.	néitziela		....		zéitziela
17e le à eux	I.	néyela	R.	zenéyela	I.	zéyela
18e les à eux	I.	néitzela	R.	zenéitzela	I.	zéitzela

PASSÉ INDÉFINI (Singulier).

		que j'ai eu		que tu as eu		qu'il a eu
1re le	I.	úkhen dudá-la	R.	úkhen duzú-la	I.	úkhen diála

etc.

PASSÉ DÉFINI (Singulier).

		que j'eus		que tu eus		qu'il eut
1re le	I.	úkhen niála	R.	úkhen zu-niála	I.	úkhen ziála

etc

PLUS-QUE-PARFAIT (Singulier).

		que j'avais eu		que tu avais eu		qu'il avait eu
1re le	I.	ukhénic niá-la, etc.	R.	ukhénic zu-niála	I.	ukhénicziála

IMPARFAIT (*Pluriel*).

que nous avions	*que vous aviez*	*qu'ils avaient*
guniála	zuniéla	ziéla
guntiála	zuntiéla	zutiéla
....	nunduziéla	nundiéla
....	zenéitadela, zenéita-ziela	zéitadela, zéitayela
....	zenéiztadela, zenéiz-tatziela	zéiztadela, zéiztayela
zuntugúla	....	zuntiéla
genéizula	....	zéiziela
genéitzula	....	zéitziela
genéyola	zenéyoela, zenóziela	zéyoela
genéitzola	zenéitzoela, zenót-ziela	zéitzoela
....	guntuziéla	guntiéla
....	zenéikuyela, zenéiku-ziela	zéikuyela
....	zenéizkuyela, zenéiz-kutziela	zéizkuyela
zuntiégula	....	zuntiéla
genéiziela	....	zeiziéla
genéitziela	....	zeitziéla
genéyela	zenéyela, zenéziela	zeyiéla, zéyeela
genéitzela	zenéitzela, zenétziela	zeitzeyéla

PASSÉ INDÉFINI (*Pluriel*).

que nous avons eu	*que vous avez eu*	*qu'ils ont eu*
úkhen dugúla	úkhen duziéla	úkhen diéla

PASSÉ DÉFINI (*Pluriel*).

que nous eûmes	*que vous eûtes*	*qu'ils eurent*
úkhen guniála	úkhen zuniéla	úkhen ziéla

PLUS-QUE-PARFAIT (*Pluriel*).

que nous avions eu	*que vous aviez eu*	*qu'ils avaient eu*
ukhénic guniála	ukhénic zuniéla	ukhénic ziéla

FUTUR (*Singulier*).

Conj.		Trait	que j'aurai	Trait	que tu auras	Trait	qu'il aura
1re	le	I.	dukedála	R.	dukezúla	I.	dukiála
2e	les	I.	dutukedála	R.	dutukezúla	I.	dutukiála
3e	moi		....	R.	náikezula	I.	náikiala, nái-kela
4e	le à moi		... .	R.	déikedazula	I.	déikedala
5e	les à moi		....	R.	déizkedatzu-la	I.	déizkedala
6e	toi	R.	zutukedála		....		zutukiála
7e	le à toi	R.	déikezudala		....		déikezula
8e	les à toi	R.	déizketzuda-la		....		déizketzula
9e	le à lui	I.	déikodala, deikeódala	R.	déikozula	I.	déikola
10e	les à lui	I.	déizkodala, deizkeóda-la	R.	déizkotzula	I.	déizkola
11e	nous		....	R.	gutukezúla	I.	gutukiála
12e	le à nous		....	R.	déikeguzula	I.	déikegula
13e	les à nous		....	R.	déizkegutzu-la	I.	déizkegula
14e	vous	I.	zutukiédala		....		zutukiéla
15e	le à vous	I.	déikeziedala		....		déikeziela
16e	les à vous	I.	déizketzie-dala		....		déizketziela
17e	le à eux	I.	deikeédala	R.	deikeézula	I.	déikela
18e	les à eux	I.	deizkeédala	R.	deizkeétzula	I.	déizkela

FUTUR ANTÉRIEUR (*Singulier*).

			que j'aurai eu		que tu auras eu		qu'il aura eu
1re	le	I.	úkhen duke-dála	R.	úkhen duke-zúla	I.	úkhen du-kiála

etc.

INDICATIF (Forme pronominale).

PRÉSENT (*Singulier*).

			que j'ai		que tu as		qu'il a
1re	le	I.	dúdan	R.	dúzun	I.	dian
2e	les	I.	dutúdan	R.	dutúzun	I.	dutían

FUTUR (*Pluriel*).

que nous aurons	que vous aurez	qu'ils auront
dukegúla	dukeziéla	dukiéla, dukeyéla
dutukegúla	dutukeziéla	dutukiéla, dutukeyéla
....	náikeziela	náikeyela
....	déikedaziela	déikedela
....	déizkedatziela	déizkedela
zutukegúla	....	zutukeyéla
déikezugula	....	déikeziela
déizketzugula	....	déizketziela
déikogula, deikeógula	dćikoziela, deikeóziela	déikoyela, déikoela
déizkogula, déizkeogula	déizkotziela, deizkeótziela	dćizkoyela, déizkoela
....	gutukeziéla	gutukeyéla
....	déikeguziela	dćikegiela
....	déizkegutziela	déizkegiela
zutukiégula	....	zutukiéyela, zutukeyéla
deikeziégula	....	déikeziela
deizketziégula	....	déizketziela
deikeégula	deikeéziela	déikeela
deizkeégula	deizkeétziela	déizkeela

FUTUR ANTÉRIEUR (*Pluriel*).

que nous aurons eu	que vous aurez eu	qu'ils auront eu
úkhen dukegúla	ukhen dukeziéla	úkhen dukiéla ou dukeyéla

INDICATIF (Forme pronominale).

PRÉSENT (*Pluriel*).

que nous avons	que vous avez	qu'ils ont
dúgun	duzién	dién
dutúgun	dutuzién	dutién

Conj.		Trait	que j'ai	Trait	que tu as	Trait	qu'il a
3e	moi		. . . .	R.	náizun	J.	náyan
4e	le à moi		. . . .	R.	déitazun, déitadazun	J.	déitan, déitadan
5e	les à moi		. . . .	R.	déiztatzun, déiztadatzun	J.	déiztan, déiztadan
6e	toi	R.	zutúdan		. . . .		zutían
7e	le à toi	R.	déizudan		. . . .		déizun
8e	les à toi	R.	déitzudan		. . . .		déitzun
9e	le à lui	I.	déyodan	R.	déyozun, deózun	J.	déyon
10e	les à lui	I.	déitzodan	R.	déitzozun	J.	déitzon
11e	nous		. . . .	R.	gutúzun	J.	gutían
12e	le à nous		. . . .	R.	déikuzun	I.	déikun
13e	les à nous		. . . .	R.	déizkutzun	I.	déizkun
14e	vous	I.	zutiédan		. . . .		zutién
15e	le à vous	I.	déiziedan		. . . .		deizién
16e	les à vous	I.	déitziedan		. . . .		deitzién
17e	le à eux	I.	déyedan	R.	deézun	J.	déyen
18e	les à eux	I.	déitzedan	R.	déitzezun	J.	déitzen

IMPARFAIT (*Singulier*).

			que j'avais		que tu avais		
1re	le	I.	nían	R.	zunían		etc.

PASSÉ INDÉFINI (*Singulier*).

			que j'ai eu ou eue		que tu as eu ou eue		qu'il a eu ou eue
1re	le	J.	úkhen dú-dan	R.	úkhen dú-zun	I.	úkhen dían

etc.

PASSÉ DÉFINI (*Singulier*).

			que j'eus		que tu eus		qu'il eut
1re	le	I.	úkhen nían	R.	úkhen zu-nían	I.	úkhen zían

FUTUR (*Singulier*).

			que j'aurai		que tu auras		qu'il aura
1re	le	I.	dukédan	R.	dukézun	I.	dukían

que nous avons	que vous avez	qu'ils ont
. . . .	nàizien	náyen
. . . .	déìtazien	déìtaden
. . . .	déìztatzien	déìztaden
zutúgun	. . . .	zutíen
déìzugun	. . . .	déizien
déìtzugun	. . . .	déìtzien
déyogun	déyozien	déyoen
déìtzogun	déìtzozien	déìtzoen
. . . .	gutuzién	gutién
. . . .	déìkuzien	déìkuyen
. . . .	déìzkutzien	déìzkuyen
zutiégun	. . . .	zutién
déìziegun	. . . .	deìzién
déìtziegun	. . . .	deìtzién
déyegun	déyezien	déyien
déìtzegun	déìtzezien	déìtzeyen

IMPARFAIT (*Pluriel*).

etc., comme à la forme principale (traitement indéfini seulement,
excepté lorsque la seconde personne est sujet ou régime).

PASSÉ INDÉFINI (*Pluriel*).

que nous avons eu ou eue	que vous avez eu ou eue	qu'ils ont eu ou eue
úkhen dúgun	úkhen duzién	úkhen diéu

PASSÉ DÉFINI (*Pluriel*).

etc.

FUTUR (*Pluriel*).

que nous aurons	que vous aurez	qu'ils auront
dukégun	dukezíen	dukién, dukeyén

Obj.		que j'aurai		que tu auras		qu'il aura
2° les	I.	dutukédan	R.	dutukézun	I.	dutukían
3° moi		....	R.	náikezun	I.	náikian
4° le à moi		....	R.	déikedazun	I.	déikedan
5° les à moi		....	R.	déizkeda-tzun	I.	déizkedan
6° toi	R.	zutukédan		....		zutukían
7° le à toi	R.	déikezudan		....		déikezun
8° les à toi	R.	déizketzu-dan		....		déizketzun
9° le à lui	I.	déikodan	R.	déikozun	I.	deikón
10° les à lui	I.	déizkodan	R.	déizkotzun	I.	deizkón
11° nous		....	R.	gutukézun	I.	gutukían
12° le à nous		....	R.	déikeguzun	I.	déikegun
13° les à nous		....	R.	déizkegu-tzun	I.	déizkegun
14° vous	I.	zutukiédan		....		zutukién
15° le à vous	I.	déikeziedan		....		déikezien
16° les à vous	I.	déizketzie-dan		....		déizketzien
17° le à eux	I.	déikeedan	R.	deikeézun	I.	deikén
18° les à eux	I.	déizkeedan	R.	deizkeétzun	I.	deizkén

FUTUR ANTÉRIEUR (Singulier).

		que j'aurai eu ou eue		que tu auras eu ou eue		qu'il aura eu ou eue
1re le	I.	úkhen du-kédan	R.	úkhen du-kézun	I.	úkhen du-kían

etc.

INDICATIF (Forme incidente).

PRÉSENT (Singulier).

		j'ai		tu as		il a
1re le	I.	béitut	R.	beitúzu	I.	béitu
2° les	I.	beitútut	R.	beitutúzu	I.	beitútu
3° moi		....	R.	benáizu	I.	benái
4° le à moi		....	R.	beitéitazu, beitéitada-zu	I.	beitéit

Conj.		Trait	j'ai	Trait	tu as	Trait	il a
5e	les à moi		....	R.	beitéiztatzu	I.	beitéizt, beitéitzat
6e	toi	R.	beitzútut		....		beitzútu
7e	le à toi	R.	beitéizut		......		beitéizu
8e	les à toi	R.	beitéitzut		....		beitéitzu
9e	le à lui	I.	beitéyot	R.	beitéyozu	I.	beitéyo
10e	les à lui	I.	beitéitzot	R.	beitéitzotzu	I.	beitéitzo
11e	nous		....	R.	beikutúzu	I.	beikútu
12e	le à nous		....	R.	beitéikuzu	I.	beitéiku
13e	les à nous		....	R.	beitéizkutzu	I.	beitéizku
14e	vous	I.	beitzutiét		....		beitzutíe
15e	le à vous	I.	beitéiziet		....		beiteizié
16e	les à vous	I.	beitéitziet		....		beiteitzié
17e	le à eux	I.	beitéyet	R.	beitéyezu	I.	beitéye
18e	les à eux	I.	beitéitzet	R.	beitéitzetzu	I.	beitéitze

IMPARFAIT (Singulier).

			j'avais		tu avais		il avait
1re	le	I.	benian, beinían	R.	beitzunían	I.	beitzían
2e	les	I.	benutían, beinutían	R.	beitzuntían	I.	beitzutían
3e	moi		....	R.	benundúzun	I.	benundían
4e	le à moi		....	R.	beitzenéitan	I.	beitzéitan, beitzéitadan
5e	les à moi		....	R.	beitzenéiz-tan	I.	beitzéiztan, beitzéiztadan
6e	toi	R.	beitzuntú-dan		....		beitzuntían
7e	le à toi	R.	benéizun		....		beitzéizun
8e	les à toi	R.	benéitzun		....		beitzéitzun
9e	le à lui	I.	benéyon	R.	beitzenéyon	I.	beitzéyon
10e	les à lui	I.	benéitzon	R.	beitzenéit-zon	I.	beitzéitzon
11e	nous		....	R.	beikuntúzun	I.	beikuntían
12e	le à nous		....	R.	beitzenéi-kun	I.	beitzéikun
13e	les à nous		....	R.	beitzenéizkun	I.	beitzéizkun

nous avons	vous avez	ils ont
....	beitéiztatzie	beitéiztade
beitzutúgu	....	beitzutíe
beitéizugu	....	beitéizie
beitéitzúgu	....	beitéitzie
beiteyógú	beitéyozie, beiteózie	beitéyoe
beitéitzogu	beitéitzotzie, beiteót-zie	beitéitzoe
....	beikutuzie	beikutíe
....	beitéikuzie	beitéikuye
....	beitéizkutzie	beitéizkuye
beitzutiégu	....	beitzutié
beiteiziégu	....	beiteizié
beiteitžiégu	....	beiteitzié
beitéyegu	boitéézie	beitéyie
beitéitzegu	beiteétzie	beitéitzeye

IMPARFAIT (*Pluriel*).

nous avions	vous aviez	ils avaient
beikunían	beitzúnién	beitzién
beikuntían	beitzuntién	beitzutién
....	benunduzien	benundien
....	beitzenéitaden, beitzenéitazien	beitzéitayen, beitzéitaden
....	boitzenéiztaden, beitzenéiztatzien	beitzéiztayen, beitzéiztaden
beitzuntúgun	....	beitzuntíen
beikenéizun	....	beitzéizien
beikenéitzun	....	beitzéitzien
beikenéyon	beitzenéyocn, beitzenózien	beitzéyoen
beikenéitzon	beitzenéitzoen, beitzenótzien	beitzéitzoen
....	beikuntuzien	beikuntíen
....	beitzenéikuyen, beitzenéikuzien	beitzéikuyen
....	boitzenéizkuyen, beitzenéizkutzien	beitzéizkuyen

Conj.		Trait	j'avais	Trait	tu avais	Trait	il avait
14e	vous	I.	beitzuntié - dan		. . . .		beitzuntien
15e	le à vous	I.	benéizien		. . . .		beitzeizién
16e	les à vous	I.	benéitzien		. . . .		beitzeitzién
17e	le à eux	I.	benéyen	R.	beitzenéyen	I.	beitzéyen
18e	les à eux	I.	benéitzen	R.	beitzenéi - tzen	J.	beitzéitzen

Passé indéfini (Singulier).

			j'ai eu		tu as eu		il a eu
1ro	le	J.	úkhen bei- tut	R.	úkhen bei- túzu	J.	úkhen béitu

etc.

Passé défini (Singulier).

			j'eus		tu eus		il eut
1re	le	I.	úkhen be- nian	R.	úkhen bei- tzunían	I.	úkhen bei- tzían

etc.

Plus-que-Parfait (Singulier).

			j'avais eu		tu avais eu		il avait eu
1re	le	I.	ukhénic be- nian	R.	ukhénic bei- tzunían	I.	ukhénic bei- tzían

etc.

Futur (Singulier).

			j'aurai		tu auras		il aura
1ro	le	I.	beitúket	R.	beitukézu	J.	beitúke
2e	les	I.	beitutúket	R.	beitutukézu	I.	beitutúke
3e	moi		. . . .	R.	benáikezu	I.	benáike
4e	le à moi		. . . .	R.	beitéikeda- zu	J.	beitéiket
5e	les à moi		. . . .	R.	beitéizke- datzu	I.	beitéizket
6e	toi	R.	beitzutúket		. . . .		beitzutúke
7e	le à toi	R.	beitéikezut		. . . .		beitéikezu

nous avions	*vous aviez*	*ils avaient*
beitzuntiégun	. . . .	beitzuntién
beikenéizien	. . . .	beitzéizién
beikenéitzien	. . . .	beitzeitzién
beikenéyen	beitzenéyen, beitze-nézien	beitzéycen, beitzéyien
beikenéitzen	beitzenéitzen, beitze-nétzien	beitzéitzeen, beitzéi-tzeyen

PASSÉ INDÉFINI (*pluriel*).

nous avons eu	*vous avez eu*	*ils ont eu*
úkhen beitúgu	úkhen beituzíe	úkhen beitíe

PASSÉ DÉFINI (*pluriel*).

nous eûmes	*vous eûtes*	*ils eurent*
úkhen beikunían	úkhen beitzunién	úkhen beitzién

PLUS-QUE-PARFAIT (*Pluriel*).

nous avions eu	*vous aviez eu*	*ils avaient eu*
ukhénic beikunían	ukhénic beitzunién	ukhénic beitzién

FUTUR (*Pluriel*).

nous aurons	*vous aurez*	*ils auront*
beitukégu	beitukezie	beitukie, beitukeyé
beitutukégu	beitutukezíe	beitutukie, beitútu-keyé
. . . .	benáikezie	benáikeye
. . . .	beitéikedazie	beitéikede
. . . .	beitéizkedatzie	beitéizkede
beitzutukégu	. . . .	beitzutukeyé
beitéikezugu	. . . .	beitéikezíe

Con		Trait	j'aurai	Trait	tu auras	Trait	il aura
8e	les à toi	R.	beitéizke-tzut		....		beitéizketzu
9o	le à lui	I.	beitéikot	R.	beiteikózu	I.	beiteikó
10o	les à lui	I.	beitéizkot	R.	beiteizkótzu	I.	beiteizkó
11c	nous		....	R.	beikutukézu	I.	beikutúke
12e	le à nous		....	R.	beitéikegu-zu	I.	beitéikegu
13e	les à nous		....	R.	beitéizkegu-tzu	I.	beitéizkegu
14e	vous	I.	beitzutukiét		....		beitzutukie, beitzutuké
15e	le à vous	I.	beitéikeziet		....		beitéikezie
16e	les à vous	I.	beitéizke-tziet		....		beitéizketzie
17e	le à eux	I.	beiteikét, beitéikeet	R.	beiteikézu, beitéikee-zu	I.	beiteiké
18e	les à eux	I.	beiteizkét, beitéizkeet	R.	beiteizké-tzu, bei-téizkeetzu	I.	beiteizké

Futur antérieur (singulier)

		Trait	j'aurai eu	Trait	tu auras eu	Trait	il aura eu
1re	le	I.	úkhen bei-túket	R.	úkhen bei-tukézu	I.	úkhen beitú-ke

etc.

On forme de même, de la forme principale du conditionnel et

nous aurons	vous aurez	ils auront
beitéizketzugu	. . . .	beiteizketzie
beitéikogu, beitéikeogu	beitéikozie, beitéi keozie	beitéikoye, beitéikoe
beitéizkogu, beitéizkeogu	beitéizkotzie	beitéizkoye, beitéizkoe
. . . .	beikutukezie	beikutukeyé
. . . .	beitéikuzie	beitéikegie
. . . .	beitéizkutzie	beitéizkegië
beitzutukiégu	. . . .	beitzutukiéye, beitzutukeyé
beitéikeziegu	. . . .	beiteikezié, beiteikeézie
beitéizketziègu	. . . .	beitéizketzié, beitéizkeétzie
beiteikégu, beitéikeegu	beiteikeézie	beiteikeyé, beiteikeéye
beiteizkégu, beitéizkeegu	bciteizkeétzie	bëiteizkeyé, beiteizkeéye

FUTUR ANTÉRIEUR (pluriel).

nous aurons eu	vous aurez eu	ils auront eu
ukhen beitukégu	úkhen beitukezie	úkhen beitukie, etc.

de celle du potentiel, les formes secondaires de ces deux modes.

Traitements familiers.

Comme le traitement respectueux, les traitements familiers sont employés :

1º Dans la forme principale, aux trois personnes du singulier, à la première et à la troisième du pluriel ;

2º Dans les formes et les modes secondaires, pour les propositions seules ou entre, comme sujet ou comme régime, la seconde personne du singulier.

Nous ne donnerons pas les traitements familiers des formes secondaires. Ils découlent de ceux de la forme principale comme les traitements indéfinis et respectueux. La finale *c*, spéciale au traitement masculin, se change en *ya* pour s'adjoindre les finales *la* et *n* des formes secondaires.

Les deux traitements familiers sont semblables toutes les fois que le pronom singulier de la deuxième personne *hi* entre dans leur formation.

Voix

INDICATIF.

Présent (Singulier).

Conj.		Trait	je suis	tu es	il est
1re		M.	nuc	hiz	duc
		F.	nun		dun
2e	à moi	M.	....	hitzáit	zítac
		F.			zítan
3e	à toi	M.	nitzáic	....	záic
		F.	nitzáiñ	....	záiñ
4e	à lui	M.	nitzóc	hitzáyo	zióc
		F.	nitzón		zión
5e	à nous	M.	....	hitzáiku	zíkuc
		F.			zíkun
7e	à eux	M.	nitzéc	hitzáye	ziéc
		F.	nitzén		zién

Imparfait (Singulier).

			j'étais	tu étais	il était
1re		M.	nundián, nun-duyán	híntzan	zián, zuyán et zukan
		F.	nunduñán		zuñán
2e	à moi	M.	....	hintzéitan	zítayan
		F.			zítañan
3e	à toi	M.	nintzéiyan	....	zéiyan, zitzéiyan
		F.	nintzeiñan	....	zéiñan, zitzéiñan
4e	à lui	M.	nintzóyan	hintzéyou	zióyan
		F.	nintzóñan		zióñan
5e	à nous	M.	....	hintzéikun	zíkuyan
		F.			zikuñan
7e	à eux	M.	nintzéyan	hintzéyen	ziéyan, zitzé-yan
		F.	nintzéñan		ziéñan, zitzé-ñan

Passé indéfini (Singulier).

			j'ai été	tu as été	
1re		M.	ízan nuc	izan hiz	etc.
		F.	ízan nun		

intransitive

INDICATIF.

Présent (*Pluriel*).

nous sommes	*ils sont*
gútuc	dútuc
gútun	dútun
················ ····· ···	zíztac
··············· ·· ······	zíztan
gitzáic	záitzac
gitzáiñ	záitzan
gitzóc	zitzóc
gitzón	zitzón
·························	zízkuc
··············· ·····	zízkun
gitzéc	zitzéc
gitzén	zitzén

Imparfait (*pluriel*).

nous étions	*ils étaient*
guntián, guntuyán	zutián, zutuyán
guntuñán	zutuñán
·····················	zíztayan
·············· ···	zíztañan
gintzéiyan	zeitzán, zéitzayan
gintzéiñan	zeitzañán
gintzóyan	zitzóyan
gintzóñan	zitzóñan
····· ·················	zízkuyan
················· ···	zízkuñan
gintzéyan	zitzéyan
gintzéñan	zitzéñan

Passé indéfini (*pluriel*).

PASSÉ DÉFINI (*Singulier*).

conj	Trait	je fus	tu fus	
1re		ízan nundián ízan nunduñán	{ízan híntzan	etc.

PLUS-QUE-PARFAIT (*Singulier*).

		j'avais été	tu avais été	
1re		izánic nundián izánic nundu- ñán	{izánic híntzan	etc.

FUTUR (*Singulier*).

		je serai	tu seras	il sera
1re	M. F.	núkec núken	{hizáte, hizáteke	dúkec dúken
2e	à moi M. F.	. . . .	{hitzáiket	zikédac zikédan
3e	à toi M. F.	nitzáikec nitzáiken	. . . .	záíkec záiken
4e	à lui M. F.	nitzikóc nitzikón	{hitzaikó	zikóc zikón
5e	à nous M. F.	. . . .	{hitzáikegu	zikéguc zikégun
7e	à eux M. F.	nitzikéc nitzikén	{hitzaiké	zikéc zikén

FUTUR ANTÉRIEUR (*Singulier*).

		j'aurai été	tu auras été	
1re	M. F.	ízan núkec ízan núken	{ízan hizáte	etc

CONDITIONNEL.

PRÉSENT (*Singulier*).

		je serais	tu serais	il serait
1re	M. F.	nundúkec nundúken	{hintzáte, hintzá- teke	lúkec lúken
2e	à moi M. F.	. . . .	{hintzéiket	litzikédac litzikédan
3e	à toi M. F.	nintzéikec nintzéiken	. . . .	litzéikec litzéiken

PASSÉ DÉFINI (*pluriel*).

PLUS-QUE-PARFAIT (*Pluriel*).

FUTUR (*Pluriel*).

nous serons	ils seront
gutúkec	dutúkec
gutúken	dutúken
....	zizkédac
....	zizkédan
gitzáikec	záizkec
gitzáiken	záizken
gitzikóc	zizkóc
gitzikón	zizkón
....	zizkéguc
....	zizkégun
gitzikéc	zizkéc
gitzikón	zizkén

FUTUR ANTÉRIEUR (*pluriel*).

CONDITIONNEL.

PRÉSENT (*Pluriel*).

nous serions	ils seraient
guntúkec	lutúkec
guntúken	lutúken
....	litizizkédac
....	litizizkédan
gintzéikec	litzéizkec
gintzéiken	litzéizken

Conj.		Trait	je serais	tu serais	il serait
4ᵉ	à lui	M. F.	nintzikóc nintzikón	⟨hintzéiko	⟨litzikóc ⟨litzikón
5ᵉ	à nous	M. F.	············ ············	⟨hintzéikegu	⟨litzikéguc ⟨litzikégun
7ᵉ	à eux	M. F.	nintzikéc nintziken	⟨hintzeiké	⟨litzikéc ⟨litzikén

Passé (Singulier).

			j'aurais été	tu aurais été	il aurait été
1ʳᵉ		M. F.	nundúkeyan nundúkeñan	⟨hintzátekian, ⟨ hintzátian	⟨zukeyán ⟨zukeñán
2ᵉ	à moi	M. F.	············ ········	⟨hintzéikedan	⟨zitzikedán, zi- ⟨ kedán et zike- ⟨ dayán ⟨zitzikedañán, ⟨ zikedañan
3ᵉ	à toi	M. F.	nintzéikeyan nintzéikeñan	········ ····· ············	⟨zitzéikeyan, zéi- ⟨ keyan ⟨zitzéikeñan, zéi- ⟨ keñan
4ᵉ	à lui	M. F.	nintzikióyan nintzikióñan	⟨hintzéikon	⟨zitzikióyan, zi- ⟨ kióyan ⟨zitzikióñan, zi- ⟨ kióñan
5ᵉ	à nous	M F	·········· ··········	⟨hintzéikegun	⟨zitzikegián, zi- ⟨ kegián et zi- ⟨ keguyán ⟨zitzikeguñan, zi- ⟨ keguñán
7ᵉ	à eux	M. F.	nintzikiéyan nintzikiéñan	⟨hintzéiken	⟨zitzikiéyan, zi- ⟨ kéyan ⟨zitzikiéñan, zi- ⟨ kéñan

Futur (Singulier).

			je serais	tu serais	il serait
1ʳᵉ		M. F.	nintec, nintákec ninten, nintá- ken	⟨hintáke, héinte	litec liteu
2ᵉ	à moi	M. F.	············· ·············	⟨hintákit, hein- ⟨ kit, hintakí- ⟨ dat	likidac likidan

nous serions	*ils seraient*
gintzikóc	litzizkóc
gintzikón	litzizkón
....	litzizkéguc
....	litzizkégun
gintzikéc	litzizkéc
gintzikén	litzizkén

PASSÉ (*Pluriel*).

nous aurions été	*ils auraient été*
guntukeyán	zutukeyán
guntukeñán	zutukeñán
....	zitzizkedán
....	zitzizkedañán
gintzéikeyan	zitzéizkeyan
gintzéikeñan	zitzéizkeñan
gintzikióyan	zitzizkióyan
gintzikióñan	zitzizkióñan
....	zitzizkegián, zitzizkeguyán
....	zitzizkeguñán
gintzikiéyan	zitzizkiéyan
gintzikiéñan	zitzizkiéñan

FUTUR (*pluriel*).

nous serions	*ils seraient*
gintákec, gíntec	litákec
gintáken, gínten	litáken
....	litikídac
....	litikídan

Conj.	Trait		je serais	tu serais	il serait
3e	à toi	M.	nintákic, néin-kic	....	léikic, litákic
		F.	nintákin, néin-kin	....	léikin, litákin
4e	à lui	M.	nintakióc, néin-kioc	hintakió, héin-kio	likióc, litakíoc
		F.	nintakión, néin-kion		likión, litakíon
5e	à nous	M.	....	bintakígu, héin-kigu	likíguc
		F.	....		likígun
7e	à eux	M.	nintakiéc, néin-kiec	hintakié, héin-kie	likiéc, litikiéc
		F.	nintakién, néin-kien		likién, litikién

POTENTIEL.

PRÉSENT ET FUTUR (Singulier).

			je peux ou je pourrai	tu peux ou pourras	il peut ou pourra
1re		M.	nítec, nitákec	häite, hitáke háiteke, hádi	dítec
		F.	níten, nitáken		diten
2e	à moi	M.	....	hitákit, hitakí-dat	ditakídac, dakídac
		F.	....		ditakídau, dakídan
3e	à toi	M.	nitákic	....	ditákic, dákic
		F.	nitákin	....	ditákin, dákin
4e	à lui	M.	nitakióc	hitakió	ditakióc, dakióc
		F.	nitakión		ditakión, dakión
5e	à nous	M.	....	hitakigu	ditakíguc, dakíguc
		F.	....		ditakigun, dakigun
7e	à eux	M.	nitakiéc	hitakié	ditakiéc, dakiéc
		F.	nitakién		ditakién, dakién

nous serions	*ils seraient*
gintákic, genéinkic	litázkic, léizkic
gintákin, genéinkin	litázkin, léizkin
gintakióc, genéinkioc	litazkióc, lizkióc
gintakión, genéinkion	litazkión, lizkión
....	litikíguc, léizkiguc
.. ..	litikígun, léizkigun
gintakiéc, genéinkiec	litazkiéc, lizkiéc
gintakién, genéinkien	litazkién, lizkién

POTENTIEL.

Présent et Futur (*Pluriel*).

nous pouvons ou pourrons	*ils peuvent ou pourront*
gítec, gitákec	ditákec
gíten, gitáken	ditáken
....	ditakíztac, dakíztac
....	ditakíztan, dakíztan
gitákic	ditakitzac, dakitzac
gitákin	ditakítzan, dakítzan
gitakióc	ditakitzóc, dakitzóc
gitakión	ditakitzón, dakitzón
....	ditakízkuc, dakízkuc
....	ditakízkun, dakízkun
gitakiéc	ditakitzéc, dakitzéc
gitakión	ditakitzén, dakitzén

PASSÉ (*Singulier*).

Conj.		Trait	*je pourais ou j'aurais pu*	*tu pourais ou tu aurais pu*	*il pourait ou aurait pu*
1re		M.	nintakeyán	hintakían, héintekian	zitakeyàn
		F.	nintakeñán		zitakeñàu
2e	*à moi*	M.	....	hintakédan	zitakedàn, zitakedayàn
		F.	....		zitakedañán
3e	*à toi*	M.	nintakéiyan	....	zitakéiyan
		F.	nintakéiñan	....	zitakéiñan
4e	*à lui*	M.	nintakióyan	hintakíon	zitakióyan
		F.	nintakióñan		zitakióñan
5e	*à nous*	M.	....	hintakégun	zitakégian, zitakeguyan
		F.	....		zitakéguñau
7e	*à eux*	M.	nintakiéyan	hintakíeu	zitakiéyan
		F.	nintakiéñau		zitakiéñan

Passé *(Pluriel).*

nous pouvions ou aurions pu	ils pouvaient ou auraient pu
gintakeyán	zitakéyan
gintakeñán	zitakéñan
. . . .	zitazkedán, zitazkedayán
. . . .	zitazkedañán
gintakéiyan	zitazkéiyan, zitakiéiyan
gintakéiñan	zitazkeiñan
gintakióyan	zitazkióyan
gintakióñan	zitazkióñan
. . . .	zitazkegián, zitazkeguyán
. . . .	zitazkeguñán
gintakiéyan	zitazkiéyan
gintakiéñan	zitazkiéñan

Dans les quatre pages suivantes, les pages en regard ne doivent se lire que l'une après l'autre.

IMPÉRATIF AFFIRMATIF (Sujet à la 2me personne).

Conj.		Trait	*sois*
1re		M. F.	hádi, hiz, hízan, hadíla
2e	*à moi*	M. F.	hákit, hakidála
4e	*à lui*	M. F.	hakió, hakióla
5e	*à nous*	M. F.	hakígu, hakigúla
7e	*à eux*	M. F.	hakié, hakiéla

(Régime à la 2me personne).

			qu'il soit	*soyons*	*qu'ils soient*
3e	*à toi*	M.	békic, békiála	gitzakéyan	bekítzac
		F.	békin, bekiñála	gitzakeñan	bekítzau

IMPÉRATIF NÉGATIF (Sujet à la 2me personne).

			ne sois pas
1re		M. F.	ehadíla
2e	*à moi*	M. F.	ehakidála
4e	*à lui*	M. F.	ehakióla
5e	*à nous*	M. F.	ehakigúla
7e	*à eux*	M. F.	ehakiéla

(Régime à la 2me personne).

			qu'il ne soit pas	*ne soyons pas*	*qu'ils ne soient pas*
3e	*à toi*	M.	eztakiála	ezkitzakéyan	eztakitzayála
		F.	eztakiñála	ezkitzakéñan	eztakitzañála

SUBJONCTIF.

PRÉSENT (Sujet à la 2me personne).

			que tu sois
1re		M. F.	hádin
2e	*à moi*	M. F.	hakídan
4e	*à lui*	M. F.	hakión
5e	*à nous*	M. F.	hakígun
7e	*à eux*	M. F.	hakién

(Régime à la 2me personne).

Conj.		Trait	que je sois	qu'il soit	que nous soyons	qu'ils soient
3^e	à toi	M.	nakián	dakián	gitzakeyán	dakitzayán
		F.	nakiñán	dakiñán	gitzakeñán	dakitzañan

IMPARFAIT (Sujet à la 2me personne).

			que tu fusses
1re		M. F.	héndin
2^e	à moi	M. F.	henkídan
4^e	à lui	M. F.	benkión
5^e	à nous	M. F.	henkígun
7^e	à eux	M. F.	henkién

(Régime à la 2me personne).

			que je fusse	qu'il fût	que nous fussions	qu'ils fussent
3^e	à toi	M.	nenkián	lekián	gintzakián	lekitzayán
		F.	nenkiñán	lekiñán	gintzakiñán	lekitzañán

VOTIF.

PRÉSENT (Sujet à la 2me personne).

			plût à Dieu que tu fusses
1re		M. F.	ábintz
2^e	à moi	M. F.	ahintzéit
4^e	à lui	M. F.	ahintzéyo
5^e	à nous	M. F.	ahintzéiku
7^e	à eux	M. F.	ahintzéye

(Régime à la 2me personne).

			plût à Dieu que je fusse	plût à Dieu qu'il fût	plût à Dieu que nous fussions	plût à Dieu qu'ils fussent
3^e	à toi	M.	ainintzéic	ailitzéic	aikintzéic	ailitzéitzac
		F.	ainintzeiñ	ailitzéiñ	aikintzéiñ	ailitzéitzan

FUTUR (Sujet à la 2ᵐᵉ personne).

Conj.		Trait	puisses-tu être
1ʳᵉ		M. F.	aihéndi, ahéndi
2ᵉ	à moi	M. F.	aihénkit, ahenkit
4ᵉ	à lui	M. F.	ahekió
5ᵉ	à nous	M. F.	aihénkigu
7ᵉ	à eux	M. F.	ahekié

(Régime à la 2ᵐᵉ personne).

			puissé-je être	puisse-t-il être	puissions-nous être	puissent-ils être
3ᵉ	à toi	M.	ainénkic	ailékic	aigenénkic	ailézkic
		F.	ainénkin	ailékin	aigenenkin	ailézkin

SUPPOSITIF.

PRÉSENT (Sujet à la 2ᵐᵉ personne).

			si tu étais
1ʳᵉ		M. F.	báhintz
2ᵉ	à moi	M. F.	bahintzéit
4ᵉ	à lui	M. F.	bahintzéyo
5ᵉ	à nous	M. F.	bahintzéiku
7ᵉ	à eux	M. F.	bahintzéye

(Régime à la 2ᵐᵉ personne).

			si j'étais	s'il était	si nous étions	s'ils étaient
3ᵉ	à toi	M.	banintzéic	balitzéic	bagintzéic	balitzéitzac, balitzéizk
		F.	banintzéiñ	balitzéiñ	bagintzéiñ	balitzéitzañ

FUTUR (Sujet à la 2ᵐᵉ personne).

			si tu étais
1ʳᵉ		M. F.	bahéndi
2ᵉ	à moi	M. F.	bahénkit
4ᵉ	à lui	M. F.	bahenkió, bahékio
5ᵉ	à nous	M. F.	bahénkigu
7ᵉ	à eux	M. F.	bahenkié, bahékie

(Régime à la 2me personne).

Conj.		Trait	si j'étais	s'il était	si nous étions	s'ils étaient
		M.	banénkic	bálékic	bagenénkic, bagentzákic	balézkic
3e	à toi	F.	banénkin	balékin	bagenénkin, bagintzákin	balézkin

12

Voix

INDICATIF (Forme principale).

PRÉSENT (*Singulier*).

Conj.		Trait	j'ai	tu as	il a
1re	le	M.	diát	dúc	díc
		F.	diñát	dún	dín
2e	les	M.	ditiát	dútuc	ditíc
		F.	ditiñát	dútun	ditín
3e	moi	M.	....	náic	níc
		F.	....	náiñ	nín
4e	le à moi	M.	....	déitac, déita-dac	dítac
		F.	....	déitan, déita-dan	dítan
5e	les à moi	M.	....	déiztac, déiz-tadac	díztac
		F.	....	déiztan, déiz-tadan	díztan
6e	toi	M. F.	háit	....	hái
7e	le à toi	M.	déyat, deiyat	....	déic
		F.	deñat, deiñat	....	déiñ
8e	les à toi	M.	déitzat	....	déitzac
		F.	deitzañat	....	deitzan
9e	le à lui	M.	dióyat	déyoc, deóc, dérioc	dióc
		F.	dióñat	déyon, deón	dión
10e	les à lui	M.	ditzóyat, dió-tzat	déitzoc	ditzóc
		F.	ditzóñat, dió-tzañat	déitzon	ditzón
11e	nous	M.	....	gútuc	gitíc
		F.	....	gútun	gitín
12e	le à nous	M.	....	déikuc	díkuc
		F.	....	déikun	díkun
13e	les à nous	M.	....	déizkuc	dízkuc
		F.	....	déizkun	dízkun
17e	le à eux	M.	diéyat	déyec	diéc
		F.	diéñat	déyen	diéñ
18e	les à eux	M.	ditzéyat	déitzec	ditzéc
		F.	ditzéñat	déitzen	ditzén

IMPARFAIT (*Singulier*).

			j'avais	tu avais	il avait
1re	le	M.	nián, niyán	hian	zián, ziyán
		F.	niñán		ziñan

· transitive.

INDICATIF (Forme principale).

PRÉSENT (*Pluriel*).

nous avons	ils ont
diágu	dié
diñágu	diñé
ditiágu	ditié
ditiñágu	ditiñé
....	nié
....	niñé
....	dítaye
....	dítañe
....	díztaye
....	díztañe
háigu	háye
déyagu	déye, déiye
déiñagu, déñagu	déñe, déiñe
déitzagu	déitzaye
déitzañagu	déitzañe
dióyagu	dióye
dióñagu	dióñe
ditzóyagu	ditzóye
ditzóñagu	ditzóñe
....	gitié
....	gitiñé
....	díkuye
....	díkuñe
....	dízkuye
....	dízkuñe
diéyagu	diéye
diénagu	diéñe
ditzéyagu	ditzéye
ditzéñagu	ditzéñe

IMPARFAIT (*Pluriel*).

nous avions	ils avaient
ginián	ziéyan
giniñán	ziéñan

Conj.		Trait	j'avais	tu avais	il avait
2e	les	M.	nitián, nitiyán	hutían	zitián
		F.	nitiñán		zitiñán
3e	moi	M.	....	nunduyán, nundián	nindián
		F.	....	nunduñán	nindiñán
4e	le à moi	M.	....	héitan, héitadan	zítayan, zítadayan
		F.	....		zítañan, zítadañan
5e	les à moi	M.	....	héiztan, héiztadan	ziztayan, zíztadayan
		F.	....		zíztañan, zíztadañan
6e	toi	M. F.	hundúdan	....	hundían
7e	le à toi	M.	néyan, néiyan	....	zéyan
		F.	néñan, néiñan	....	zéñan
8e	les à toi	M.	néitzan, néitzayan	....	zeitzán, zéitzayan
		F.	néitzañan	....	zéitzañan
9e	le à lui	M.	nióyan	héyon	zióyan
		F.	nióñan		zióñan
10e	les à lui	M.	nitzóyan	héitzon	zitzóyan
		F.	nitzóñan		zitzóñan
11e	nous	M.	....	guntuyán, guntián	gintián
		F.	....	guntuñán	gintiñán
12e	le à nous	M.	....	héikun	zikuyan
		F.	....		zikuñan
13e	les à nous	M.	....	héizkun	zizkuyan
		F.	....		zizkuñan
17e	le à eux	M.	niéyan	héyen	ziéyan
		F.	niéñan		ziéñan
18e	les à eux	M.	nitzéyan	héitzen	zitzéyan
		F.	nitzéñan		zitzéñan

PASSÉ INDÉFINI (*Singulier*).

			j'ai eu	tu as eu	
1re	le	M.	úkhen diát	úkhen duc	
		F.	úkhen diñát	úkhen dun	etc.

PASSÉ DÉFINI (*Pluriel*).

			j'eus	tu eus	
1re	le	M.	úkhen nián	úkhen hian	
		F.	úkhen niñán		etc.

nous avions	*ils avaient*
ginitián, gintián	zitiéyan
ginitiñán, gintiñán	zitiéñan
....	nindiéyan
....	nindiéñan
....	zitadiéyan
....	zitadiéñan
....	ziztadiéyan
....	ziztadiéñan
hundúgun	hundién
genéyan	zéyian, zéyean
genéñan	zéyeñan
geneitzán, genéitzayan	zéitzeyan
genéitzañan	zéitzeñan
ginióyan	zioéyan
ginióñan	zioéñan
ginitzóyan, gintzóyan	zitzoéyan, ziotzéyan
ginitzóñan, gintzóñan	zitzoéñan, ziotzéñan
....	gintiéyan
....	gintiéñan
....	zikiéyan
....	zikiéñan
....	zizkiéyan
....	zizkiéñan
giniéyan	zieéyan
giniéñan	zieéñan
ginitzéyan	zietzéyan, zitzéyan
ginitzéñan	zietzéñan, zitzéñan

PASSÉ INDÉFINI (*Pluriel*).

PASSÉ DÉFINI (*Pluriel*).

PLUS-QUE-PARFAIT (*Singulier*).

Conj.		Trait	j'arais eu	tu auras eu
1ʳᵉ	le	M.	ukhénic nián	ukhénic hían · etc.
		F.	ukhénic niñán	

FUTUR (*Singulier*).

			j'aurai	tu auras	il aura
1ʳᵉ	le	M.	dikeyát	dúkec	díkec
		F.	dikeñát	dúken	díken
2ᵉ	les	M.	ditikeyát	dutúkec	ditíkec
		F.	ditikeñát	dutúken	ditíken
3ᵉ	moi	M.	....	náikec	níkec
		F.	....	náiken	níken
4ᵉ	le à moi	M.	....	déikedac	díkedac
		F.	....	déikedan	díkedan
5ᵉ	les à moi	M.	....	déizkedac	ditikédac, dízkedac
		F.	....	déizkedan	ditikédan, · dízkedan
6ᵉ	toi	M. F.	háikct	....	háike
7ᵉ	le à toi	M.	déikeyat	....	déikec
		F.	déikeñat	....	déiken
8ᵉ	les à toi	M.	déizkeyat	....	déizkec
		F.	déizkeñat	....	déizken
9ᵉ	le à lui	M.	dikióyat	deikóc	dikióc
		F.	dikióñat	deikón	dikión
10ᵉ	les à lui	M.	ditikióyat	deizkóc	ditikióc, dizkióc
		F.	ditikióñat	deizkón	ditikión, dizkión
11ᵉ	nous	M.	....	gutúkec	gitíkec
		F.	....	gutúken	gitíken
12ᵉ	le à nous	M.	....	déikeguc	dikéguc
		F.	....	déikegun	dikégun
13ᵉ	les à nous	M.	....	déizkeguc	ditikéguc
		F.	....	déizkegun	ditikégun
17ᵉ	le à eux	M.	dikiéyat	déikecc, deikéc	dikiéc
		F.	dikiéñat	déikeen, deikén	dikién
18ᵉ	les à eux	M.	ditikiéyat	déizkecc, deizkéc	ditikiéc, dizkiéc
		F.	ditikiéñat	déizkeen, deizkén	ditikién, dizkién

PLUS-QUE-PARFAIT (*Pluriel*).

FUTUR (*Pluriel*).

nous aurons	*ils auront*
dikeyágu	dikeyé
dikeñágu	dikeñé
ditikeyágu	ditikeyé
ditikeñágu	ditikeñé
. . . .	nikeyé
. . . .	nikeñé
. . . .	díkedie
. . . .	díkedañe
. . . .	dízkedie
. . . .	dízkedañe
báikegu	háikeye
déikeyagu	déikeye
déikeñagu	déikeñe
déizkeyagu	déizkeye
déizkeñagu	déizkeñe
dikióyagu	dikióye
dikióñagu	dikióñe
ditikióyagu, dizkióyagu	ditikióye
ditikióñagu, dizkióñagu	ditikióñe
. . . .	gitikeyé
. . . .	gitikeñé
. . . .	dikegié
. . . .	dikeguñé
. . . .	dizkegié
. . . .	dizkeguñé
dikiéyagu	dikiéye
dikiéñagu	dikiéñe
ditikiéyagu	ditikiéye, dizkiéye
ditikiéñagu	ditikiéñe, dizkiéñe

FUTUR ANTÉRIEUR (*Singulier*).

Conj.		Trait	j'aurai eu	tu auras eu	
1re	le	M.	úkhen dikeyát	úkhen dúkec	
		F.	úkhen dike - nát	úkhen dúken	etc.

CONDITIONNEL.

PRÉSENT (*Singulier*).

			j'aurais	tu aurais	il aurait
1re	le	M.	níkec		líkec
		F.	níken	húke	liken
2o	les	M.	nitíkec		litíkec
		F.	nitíken	hutúke	litíken
3e	moi	M.	....	nundúkec	nindíkec
		F.	....	nundúken	nindíken
4o	le à moi	M.	....		likédac
		F.	....	héikel	likédan
5e	les à moi	M.	....		lizkédac, liti-kédac
		F.	....	héizket	lizkédan, liti-kédan
6o	toi	M. F.	hundúket	....	hundúke
7e	le à toi	M.	néikec	....	léikec
		F.	néiken	....	léiken
8e	les à toi	M.	néizkec	....	léizkec
		F.	néizken	....	léizken
9e	le à lui	M.	nikóc		likóc
		F.	nikón	heikó	likón
10o	les à lui	M.	nitzikóc, niz-kóc		litzikóc, liti-kóc, lizkóc
		F.	nitzikón, niz-kón	heizkó	litzikón
11e	nous	M.	....	guntúkec	gintíkec
		F.	....	guntúken	gintíken
12e	le à nous	M.	....		likéguc
		F.	....	héikegu	likégun
13e	les à nous	M.	....		lizkéguc, liti-kéguc
		F.	....	héizkegu	lizkégun, liti-kégun
17e	le à eux	M.	nikéc		likéc
		F.	nikén	heiké	likén

FUTUR ANTÉRIEUR (*Pluriel*).

CONDITIONNEL.

PRÉSENT (*Pluriel*).

nous aurons	*ils auront*
giníkec	likeyé
giníken	likeñé
gintikec	litikeyé
gintíken	litikeñé
....	nindikeyé
....	nindikeñé
....	likedayé
....	likedañé
....	lizkedayé, litzikédaye
....	lizkedañé, litzikédañe
hundukégu	hundukíe
genéikec	léikeye
genéiken	léikeñe
genćizkec	léizkeye
genéizken	léizkeñe
ginikóc	likóye, likióye
ginikón	likóñe, likióñe
gintzikóc, ginizkóc	litzikóye
gintzikón, ginizkón	litzikóñe
....	gintikeyć
....	gintikeñé
....	likegié
....	likeguñé
....	lizkegié, litzikegié
....	lizkeguñé, litzikeguñé
ginikéc	likćye
ginikén	likéñe

Conj.		Trait	j'aurais	tu aurais	il aurait
18e	les à eux	M.	nitzikéc, niz-kéc	beizké	litzikéc, liz-kéc
		F.	nitzikén, niz-kén		litzikén, liz-kén

PASSÉ (*Singulier*).

			j'aurais eu	tu aurais eu	il aurait eu
1re	le	M.	nikeyán	hukían	zikeyán
		F.	nikeñán		zikeñán
2e	les	M.	nitikeyán	hutukían	zitikeyán
		F.	nitikeñán		zitikeñán
3e	moi	M.	....	nundukeyán	nindikeyán
		F.	....	nundukeñán	nindikeñán
4e	le à moi	M.	....	héikedan	zikedán
		F.	....		zikedañán
5e	les à moi	M.	....	héizkedan	zitikedán, zizkedán
		F.	....		zitikedañán, zizkedañán
6e	toi	M. F.	bundukédan	....	bundukían
7e	le à toi	M.	néikeyan	....	zéikeyan
		F.	néikeñau	....	zéikeñan
8e	les à toi	M.	néizkeyan	....	zéizkeyan
		F.	néizkeñan	....	zéizkeñan
9e	le à lui	M.	nikióyan	héikon	zikióyan
		F.	nikióñan		zikióñan
10e	les à lui	M.	nitikióyan	héizkon	zitikióyan, zizkióyan
		F.	nitikióñan		zitikióñan, zizkióñan
11e	nous	M.	....	guntukeyáu	gintikeyán
		F.	....	guntukeñán	gintikeñán
12e	le à nous	M.	....	héikegun	zikegián
		F.	....		zikeguñán
13e	les à nous	M.	....	héizkegun	zitikegián, zizkegián
		F.	....		zitikeguñán, zizkeguñán
17e	le à eux	M.	nikéyan, ni-keéyan	héiken	zikéyan, zi-keéyan
		F.	nikéñan, ni-keéñan		zikéñan, zi-keéñan

nous aurions	*ils auraient*
gintzikéc, ginizkéc	litzikéye
gintzikén, ginizkén	litzikéñe

PASSÉ (*Pluriel*).

nous aurions eu	*ils auraient eu*
ginikeyán	zikiéyan
giníkeñán	zikiéñan
gintikeyán	zitikiéyan
gintikeñán	zitikiéñan
....	nindikiéyan
....	nindikiéñan
....	zitikedán, zikediéyan
....	zitikedañán, zikediéñan
....	zitikediéyan, zizkediéyan
....	zitikediéñan, zizkediéñan
hundukégun	hundúkeyen
genéikeyan	zéikieyan
genéikeñan	zéikieñan
genéizkeyan	zéizkieyan
genéizkeñan	zéizkieñan
ginikióyan	zikioéyan
ginikióñan	zikioéñan
gintikióyan	zitikioéyan, zizkoéyan
gintikióñan	zitikioéñan, zizkoéñan
....	gintikiéyan
....	gintikiéñan
....	zikegiéyan
....	zikegiéñan
....	zitikegiéyan, zizkegiéyan
....	zitikegiéñan, zizkegiéñan
ginikéyan, ginikeéyan	zikeéyan, zikéyan
ginikéñan, ginikeéñan	zikeéñan, zikéñan

Conj.		Trait	j'aurais eu	tu aurais eu	il aurait eu
18ᵉ	les à eux	M.	nitikéyan, ni-tikeéyan	héizken	zitikéyan, zi-tikeéyan
		F.	nitikéñan, ni-tikeéñan		zitikéñan, zi-tikeéñan

Futur (Singulier).

			j'aurais	tu aurais	il aurait
1ʳᵉ	le	M.	nezákec, nió-kec	hezáke, hióke	lezákec, lió-kec
		F.	nezáken, nió-ken		lezáken, lió-ken
2o	les	M.	netzákec, ni-tiókec	hetzáke, hi-tióke	letzákec, li-tiókec
		F.	netzáken, ni-tióken		letzáken, li-tióken
3ᵉ	moi	M.	....	nentzákec	nintzákec, nintióc, nintiókec
		F.	....	nentzáken	nintzáken, nintión, nintióken
4ᵉ	le à moi	M. F.	....	hizakédat	lizakédac / lizakédan
5ᵉ	les à moi	M. F.	....	hitzakédat	litzakédac / litzakédan
6	toi	M. F.	hentzáket, hintiót, hintiókel	....	hentzáke, hin-tio, hintióke
7ᵉ	le à toi	M.	nizákec, niza-kéic	....	lizákec, likéic, léikec
		F.	nizáken, niza-kéiñ	....	lizáken, li-kéiñ, léiken
8ᵉ	les à toi	M.	nitzákec, nit-zakéic	....	litzákec, liz-kéic, léiz-kec
		F.	nitzáken, nit-zakéiñ	....	litzáken, liz-kéiñ, léiz-ken
9o	le à lui	M.	nizakióc	hizakió	lizakióc, li-kióc
		F.	nizakión		lizakión, li-kión

nous aurions eu	*ils auraient eu*
gintikéyan, gintikeéyan	zitikeéyan, zitikéyan
gintikéñan, gintikeéñan	zitikeéñan, zitikéñan

Futur (*Pluriel*).

nous aurions	*ils auraient*
genezákec, giniókec	lezakeyé, liókeye
genezáken, ginióken	lezakeñé, liókeñe
genetzákec, gintiókec	letzakeyé, litiókeye
genetzáken, gintióken	letzakeñé, litiókeñe
....	nintzakeyé, nintiokeyé
....	nintzakeñé, nintiokeñé
....	lizakedayé
....	lizakedañé
....	litzakedavé
....	litzakedañé
hentzakégu, hintiókegu	hentzakeyé, hintioyé, hintiókeye
ginizákec, genéikec	lizakéye
ginizáken, genéiken	lizakéñe
ginitzákec, genéizkec	litzakéye
ginitzáken, genéizken	litzakéñe
ginizakióc, ginikióc	lizakióye
ginizakión, ginikión	lizakióñe

Conj		Trait	j'aurais	tu aurais	il aurait
10ᵉ	les à lui	M.	nitzakióc	hitzakió	litzakióc, liti-kióc
		F.	nitzakión		litzakión, liti-kión
11ᵉ	nous	M.	....	gentzákec	gintzákec, gintiókec
		F.	....	gentzáken	gintzáken, gintiókeu
12ᵉ	le à nous	M.	....	hizakégu	lizakéguc
		F.			lizakégun
13ᵉ	les à nous	M.	....	hitzakégu	litzakéguc
		F.			litzakégun
17ᵉ	le à eux	M.	nizakiéc	hizakié	lizakiéc
		F.	nizakién		lizakién
18ᵉ	les à eux	M.	nitzakiéc	hitzakié	litzakiéc
		F.	nitzakién		litzakién

POTENTIEL.

INDICATIF.

Présent et Futur (*Singulier*).

			je puis ou je pourrai	tu peux ou pourras	il peut ou pourra
1ʳᵉ	le	M.	dezakeyát, diókeyat	dezákec, dió-kec	diókec, dizá-kec
		F.	dezakeñát, diókeñat	dezáken, dió-ken	dióken, dizá-ken
2ᵉ	les	M.	detzakeyát, ditiókeyat	detzákec, di-tiókec	ditzókec, di-tiókec, dit-zákec
		F.	detzakeñát, ditiókeñat	detzáken, di-tióken	ditzóken, di-tióken, di-tzáken
3ᵉ	moi	M.	....	netzákec, ne-zákec	nitzákec
		F.	....	netzáken, ne-záken	nitzáken
4ᵉ	le à moi	M.	....	dizakédac	dizakédac
		F.	....	dizakédan	dizakédan
5ᵉ	les à moi	M.	....	ditzakédac	ditzakédac
		F.	....	ditzakédan	ditzakédan
6ᵉ	toi	M. F.	hitzáket, he-tzáket	....	hitzáke, he-tzáke

nous aurions	*ils auraient*
ginitzakióc, gintikióc	litzakióye
ginitzakión, gintikión	litzakióñe
....	gintzakeyé, gintiokeyé
....	gintzakeñé, gintiokeñé
....	lizakeguyé, lizakegié
....	lizakeguñé
....	litzakeguyé, litzakegié
....	litzakeguñé
ginizakiéc, ginikiéc	lizakiéye, likiéye
ginizakién, ginikién	lizakiéñe, likiéñe
ginitzakiéc, gintikiéc	litzakiéye, litikiéyc
ginitzakién, gintikién	litzakiéñe, litikiéñe

POTENTIEL.

INDICATIF.

Présent et Futur (*Pluriel*).

nous pouvons ou pourrons	*ils peuvent ou pourront*
dezakeyágu, diókeyagu	diókeye, dizakeyé
dezakeñágu, diókeñagu	diókeñe, dizakeñé
detzakeyágu, ditiókeyagu	ditzókeyc, ditzakeyé
detzakeñágu, ditiókeñagu	ditzókeñe, ditzakeñé
....	nitzakeyé
....	nitzakeñé
....	dizakedayé
....	dizakedañé
....	ditzakedayé
....	ditzakedañé
hitzakégu, hetzakégu	hitzakeyé, hetzakeyé

Conj.		Trait	je puis ou je pourrai	tu peux ou pourras	il peut ou pourra
7°	le à toi	M.	dizakeyát	....	dizákec
		F.	dizakeñát	....	dizáken
8°	les à toi	M.	ditzakeyát	....	ditzákec
		F.	ditzakeñát	....	ditzáken
9°	le à lui	M.	dizakióyat	dizakeóc, di-zakóc	dizakíoc
		F.	dizakióñat	dizakeón, di-zakón	dizakíon
10°	les à lui	M.	ditzakióyat	ditzakeóc, dit-zakóc	ditzakíoc
		F.	ditzakióñat	ditzakeón, ditzakón	ditzakíon
11°	nous	M.	....	getzákec, ge-zákec	gitzákec
		F.	....	getzáken, ge-záken	gitzáken
12°	le à nous	M.	....	dizakéguc	dizakéguc
		F.	....	dizakégun	dizakégun
13°	les à nous	M.	....	ditzakéguc	ditzakéguc
		F.	....	ditzakégun	ditzakégun
17°	le à eux	M.	dizakiéyat	dizakeéc, di-zakéc	dizakíec
		F.	dizakiéñat	dizakeén, di-zakén	dizakíen
18°	les à eux	M.	ditzakiéyat	ditzakeéc, di-tzakéc	ditzakiec
		F.	ditzakiéñat	ditzakeén, di-tzakén	ditzakíen

PASSÉ (Singulier).

			je pourais ou j'aurais pu	tu pourais ou aurais pu	il pourait ou aurait pu
1re	le	M.	nezákeyan, niókeyan	hezakían, hió-kian	zezákeyan, ziókeyan
		F.	nezákeñan, niókeñan		zezákeñan, ziókeñan
2e	les	M.	netzákeyan, nitiókeyan	hetzakían, hi-tiókian	zetzákeyan, zitiókeyan
		F.	netzákeñan, nitiókeñan		zetzákeñan, zitiókeñan
3°	moi	M.	....	nentzakeyán, nindiókeyan	nentzakián, nindiókeyan
		F.	....	nentzakeñán, nindiókeñan	nentzakeñán, nindiókeñan

nous pouvons ou pourrons	*ils peuvent ou pourront*
dizakeyágu	dizakeyé
dizakeñágu	dizakeñé
ditzakeyágu	ditzakeyé
ditzakeñágu	ditzakeñé
dizakióyagu	dizakióye
dizakióñagu	dizakióñe
ditzakióyagu	ditzakióye
ditzakióñagu	ditzakióñe
....	gitzakeyé
....	gitzakeñé
....	dizakeguyé
....	dizakeguñé
....	ditzakeguyé
....	ditzakeguñé
dizakiéyagu	dizakiéye
dizakiéñagu	dizakiéñe
ditzakiéyagu	ditzakiéye
ditzakiéñagu	ditzakiéñe

PASSÉ (*Pluriel*).

nous pouvions ou aurions pu	*ils pouvaient ou auraient pu*
genezákeyan, giniókeyan	zezakiéyan, ziókieyan
genezákeñan, giniókeñan	zezakiéñan, ziókieñan
genetzákeyan, gintiókeyan	zetzakiéyan, zitiókieyan
genetzákeñan, gintiókeñan	zetzakiéñan, zitiókieñan
....	nentzakéyan, nindiokéyan
....	nentzakéñan, nindiokéñan

13

Conj.		Trait	je pouvais ou j'aurais pu	tu pouvais ou aurais pu	il pouvait ou aurait pu
4e	le à moi	M.	. . . . , ...	hizakédan	zizakedán, zi-zakedayán
		F.	. . . .		zizakedañán
5e	les à moi	M.	. . . .	hitzakédan	zitzakedán, zi-tzakedayán
		F.	. . . .		zitzakedañán
6e	toi	M. F.	hentzakédan, hindiókedan	. . . .	hentzakían, hindiókian
7e	le à toi	M.	nizakéyan, nezakéiyan	. . . .	zizakéyan, ze-zakéiyan
		F.	nizakéñan, nezakéiñan	. . . .	zizakéñan, ze-zakéiñan
8e	les à toi	M.	nitzakéyan, netzakéiyan	. . . .	zitzakéyan, zetzakéiyan
		F.	nitzakéñan, netzakéiñan	. . . .	zitzakéñan, zetzakéiñan
9e	le à lui	M.	nezakióyan	hezakión, hì-zakión	zezakióyan, zizakióyan
		F.	nezakióñan		zezakióñan, zizakióñan
10e	les à lui	M.	netzakióyan	hetzakión, hitzakión	zetzakióyan, zitzakióyan
		F.	netzakióñan		zetzakióñan, zitzakióñan
11e	nous	M.	. . . .	gentzakeyán, gintiókeyan	gentzakián, gintzakián
		F.	. . . .	gentzakeñán, gintiókeñan	gentzakeñán, gintzakeñán
12e	le à nous	M. F.	. . . .	hizakégun	zizakegián zizakeguñán
13e	les à nous	M. F.	. . . .	hitzakégun	zitzakegián zitzakeguñán
17e	le à eux	M.	nezakiéyan, nizakiéyan	hezakién, hi-zakién	zezakiéyan, zizakiéyan
		F.	nezakiéñan, nizakieñan		zezakiéñan, zizakiéñan
18e	les à eux	M.	netzakiéyan, nitzakiéyan	hetzakién, hi-tzakién	zetzakiéyan, zitzakiéyan
		F.	netzakiéñan, nitzakiéñan		zetzakiéñan, zitzakiéñan

nous pouvions ou aurions pu	*ils pouvaient ou auraient pu*
. . . .	zizakedéyan
. . . .	zizakedéñan
. . . .	zitzakedéyan
. . . .	zitzakedéñan
hentzakégun, hindiókegun	hentzakién, hindiókien
ginizakéyan, genezakéiyan	zizakeéyan, zizakiéyan
ginizakéñan, genezakéiñan	zizakeéñan, zizakiéñan
ginitzakéyan, genetzakéiyan	zitzakeéyan, zitzakiéyan
ginitzakéñan, genetzakéiñan	zitzakeéñan, zitzakiéñan
genezakióyan, ginizakióyan	zezakioéyan, zizakioéyan
genezakióñan, ginizakióñan	zezakioéñan, zizakioéñan
genetzakióyan, ginitzakióyan	zetzakioéyan, zitzakioéyan
genetzakióñan, ginitzakióñan	zetzakioéñan, zitzakioéñan
. . . .	gentzakiéyan, gintiokéyan
. . . .	gentzakiéñan, gintiokéñan
. . . .	zizakegiéyan
. . . .	zizakegiéñan
. . . .	zitzakegiéyan
. . . .	zitzakegiéñan
genezakiéyan, ginizakiéyan	zezakieéyan, zizakiéyan
genezakiéñan, ginizakiéñan	zezakieéñan, zizakiéñan
genetzakiéyan, ginitzakiéyan	zetzakieéyan, zitzakiéyan
genetzakiéñan, ginitzakiéñan	zetzakieéñan, zitzakiéñan

Dans les pages suivantes, les pages en regard ne doivent se lire que l'une après l'autre.

IMPÉRATIF.

AFFIRMATIF (Sujet à la 2ᵐᵉ personne).

Conj.		Trait	aie
1ʳᵉ	le	M. F.	ézac ézan
2ᵉ	les	M. F.	étzac, ítzac étzan, ítzan
3ᵉ	moi	M. F.	nézac nézan
4ᵉ	le à moi	M. F.	izádac izádan
5ᵉ	les à moi	M. F.	itzádac itzádan
9ᵉ	le à lui	M. F.	izóc izón
10ᵉ	les à lui	M. F.	itzóc itzón
11ᵉ	nous	M. F.	gítzac gítzan
12ᵉ	le à nous	M. F.	izáguc izágun
13ᵉ	les à nous	M. F.	itzáguc itzágun
17ᵉ	le à eux	M. F.	izéc izén
18ᵉ	les à eux	M. F.	itzéc itzén

(Régime à la 2ᵐᵉ personne).

			qu'il ait	ayons	qu'ils aient
6ᵉ	toi	M.F.	. . . .	hezágun	. . . .
7ᵉ	le à toi	M. F.	bízac bízan	dizayágun dizañágun	bizayé bizañé
8ᵉ	les à toi	M. F.	bítzac bítzan	ditzayágun ditzañágun	bitzayé bitzañé

IMPÉRATIF.

NÉGATIF (Sujet à la 2ᵐᵉ personne).

			n'aies pas
1ʳᵉ	le	M. F.	eztezayála eztezañála
2ᵉ	les	M. F.	eztitzayála eztitzañála

Conj.		Trait	n'aies pas
3e	moi	M.	enezayála
		F.	enezañála
4e	le à moi	M.	eztizadayála
		F.	eztizadañála
5e	les à moi	M.	eztitzadayála
		F.	eztitzadañála
9e	le à lui	M.	eztizóyala
		F.	eztizóñala
10e	les à lui	M.	eztitzóyala
		F.	eztitzóñala
11e	nous	M.	ezkitzayála
		F.	ezkitzañála
12e	le à nous	M.	eztizaguyála
		F.	eztizaguñála
13e	les à nous	M.	eztitzaguyála
		F.	eztitzaguñála
17e	le à eux	M.	eztizéyala
		F.	eztizéñala
18e	les à eux	M.	eztitzéyala
		F.	eztitzéñala

(Régime à la 2me personne).

			qu'il n'ait pas	n'ayons pas	qu'ils n'aient pas
6e	toi	M.F.	ehezála	ehezágun	ehezéla
7e	le à toi	M.	eztizayála	eztizayágun	eztizayéla
		F.	eztizañála	eztizañágun	eztizañéla
8e	les à toi	M.	eztitzayála	eztitzayágun	eztitzayéla
		F.	eztitzañála	eztitzañágun	eztitzañéla

SUBJONCTIF.

Présent (Sujet à la 2me personne).

			que tu aies
1re	le	M.	dezayán
		F.	dezañán
2e	les	M.	detzayán
		F.	detzañán
3e	moi	M.	nezayán
		F.	nezañán
4e	le à moi	M.	dizadayán
		F.	dizadañán

Conj.		Trait	que tu aies
5e	les à moi	M.	ditzadayán
		F.	ditzadañán
9e	le à lui	M.	dizóyan
		F.	dizóñan
10e	les à lui	M.	ditzóyan
		F.	ditzóñan
11e	nous	M.	gitzayán
		F.	gitzañán
12e	le à nous	M.	dizaguyán
		F.	dizaguñán
13e	les à nous	M.	ditzaguyán
		F.	ditzaguñán
17e	le à eux	M.	dizévan
		F.	dizéñan
18e	les à eux	M.	ditzéyan
		F.	ditzéñan

(Régime à la 2me personne).

Conj.			que j'aie	qu'il ait	que nous ayons	qu'ils aient
6e	toi	M.F	hezádan	hézan	hezágun	hezén
7e	le à toi	M.	dizayádan	dizayán	dizayágun	dizayén
		F.	dizañádan	dizañán	dizañágun	dizañén
8e	les à toi	M.	ditzayádan	ditzayán	ditzayagun	ditzayén
		F.	ditzañá - dan	ditzañán	ditzañá - gun	ditzañén

IMPARFAIT (Sujet à la 2me personne).

Conj.			que tu eusses
1re	le	M.F.	hézan
2e	les	M.F.	hétzan, hítzan
3e	moi	M.	nentzayán
		F.	nentzañán
4e	le à moi	M.F.	hizádan
5e	les à moi	M.F.	hitzádan
9e	le à lui	M.F.	bizón
10e	les à lui	M.F.	hitzón
11e	nous	M.	gintzayán
		F.	gintzañán
12e	le à nous	M.F.	hizágun
13e	les à nous	M.F.	hitzágun
17e	le à eux	M.F.	hizén
18e	les à eux	M.F.	hitzén

(Régime à la 2ᵈⁱᵉ personne).

Conj		Trait	que j'eusse	qu'il eût	que nous eussions	qu'ils eussent
6ᵉ	toi	M.F.	hentzádan	héntzan	hentzágun	hentzén
7ᵉ	le à toi	M.	nizayán	lizayán, zizayán	ginizayán	lizayén
		F.	nizañán	lizañán, zizañán	ginizañán	lizañén
8ᵉ	les à toi	M.	nitzayán	litzayán, zitzayán	ginitzayán	litzayén
		F.	nitzañán	litzañán, zitzañán	ginitzañán	litzañén

VOTIF.

Présent (Sujet à la 2ᵐᵉ personne).

			plût à Dieu que tu eusses
1ʳᵉ	le	M.F.	áihu, áhu
2ᵉ	les	M.F.	aihútu, ahútu
3ᵉ	moi	M.	ainúnduc
		F.	ainúndun
4ᵉ	le à moi	M.F.	ahéit
5ᵉ	les à moi	M.F.	ahéizt, aheitzat
9ᵉ	le à lui	M.F.	ahéyo
10ᵉ	les à lui	M.F.	ahéitzo
11ᵉ	nous	M.	aikúntuc
		F.	aikúntun
12ᵉ	le à nous	M.F.	ahéiku
13ᵉ	les à nous	M.F.	ahéizku
17ᵉ	le à eux	M.F.	ahéye
18ᵉ	les à eux	M.F.	ahéitze

(Régime à la 2ᵐᵉ personne).

			plût à Dieu que j'aie	plût à Dieu qu'il ait	plût à Dieu que nous ayons	plût à Dieu qu'ils aient
6ᵉ	toi	M.F.	ahúndut, aihúndut	ahúndu, aihúndu	ahundúgu, aihundúgu	ahundíe, aihundíe
7ᵉ	le à toi	M.	ainéic	ailéic	aikenéic	ailéye, ailéiye
		F.	aineiñ	aileiñ	aikenéiñ	ailéñe, ailéiñe

Conj.		Trait	plût à Dieu que j'aie	plût à Dieu qu'il ait	plût à Dieu que nous ayons	plût à Dieu qu'ils aient
8e	les à toi	M.	ainéitzac	ailéitzac	aikenéi-tzac	ailéitzaye
		F.	ainéitzan	ailéitzan	aikenéi-tzan	ailéitzañe

FUTUR (Sujet à la 2me personne).

			puisses-tu avoir
1re	le	M.F.	aihéza, ahéza
2e	les	M.F.	ahítza
3e	moi	M.	ainéntzac
		F.	ainéntzan
4e	le à moi	M.F.	ahízat
5e	les à moi	M.F.	ahítzat
9e	le à lui	M.F.	ahizó
10e	les à lui	M.F.	ahitzó
11e	nous	M.	aikíntzac
		F.	aikíntzan
12e	le à nous	M.F.	ahizágu
13e	les à nous	M.F.	ahitzágu
17e	le à eux	M.F.	ahizé
18e	les à eux	M.F.	ahitzé

(Régime à la 2me personne).

			puissé-je avoir	puisse-t-il avoir	puissions-nous avoir	puissent-ils avoir
6e	toi	M.F.	ahéntzat	ahéntza	ahéntzagu	ahentzé
7e	le à toi	M.	ainízac	ailízac	aikinízac	ailizayé
		F.	ainízan	ailízan	aikinízan	ailizañé
8e	les à toi	M.	ainítzac	ailítzac	aikinítzac	ailitzayé
		F.	ainítzan	ailítzan	aikinítzan	ailitzané

SUPPOSITIF.

PRÉSENT (Sujet à la 2me personne).

			si tu avais
1re	le	M.F.	báhu
2e	les	M.F.	bahútu

Conj.		Trait	si tu avais
3ᵉ	*moi*	{ M. F.	banúnduc banúndun
4ᵉ	*le à moi*	M.F.	bahéit
5ᵉ	*les à moi*	M.F.	bahéizt, bahéitzat
9ᵉ	*le à lui*	M.F.	bahéço
10ᵉ	*les à lui*	M.F.	bahéitzo
11ᵉ	*nous*	{ M. F.	bagúntuc bagúntun
12ᵉ	*le à nous*	M.F.	bahéiku
13ᵉ	*les à nous*	M.F.	bahéizku
17ᵉ	*le à eux*	M.F.	bahéye
18ᵉ	*les à eux*	M.F.	bahéitze

(Régime à la 2ᵐᵉ personne).

			si j'avais	s'il avait	si nous avions	s'ils avaient
6ᵉ	*toi*	M.F.	bahúndut	bahúndu	bahundú-gu	bahundie
7ᵉ	*le à toi*	{ M. F.	banéic banéiñ	baléic baléiñ	bagenéic bagenéiñ	baléiye baléiñe
8ᵉ	*les à toi*	{ M. F.	banéitzac banéitzan	baléitzac baléitzan	bagenéi-tzac bagenéi-tzan	baléitzaye baléitzañe

FUTUR (Sujet à la 2ᵐᵉ personne).

			si tu avais
1ʳᵉ	*le*	M.F.	bahéza
2ᵉ	*les*	M.F.	bahitza
3ᵉ	*moi*	{ M. F.	banéntzac banéntzan
4ᵉ	*le à moi*	M.F.	bahízat
5ᵉ	*les à moi*	M.F.	bahítzat
9ᵉ	*le à lui*	M.F.	bahizó
10ᵉ	*les à lui*	M.F.	bahitzó
11ᵉ	*nous*	{ M. F.	bagíntzac bagíntzan
12ᵉ	*le à nous*	M.F.	bahizágu
13ᵉ	*les à nous*	M.F.	bahitzágu
17ᵉ	*le à eux*	M.F.	bahizé
18ᵉ	*les à eux*	M.F.	bahitzé

(Régime à la 2me personne).

Conj.		Trait	si j'avais	s'il avait	si nous avions	s'ils avaient
6e	toi	M. F.	bahéntzat	bahéntza	bahentzá - gu	bahentzé
7e	le à toi	M.	banízac	balízac	baginízac	balízayc
		F.	banízan	balízan	baginízan	balízañe
8e	les à toi	M.	banítzac	balítzac	baginítzac	balítzayc
		F.	banítzan	balítzan	baginítzan	balítzañe

Quand le verbe *être* n'est pas auxiliaire, il se rend par le même temps du verbe *izan* que s'il était auxiliaire, à l'indicatif, au suppositif, au présent et au passé du conditionnel, au présent du votif et du potentiel, à l'impératif quand on emploie *hiz* ou les formes en *n*, et à tous les temps composés.

Pour les autres temps, il faut ajouter le participe *izan* au temps basque correspondant.

Quand le verbe *avoir* est transitif au lieu d'être auxiliaire, il se rend par le même temps du verbe *ukhen* que s'il était auxiliaire à l'indicatif, au suppositif, au présent et au passé du conditionnel, au présent du votif et du potentiel, en le faisant précéder, dans les propositions affirmatives, à la forme absolue ou à la forme régie, de la particule *ba*, ainsi qu'à tous les temps composés.

Pour les autres temps, il faut ajouter le participe *ukhen* au temps basque qui correspond au temps français.

On emploie le verbe *izan* pour rendre le verbe *avoir* pris à l'impersonnel : *il y a, il y avait*. Dans ce cas on fait précéder *izan* de la particule *ba*, à moins que la proposition ne soit négative ; ex : *il y a un homme*, BADA *gizoun bat ; il n'y avait pas de vin*, ETZEN *ardouic*. Le verbe n'est pas invariable en nombre comme l'est, dans ce cas, le verbe français. Si *il y a* se rapporte à un substantif au pluriel en basque, le verbe se met au pluriel ; ex. : *il y a des hommes que vous connaissez, ezagutzen dutuzun gizounac* BADIRA, ou *ezagutzen duzun gizounic* BADA.

Thême

Je suis un homme bien malheureux. Nous savons qu'il est bon. Je voudrais qu'il eût plus d'argent. Il avait trois enfants. Il aurait de l'aisance et serait même riche sans le père qu'il a. Sachez comment est Paul ; je sais qu'il est malade, parce qu'il a eu froid ; je voudrais apprendre qu'il est guéri. Je sais que vous auriez été premier si vous aviez été plus laborieux. Nous aurions plus d'amis si nous étions toujours bons. Je ne crois pas qu'il soit demain à la maison. Il y avait à l'hôpital les dix hommes blessés la veille.

Nous savons, *badakigu*
Je voudrais, *nahi nuke*
Plus d'argent, *diharu haboro*
Aisance, *aisa*
Sachez, *jakin ezazu*
Comment, *noula*
Je sais, *badakit*
Avoir froid, *hotztu izan*

Je voudrais apprendre, *nahi nuke jakin*
Guéri, *sendotu*
Laborieux, *agudo*
Toujours, *bethi*
Je ne crois pas, *eztut ouste*
Hôpital, *ospitale*
Veille, *bezpera*

§ III

Des Verbes adjectifs

Les verbes adjectifs, sauf quelques exceptions, n'ont que le radical, l'infinitif et le participe. Ils se conjuguent au moyen de ces trois formes et des auxiliaires ci-dessus.

Tout verbe transitif adopte l'auxiliaire *ukhen, avoir*.

Tout verbe intransitif exige l'auxiliaire *izan, être*.

Quelle que soit celle des trois formes verbales qui concourt avec l'auxiliaire à former un temps, elle est invariable à ce temps ; l'auxiliaire seul exprime les modifications de personne, de nombre, de traitement et de régime.

La conjugaison des verbes adjectifs se borne donc à connaître cette forme pour chaque temps. Aussi nous contenterons-nous de donner la première conjugaison transitive et la première conjugaison intransitive, et dans ces conjugaisons, la première personne de chaque temps, de chaque mode au traitement indéfini.

Verbe transitif

RADICAL DU VERBE . . .	éskent	*offrir*
RADICAL DE L'INFINITIF	eskéntze	*offrir*
RADICAL DU PARTICIPE	eskéntu	*offert*

INDICATIF.

PRÉSENT	eskéntzen dut	*j'offre, je l'offre*
IMPARFAIT	eskéntzen nían	*j'offrais, je l'offrais*
PASSÉ INDÉFINI	eskéntu dut eskentúric dut eskéntu úkhen dut	*j'ai offert, je l'ai offert* *j'ai eu offert*
PASSÉ DÉFINI	eskéntu níau eskéntu úkhen nían	*j'offris, je l'offris*
PASSÉ ANTÉRIEUR	eskentúric úkhen dut	*je l'ai eu offert*
PLUS-QUE-PARFAIT . . .	eskéntu nían eskentúric nian eskentúric úkhen nían	*j'avais offert, je l'avais offert* *j'avais eu offert*
FUTUR PRÉSENT	eskentúren dut eskentúco dut eskéntzen dúket	*j'offrirai, je l'offrirai*
FUTUR ANTÉRIEUR	eskéntu dúket eskentúric dúket eskentúric úkhen dúket	*j'aurai offert, je l'aurai offert* *j'aurai eu offert, je l'aurai eu offert*

IMPÉRATIF.

AFFIRMATIF	éskent ezázu	*offre, offre-le*
NÉGATIF	eztezazúla éskent	*n'offre pas, ne l'offre pas*

SUBJONCTIF.

PRÉSENT	éskent dezádan	*que j'offre, que je l'offre*
IMPARFAIT	éskent nézan	*que j'offrisse, que je l'offrisse*
PASSÉ	eskéntu úkhen dezádan	*que j'aie offert, que je l'aie offert*
PLUS-QUE-PARFAIT . . .	eskéntu úkhen nózan eskéntu nukían	*que j'eusse offert, que je l'eusse offert*

VOTIF.

PRÉSENT............	áinu eskéntzen	plût à Dieu que j'offrisse, je l'offrisse
PASSÉ............	áinu eskéntu	plût à Dieu que j'eusse offert, etc.
FUTUR	ainéza éskent	plût à Dieu que j'offrisse, etc.

SUPPOSITIF.

PRÉSENT	eskéntzen bánu	si j'offrais, si je l'offrais
IMPARFAIT	eskéntzen banían	si j'offrais, si je l'offrais
PASSÉ...........	eskéntu bánu	si j'avais offert, si je l'avais offert
FUTUR	éskent banéza	si j'offrais, si je l'offrais
POTENTIEL.........	éskent badezáket, badióket, badírot badézat	si je peux offrir, l'offrir

CONDITIONNEL.

PRÉSENT............	eskéntzen núke	j'offrirais, je l'offrirais
PASSÉ............	eskéntu núke eskentúric núke eskéntu nukían eskentúren nukían	j'aurais offert, je l'aurais offert
FUTUR ET POTENTIEL.	éskent nezáke, nióke, níro	j'offrirais, je l'offrirais je pourrais offrir et l'offrir

POTENTIEL.

PRÉSENT ET FUTUR ..	éskent dezáket, dióket, dírot	je peux et je pourrai offrir, l'offrir
PASSÉ............	éskent nezákian, niókian	je pourais, j'aurais pu offrir, l'offrir

Verbes intransitifs

VERBE NEUTRE

Radical du Verbe . . .	hel	*arriver*
Radical de l'Infinitif	héltze	*arriver* .
Radical du Participe	héltu	*arrivé*

INDICATIF.

Présent.	héltzen niz	*j'arrive*
Imparfait	héltzen níntzan	*j'arrivais*
Passé indéfini	héltu niz / héltu ízan niz / hélturic niz	*je suis arrivé*
Passé défini	héltu níntzan	*j'arrivai*
Passé antérieur	héltu ízan níntzan / hélturic izan niz	*j'ai été arrivé*
Plus-que-Parfait . . .	héltu níntzan / hélturic níntzan / hélturic ízan níntzan	*j'étais arrivé*
Futur Présent	hélturen niz / héltuco níz / héltzen nizáte, nizáteke	*j'arriverai*
Futur antérieur. . . .	héltu nizáte, nizáteke / hélturic nizáte, etc. / hélturic izan nizáte, etc. / hélturic izánen niz	*je serai arrivé*

IMPÉRATIF.

Affirmatif.	hel zíte	*arrive*
Négatif	etzitiála hel	*n'arrive pas*

SUBJONCTIF.

Présent.	hel nádin	*que j'arrive*
Imparfait	hel néndin	*que j'arrivasse*
Passé.	héltu ízan nádin / hélturic izan nádin	*que je sois arrivé*
Plus-que-Parfait . . .	héltu ízan néndin / hélturic ízan néndin	*que je fusse arrivé*

VOTIF.

Présent............	áinintz héltzen	plût à Dieu que j'arrivasse
Passé....	áinintz héltu áinintz hélturic	plût à Dieu que je fusse arrivé
Plus-que-Parfait ...	áinintz ízan hélturic	plût à Dieu que j'eusse été arrivé
Futur	ainéndi hel	plût à Dieu que j'arrivasse

SUPPOSITIF.

Présent...........	héltzen bánintz	si j'arrivais
Imparfait	héltzen banintzan	si j'arrivais
Passé............	héltu bánintz ou banintzan hélturic bánintz ou banintzan	si j'étais arrivé
Plus-que-Parfait ...	hélturic ízan bánintz ou banintzan	si j'avais été arrivé
Futur............	hel banéndi	si j'arrivais
Potentiel........	hel banáite, banáiteke, banitáke, banádi	si je peux arriver

CONDITIONNEL.

Présent...........	héltzen nintzáte, nintzáteke	j'arriverais
Imparfait	héltzen nintzátian, nintzátekian	je serais arrivé
Passé............	héltu nintzáte hélturic nintzáte, nintzáteke héltu nintzátian, nintzátekian hélturic nintzátian, etc. hélturen nintzan héltuco níntzan	je serais arrivé
Plus-que-Parfait ...	hélturic ízan nintzátian, etc. hélturic izánen níntzan	j'aurais été arrivé
Futur et Potentiel.	hel néinte, nintáke, néimteke	j'arriverais, je pourrais arriver
Futur antérieur....	hélturic ízan néinte	je serais arrivé

POTENTIEL.

Présent et Futur ..	hel nàite, nàiteke, nitáke	je peux et je pourrai arriver
	hélturic ízan nàite, etc.	je peux et je pourrai étre arrivé
Passé............	hel nintakían, néintekian	je pouvais et j'aurais pu arriver
	héltu ízan nintakían, etc.	je pouvais et j'aurais pu étre arrivé
	hélturic ízan nintakían	

Verbe réfléchi

INDICATIF.

Présent............	eskéntzen niz	je m'offre
Imparfait.........	eskéntzen níntzan	je m'offrais
Passé indéfini......	eskéntu niz	je me suis offert
Passé défini........	eskéntu níntzan	je m'offris
Passé antérieur....	eskéntu ízan niz	je me suis offert
Plus-que-Parfait...	eskéntu níntzan / eskéntu ízan níntzan	je m'étais offert
Futur présent......	eskentúren niz ou eskentúco niz eskéntzen nizáte, nizáteke	je m'offrirai
Futur antérieur....	eskéntu nizáte, etc.	je me serai offert

IMPÉRATIF.

Affirmatif........	éskent zíte	offre-toi
Négatif...........	etzitiála éskent	ne t'offre pas

SUBJONCTIF.

Présent...........	éskent nádin	que je m'offre
Imparfait.........	éskent néndin	que je m'offrisse
Passé.............	eskéntu izan nádin	que je me sois offert
Plus-que-Parfait...	eskéntu ízan néndin	que je me fusse offert

VOTIF.

Présent...........	áinintz eskéntzen	plût à Dieu que je m'offrisse

14

PASSÉ............	báinintz eskéntu	*plût à Dieu que je ne fusse offert*
FUTUR............	ainéndi éskeat	*puissé-je m'offrir*

SUPPOSITIF.

PRÉSENT..........	eskéntzen báinintz	*si je m'offrais*
IMPARFAIT........	eskéntu banintzan	*si je m'offrais*
PASSÉ ET PLUS-QUE-PARFAIT...	eskéntu báinintz, banintzan.	*si je m'étais offert*
FUTUR...........	éskent banéndi	*si je m'offrais*

CONDITIONNEL.

PRÉSENT..........	eskéntzen nintzáte, nintzáteke	*je m'offrirais*
IMPARFAIT........	eskéntzen, nintzátian, nintzátekian	
PASSÉ...........	eskéntu nintzáte, etc. eskéntu nintzátian, etc. eskentúren níntzan en eskentúco níntzan	*je me serais offert*
FUTUR ET POTENTIEL.	éskent néinte, nintáke, néinteke	*je m'offrirais et je pourrais m'offrir*

POTENTIEL.

PRÉSENT ET FUTUR..	éskent náite, náiteke, nitáke	*je peux et je pourrai m'offrir*
PASSÉ...........	éskent nintakían, néintekian, néintian eskéntu izan nintakían, etc.	*je pourrais et j'aurais pu m'offrir* *je pouvais et j'aurais pu m'être offert*

Verbe passif

INDICATIF.

PRÉSENT..........	eskentúric niz	*je suis offert*
IMPARFAIT........	eskentúric nintzan	*j'étais offert*
PASSÉ INDÉFINI.....	eskentúric izan niz	*j'ai été offert*
PASSÉ DÉFINI ET PLUS-QUE-PARFAIT ...	eskentúric izan nintzan	*je fus offert et j'aurais été offert*

| FUTUR . . . . | eskentúric izánen niz
eskentúric nizáte | je serai offert |
| FUTUR ANTÉRIEUR . . . | eskentúric ízan ni-záte | j'aurai été offert |

IMPÉRATIF.

| AFFIRMATIF . . . . | eskentúric ízan zíte | sois offert |
| NÉGATIF . . . . | etzitiála ízan esken-túric | ne sois pas offert |

SUBJONCTIF.

| PRÉSENT . . . . | eskentúric ízan ná-din | que je sois offert |
| PASSÉ . . . . | eskentúric ízan nén-din | que je fusse offert |

VOTIF.

PRÉSENT	áinintz eskentúric	plût à Dieu que je fusse offert
PASSÉ	áinintz ízan esken-túric	plût à Dieu que j'eusse été offert
FUTUR	ainéndi ízan esken-túric	plût à Dieu que je fusse offert

SUPPOSITIF.

PRÉSENT	eskentúric bánintz	si j'étais offert
IMPARFAIT	eskentúric banintzan	si j'étais offert
PASSÉ	eskentúric ízan bá-nintz, banintzan	si j'avais été offert
FUTUR	eskentúric ízan ba-néndi	si j'étais offert

CONDITIONNEL.

| PRÉSENT . . . . | eskentúric nintzáte, etc. | je serais offert |
| PASSÉ . . . . | eskentúric nintzáte-kian
eskentúric ízan nin-tzátekian
eskentúric izánen níntzan | j'aurais été offert |

Futur et Potentiel.	eskentúric ízan néin-te, etc.	*je serais et je pourrais être offert*

POTENTIEL.

Présent et Futur...	eskentúric ízan nái-te, etc.	*je peux et je pourrai être offert*
Passé............	eskentúric ízan nin-takían, etc.	*je pouvais et j'aurais pu être offert*

La forme *hel*, *eskent*, au moyen de laquelle se conjuguent l'impératif et certains temps du subjonctif, du suppositif, du votif, du conditionnel et du potentiel, est le radical du verbe. Il ne faut pas le confondre avec celui de l'infinitif. Nous l'appelons radical du verbe, parce que c'est de lui que se forment le radical de l'infinitif ou nom verbal et le radical du participe ou adjectif verbal. C'est en nommant ce radical que nous désignons les verbes basques comme on désigne les verbes français en nommant l'infinitif. L'un n'est cependant pas le correspondant exact de l'autre. Aussi, quand nous disons le verbe *offrir*, *eskent*, nous voulons dire : le verbe dont l'infinitif français est *offrir* et dont le radical basque est *eskent*.

Le radical d'un grand nombre de verbes est identique avec le radical du participe. De ce nombre sont les radicaux terminés en *n* et ceux de *jo*, *frapper*; *hil*, *mourir*; *bici*, *vivre*, etc.

La forme *heltzen*, *eskentzen*, employée pour former certains temps, est le datif de situation (déclinaison spéciale) de l'infinitif *eskentze*, *heltze*.

La forme *heltu*, *eskentu*, constitue le participe.

Eskenturen, *eskentuco*, *helturen*, *heltuco* sont les

deux génitifs des participes *eskentu*, *hellu*. Ils donnent au verbe un sens futur. Tous les participes n'ont pas ces deux génitifs. Ceux qui sont terminés en *n* et *hil*, mourir, etc., n'ont que le génitif possessif. Le génitif relatif serait trop peu euphonique pour un souletin.

Eskenturic est le nominatif dubitatif du participe *eskentu*, *helturic* celui du participe *hellu*. Ce cas exprime le participe passé antérieur et le participe passif. Lorsque l'attribut a cette forme, l'auxiliaire ne se combine pas avec le pronom régime indirect. Ainsi, on ne dira pas *eskenturic neyon*, *je le lui avais offert*, mais *hari eskenturic nian*.

Les conjugaisons ci-dessus sont des modèles suivant lesquels se conjuguent tous les verbes basques. Cinq ou six verbes usuels qui ont une forme exceptionnelle ont aussi la forme régulière et peuvent toujours être employés de cette manière. Le verbe *jakin*, savoir, offre seul une exception que nous expliquerons en donnant sa conjugaison particulière.

On peut donc dire que :

Tous les verbes actifs ou transitifs se conjuguent comme *eskentzen dut* ;

Tous les verbes neutres comme *hellzen niz* ;

Tous les verbes passifs comme *eskenturic niz* ;

Tous les verbes réfléchis comme *eskentzen niz*.

On traduit cependant aussi le verbe réfléchi français par le verbe transitif basque en le faisant suivre de *bere buria*, sa tête, pour soi-même ; ex. : il s'est tué, *eho* DA, ou *cho* DU BERE BURIA.

Lorsque le verbe est employé dans un sens affirmatif ou interrogatif, l'auxiliaire doit être placé après l'attribut, excepté au votif; ex. : je lui offre du pain, *ógi eskhentzen deyot*. Si cependant on veut donner à la phrase une force particulière, on peut mettre l'auxiliaire avant son complément. Ainsi, *hori* JIN DA *goizan* signifie: celui-ci est venu ce matin, et *hori* DA JIN *goizan* signifiera: c'est lui qui est venu ce matin.

Lorsque la proposition est négative, l'auxiliaire se place avant le complément verbal, et *ne pas, ne point* s'expriment par la particule *ez*, qui se place avant l'auxiliaire en se joignant à lui. Par euphonie, tantôt la lettre initiale de l'auxiliaire, tantôt la finale de la particule *ez*, subit une modification. Le *d* initial de l'auxiliaire se change en *t*, le *g* en *k*, le *b* en *p*. *Eztut*, je n'ai pas, au lieu de *ezdut*; *ezpeitut*, parce que je n'ai pas, au lieu de *ezbeitut*; *ezkira*, nous ne sommes pas, au lieu de *ezgira*. Le *z* final de *ez* se change en *t* quand l'auxiliaire commence lui-même par un *z*; il se supprime quand l'auxiliaire commence par un *n*, un *l* ou un *h*; *étzen*, il n'était pas, au lieu de *ezzen*; *eniz*, je ne suis pas, au lieu de *ez niz*; *ehiz*, tu n'es pas, au lieu de *ez hiz*; *eledin*, au lieu de *ezledin*.

Quelquefois on sépare la particule négative de l'auxiliaire; mais ce n'est que lorsqu'on veut donner plus de force à l'expression. Ainsi, *eni* EZTUTUZIE *egin* signifie : vous ne me les avez pas faits, et *eni* DUTUZIE EZ *egin* signifiera : c'est à moi que vous ne les avez pas faits.

Lorsque plusieurs verbes sont au même temps et ont à employer le même auxiliaire, on n'exprime ce dernier qu'une fois, et on le place à volonté après le premier ou après le dernier substantif ou adjectif verbal ; ex. : je vois et je frappe, *ikhousten dut eta joiten*, ou bien *ikhousten eta joiten dut*.

Lorsqu'une proposition est interrogative, le traitement indéfini est seul employé, comme nous l'avons dit plus haut, à moins que la seconde personne du singulier ne soit sujet ou régime.

Si l'interrogation n'est marquée ni par un pronom ni par un adverbe, on l'indique souvent en ajoutant un *a* final à l'auxiliaire, de la manière suivante :

Lorsque celui-ci se termine par une consonne ou un *o*, on ajoute simplement *a* ; ex. : l'ai-je ? *duta* ?

Lorsque l'auxiliaire se termine par un *u*, cette lettre se change en *i* ; ex. : l'a-t-il vu ? *ikhousi* DIA ?

Si la dernière lettre de l'auxiliaire est *a*, elle s'accentue ou se change en *eya* ; ex : est-il venu ? *jin* DÁ ou *jin* DEYA ?

Si l'auxiliaire est terminé par *e*, on ajoute *y* entre cet *e* et l'*a* interrogatif ; ex. : l'ont-ils vu ? *ikhousi* DIEYA.

Quand l'interrogation est marquée par un pronom ou un adverbe, le verbe conserve la même forme que dans les propositions affirmatives.

De l'Infinitif

Eskentze est le radical de l'infinitif ou substantif verbal. Suivant les circonstances, l'infinitif français doit être traduit par des cas différents de ce substantif, quelquefois par le participe, quelquefois enfin par un mode du verbe.

Comme nous l'avons déjà dit au chapitre du substantif, le substantif verbal suit habituellement la forme spéciale de déclinaison. C'est de cette forme qu'il sera question toutes les fois qu'il n'en sera désigné aucune :

1° Lorsque l'infinitif français est littéralement ou logiquement le sujet de la proposition, il se rend par le nominatif; ex. : il est nécessaire à l'homme de *manger*, ou *manger* est nécessaire à l'homme, *gizounari beharrezco da* JATIA.

2° Si l'infinitif est régime direct d'un verbe qui n'indique ni mouvement ni transmission, ou régime des verbes *commencer à, s'occuper à, être à*, il se met au datif de situation, excepté après les verbes falloir, devoir, vouloir; ex. : je l'ai vu *envoyer* le domestique, *mithilaren* IGORTEN *ikhousi dut ;* il commence à marcher, *hasten da* EBILTEN.

3° Lorsque l'infinitif est précédé d'un verbe indiquant mouvement ou transmission sans préposition intermédiaire ou avec la préposition *a*, et après les verbes *manhatzen, obligatzen, condenatzen, ordonner, obliger, condamner*, il se met au datif de direction ou à celui de changement; ex. : il vient *prendre* le pain, *jiten da ogiaren* HARTZERA ; si votre ennemi a faim, donnez-lui *à manger, zoure exain gose bada emozu* JATERA.

4° Lorsque l'infinitif est précédé de la préposition *de* et régi par un substantif, ou lorsqu'il est précédé de la préposition *pour*, il se rend par le radical du nom verbal suivi de la préposition *co* : ex. : le temps *de manger*, JATECO *dembora ;* nous sommes créés *pour servir* Dieu, *creaturic gira Jincouren* CERBUTCHATZECO.

5° Lorsque l'infinitif est régime d'un verbe dont il est séparé par la préposition *de*, il se met à l'ablatif simple indéfini ; ex. : dites à l'homme *de venir*, *gizou-nari erran ezazu* JITEZ.

6° Lorsqu'en français l'infinitif peut être remplacé par un temps du subjonctif, on l'exprime en basque par le subjonctif ; ex. : il est temps *de partir ;* tournez : que nous partions, *ordu da* JOAN GITIAN.

7° Lorsque l'infinitif du verbe est précédé d'un pronom relatif, il s'exprime quelquefois par le radical du verbe ; ex. : je ne sais à qui *demander*, *eztakit nouri* GALTHA ; il n'a pas de quoi *manger*, *eztu cer* JAN.

8° Lorsque l'infinitif français est précédé des verbes *vouloir, devoir, falloir*, il se rend par le radical du participe ; ex. : il faut *aimer* ses ennemis, *bere exaiac* MAITHATU *behar dira*.

9° Lorsque l'infinitif français est précédé des prépositions *sans, après, jusqu'à, avant de*, il se rend par le radical du participe ; ex. : sans *prendre*, HARTU *gabe ;* jusqu'à *voir*, IKHOUSI *artio ;* avant de *faire*, EGIN *aitzinian*.

Du Participe

Il n'y a en basque qu'un participe. Mis au radical, il traduit le participe passé français. Ses deux génitifs donnent au verbe un sens futur ; son nominatif dubitatif lui donne le sens passif ou celui de passé antérieur.

Le participe peut se terminer de plusieurs manières différentes : *gal*, perdre, fait *galdu ; galtha*, demander, fait *galthatu ; ikhous*, voir, fait *ikhousi*. Il faut l'apprendre par l'usage.

Du Participe présent

La langue basque n'a pas de participe présent. Dans la décomposition de *j'offre* en *j'ai offrant*, *eskentzen dut*, *eskentzen* traduit le participe présent *offrant*; en réalité, la décomposition doit se faire *j'ai dans l'offrir*, *eskentzen* étant le datif de situation de l'infinitif *eskentze*.

Le participe présent français, seul ou précédé de la préposition *en*, se rend :

1° Par le datif de situation de l'infinitif, déclinaison définie ; ex. : *en voyant* cela, *haren* IKHOUSTIAN; *en entendant* ceci, *horren* ENTZUTIAN.

2° En faisant suivre le substantif verbal de la préposition *avec*, *ki* ; ex. : *en voyant* cela, *haren* IKHOUS-TIAREKI ; *en cueillant* l'ivraie, *zalgiaren* BILTZIAREKI; *en arrivant*, HELTZIAREKI.

3° Par le datif simple de l'infinitif; ex. : *en entendant* cela, *haren* ENTZUTIARI.

4° En tournant par *tandis que* : ex. : *en disant* : tournez : *tandis qu'il disait*, *erraiten zialaric*.

5° Par le nominatif dubitatif du participe : ex. : *voyant* qu'il perdait son travail, *ikhousi situe lan galt-zen ziala*.

6° Par l'ablatif simple de l'infinitif, déclinaison indéfinie ; ex. : *en voyant*, *ikhoustez* : *en prêchant*, *phe-redicatzez* (1).

Du Participe passé

Le participe passé français se rend en général par le radical du participe basque.

(1) Abbé Inchauspe. *Français selon saint Matthieu.* Notes grammaticales.

Lorsque le participe passé est employé d'une manière absolue ou qu'il est précédé de *ayant, étant, en ayant, en étant*, il se rend :

1° Par le nominatif dubitatif du participe ; ex. : *ayant vu, ikhousiric.*

2° Par l'ablatif simple indéfini du participe : ex. : *ayant vu, ikhousiz.*

3° En tournant par *tandis que* ; ex. : *ayant dit* ; tournez : *tandis qu'il avait dit, erran zialaric.*

4° En tournant par *après que* ; ex. : *ayant dit, errancz geroz* ou *erran oundoan.*

Du sujet des Verbes

Le sujet des verbes se met au nominatif simple si le verbe est intransitif, au nominatif actif lorsque le verbe est transitif.

Du régime des Verbes

Le régime direct d'un verbe se met à l'accusatif ; ex. : j'offre *le pain*, OGIA *eskentzen dut.* L'analyse explique cela, car la phrase basque veut dire littéralement : *j'ai le pain en offre.*

Le régime direct d'un infinitif français se trouve être en basque le complément d'un substantif ; par suite, il doit se mettre au cas qu'exigent les règles des substantifs. La décomposition de la phrase l'explique aussi très-bien ; ex. : j'ai vu le père battre son fils ; littéralement : j'ai vu le père dans le battre *de son fils, aita ikhousi dut bere semiaren joiten.*

Lorsque l'infinitif français doit être traduit par le participe basque, la situation n'est plus la même et le régime doit se mettre à l'accusatif; ex.: il doit donner *le livre*, LIBRIA *eman behar du* ; littéralement : *il a le livre donné nécessaire.*

§ IV

Des Verbes irréguliers

Nous avons dit que certains verbes avaient, indépendamment de la conjugaison régulière, une forme exceptionnelle. Ces verbes, d'un usage fréquent, ont, probablement afin de donner au langage plus de concision, combiné en un seul mot l'attribut et l'auxiliaire, ou fait des emprunts aux langues étrangères. Cela n'a lieu que pour un petit nombre de temps. Un étranger pourrait s'exprimer très-régulièrement sans connaître ces temps exceptionnels ; mais comme on pourrait les employer en lui parlant, il est utile de les connaître.

Le verbe *jakin, savoir*, a seul au présent et à l'imparfait de la forme régulière un sens différent de celui qu'il a à la forme combinée. Cette dernière signifie à ces deux temps : *je sais, je savais,* tandis que la forme régulière signifie : *j'apprends, j'apprenais.*

Temps irréguliers du

INDICATIF (Forme principale).

Présent (Singulier).

Conj.		Trait	je vais	tu vas	il va
1re		I.	nóa	. . . .	dóa
		R.	noázu	zoáza	doázu
		M.	nóac	hóa	dóac
		F.	nóan		dóan
2e	à moi	I.	. . . . . .	. . . .	doákit
		R.	. . . .	zoázkit	doakidázu
		M.	. . . .	hoákit	doakídac
		F.	. . . .		doakídan
3e	à toi	R.	noakízu	. . . .	doakizu
		M.	noákic	. . . .	doákic
		F.	noákin	. . . .	doákin
4e	à lui	I.	noakó	. . . .	doakó
		R.	noakózu	zoazkò	doakózu
		M.	noakòc	hoako	doakóc
		F.	noakón		doakón
5e	à nous	I.	. . . .	. . . . .	doakígu
		R.	. . . .	zoazkígu	doakigúzu
		M.	. . . .	hoakígu	doakígne
		F.	. . . .		doakígun
6e	à vous	I.	noakizie	. . . .	doakizie
7e	à eux	I.	noaké	. . . .	doaké
		R.	noakézu	zoazké	doakézu
		M.	noakéc	hoaké	doakéc
		F.	noakén		doakén

Imparfait (Singulier).

			j'allais	tu allais	il allait
1re		I.	nindóan	. . . .	zóan
		R.	nindoázun	zindóan	zoázun
		M.	nindóan	hindóan	zoán
		F.	nindoáñan		zoáñan
2e	à moi	I.	. . . .	. . . . .	zoakidan
		R.	. . . .	zindoakidan	zoakidázun
		M.	. . . .	hindoakidan	zoakidán
		F.			zoakidañán
3e	à toi	R.	nindoakizún	. . . .	zoakízun
		M.	nindoakiyán	. . . .	zoakiyán
		F.	nindoakiñán	. . . .	zoakiñán

verbe JOAN, Aller

INDICATIF (forme principale).

PRÉSENT (*Pluriel*).

nous allons	vous allez	ils vont
goátza	zoazté	doátza
goátzu	....	doátzu
goátzac	....	doátzac
goátzan	....	doátzan
....	zoazkitét	doázkit
....	....	doazkidátzu
....	....	doazkídac
....	....	doazkídan
goazkítzu	....	doazkítzu
goázkic	....	doázkic
goázkin	....	doázkin
goazkó	zoazkoyé	doazkó
goazkótzu	....	doazkótzu
goazkóc	....	doazkóc
goazkón	....	doazkón
....	zóazkigié	doazkígu
....	....	doazkigútzu
....	....	doazkíguc
....	....	doazkígun
goazkitzíe	....	doazkitzie
goazké	zoazkeyé	doazké
goazkétzu	....	doazkétzu
goazkéc	....	doazkéc
goazkén	....	doazkén

IMPARFAIT (*Pluriel*).

nous allions	vous alliez	ils allaient
gindoátzan	zindoayén	zoátzan
gindoátzun	....	zoátzun
gindoatzán	....	zoatzán
gindoatzañán	....	zoatzañán
....	zindoakidén	zoazkídan
....	....	zoazkidátzun
....	....	zoazkidán
....	....	zoazkidañán
gindoazkítzun	....	zoazkítzun
gindoazkiyán	....	zoazkiyán
gindoazkiñán	....	zoazkiñán

Conj.	Trait	j'allais	tu allais	il allait
4e à lui	I.	nindoakón	....	zoakón
	R.	nindoakózun	zindoakón	zoakózun
	M.	nindoakóyan	hindoakón	zoakóyan
	F.	nindoakóñan		zoakóñan
5e à nous	I.	....	....	zoakígun
	R.	....	zindoakigun	zoakigúzun
	M.	....	hindoakígun	zoakiguyán
	F.	....		zoakiguñán
6e à vous	I.	nindoakizien	....	zoakizíen
7e à eux	I.	nindoakén	....	zoakén
	R.	nindoakézun	zindoakén	zoakézun
	M.	nindoakéyan	hindoakén	zoakéyan
	F.	nindoakéñan		zoakéñan

IMPÉRATIF AFFIRMATIF (*Singulier*).

		va		qu'il aille
1re	R.	zoáza		
	M. F.	hóa	{ I.	bihóa
2e à moi	R.	zoázkit		
	M. F.	hoákit	{ I.	bihoákit
3e à toi	R.	....		bihoakízu
	M.	....		bihoákic
	F.	....		bihoákin
4e à lui	R.	zoazkó		
	M. F.	hoakó	{ I.	bihoakó
5e à nous	R.	zoazkígu		
	M. F.	hoakígu	{ I.	bihoakígu
6e à vous	I.	....		bihoakizié
7e à eux	R.	zoazké		
	M. F.	hoaké	{ I.	bihoaké

IMPÉRATIF NÉGATIF (*Singulier*).

		ne va pas		qu'il n'aille pas
1re	R.	etzoázala		
	M. F.	ehoála	{ I.	eztoála
2e à moi	R.	etzoazkidála		
	M. F.	ehoakidála	{ I.	eztoakidála
3e à toi		eztoakizula		....
4e à lui	R.	etzoazkóla		
	M. F.	ehoakóla	} I.	eztoakóla
5e à nous	R.	etzoazkigúla		
	M. F.	ehoakigúla	{ I.	eztoakigúla
6e à vous	I.	....		eztoakiziéla
7e à eux	R.	etzoazkóla		
	M. F.	ehoakéla	{ I.	eztoakéla

nous allions	*vous alliez*	*ils allaient*
gindoazkón	zindoákoen	zoazkón
gindoazkótzun	....	zoazkótzun
gindoazkóyan	....	zoazkóyan
gindoazkóñan	....	zoazkóñan
....	zindoakigién	zoazkígun
....	....	zoazkigútzun
....	....	zoazkiguyán
....	....	zoazkiguñán
gindoazkitzíen	....	zoazkitzíen
gindoazkén	zindoakeyén	zoazkén
gindoazkétzun	....	zoazkétzun
gindoazkéyan	....	zoazkéyan
gindoazkéñan	....	zoazkéñan

IMPÉRATIF AFFIRMATIF (*pluriel*).

allons	*allez*	*qu'ils aillent*
goátzan	zoázte	bihoátza
....	zoazkitét	bihoázkit
....	....	bihoazkítzu
....	....	bihoázkic
....	....	bihoázkin
goazkón	zoazkoyé	bihoazkó
....	zoazkiguyé	bihoazkígu
....	....	bihoazkitzíe
goazkén	zoazkeyé	bihoazké

IMPÉRATIF NÉGATIF (*Pluriel*).

n'allons pas	*n'allez pas*	*qu'ils n'aillent pas*
ezkoátzan	etzoáztela	eztoatzála
....	etzoazkidéla	eztoazkidála
ezkoazkón	etzoazkoyéla	eztoazkóla
....	etzoazkiguyéla	eztoazkigúla
....	....	eztoazkitziéla
ezkoazkén	etzoazkeyéla	etzoazkéla

15

La forme principale de l'indicatif donne naissance
aux formes secondaires, comme nous l'avons expliqué
pour les auxiliaires.

Lorsque la proposition est affirmative et qu'il y a
lieu d'employer la forme principale ou la forme régie,
les temps irréguliers de l'indicatif de ce verbe doivent être précédés de la particule *ba*, et l'on dit :
banoa, je vais ; *bazoaza*, tu vas, etc. ; *banoala*, que
je vais ; *bazoazala*, que tu vas, etc.

La forme irrégulière ci-dessus est ordinairement
employée de préférence à la forme régulière composée
de l'auxiliaire et de l'infinitif pour la première conjugaison, bien qu'on puisse employer les deux formes.
Pour les autres conjugaisons, la forme régulière est
généralement préférée.

Ces observations s'appliquent à tous les verbes qui
suivent. Les formes irrégulières du verbe *erran* seules
ne se font pas précéder de la particule *ba*.

Temps irréguliers

INDICATIF.

PRÉSENT (Singulier).

Conj.	Trait	je reste	tu restes	il reste
1re	I.	nágo	....	dágo
	R.	niágozu	záude	diágozu
	M.	niágoc	}hágo	diágoc
	F.	niágon		diágon
2e à moi	I.	....	....	diágokidal
	R.	....	záuzkit	diágokidazu
	M.	....	}hágokit	diágokidac
	F.			diágokidan
3e à toi	R.	niágokizu	....	diágokizu
	M.	niágokic	....	diágokic
	F.	niágokin	....	diágokin
4e à lui	I.	nágoko	....	dágoko
	R.	niágokozu	záuzko	diágokozu
	M.	niágokoc	}hágoko	diágokoc
	F.	niágokon		diágokon
5e à nous	I.	....	....	dagokigu
	R.	....	záuzkigu	diágokiguzu
	M.	....	}hágokigu	diágokiguc
	F.			diágokigun
6e à vous	I.	niagokizíe	....	dágokizie
7e à eux	I.	nágoke	....	dágoke
	R.	niágokezu	záuzke	diágokezu
	M.	niágokec	}hágoke	diágokec
	F.	niágoken		diágoken

IMPARFAIT (Singulier).

		je restais	Trait	tu restais	Trait	il restait
1re	I.	níndagon	R.	zináundian	I.	zágon
			M. F.	hindágon		

IMPÉRATIF (Singulier).

				reste		qu'il reste
1re			R.	záude	I.	hégo
			M. F.	hágo		

du verbe EGON

· INDICATIF.

PRÉSENT (*Pluriel*).

nous restons	vous restez	ils restent
gáude	záuzte	dáude
giáudetzu	....	diaúdetzu
giáudec	....	diáudec
giáuden	....	diáuden
....	záuzkide	dáuzkidat
....	....	diáuzkidatzu
....	....	diáuzkidac
....	....	diáuzkidan
giáuzkitzu	....	diáuzkitzu
giáuzkic	....	diáuzkic
giáuzkin	....	diáuzkin
gáuzkó	záuzkoye	dáuko
giáuzkotzu	....	diáukotzu
giáuzkoc	....	diáukoc
giáuzkon	....	diáukon
....	záuzkigie	dáuzkigu
....	....	diáuzkigutzu
....	....	diáuzkiguc
....	....	diáuzkigun
giauzkitzié	....	diauzkitzié
gáuzke	záuzkeye	dauzké
giáuzketzu	....	diáuzketzu
giáuzkec	....	diáuzkec
giáuzken	....	diáuzken

IMPARFAIT (*Pluriel*).

nous restions	vous restiez	ils restaient
gináunden	zinaundén	zauden

IMPÉRATIF (*Pluriel*).

	restez	qu'ils restent
....	záuzte·	béude

Temps irréguliers du verbe

INDICATIF.

PRÉSENT (*Singulier*).

Conj.	Trail	je me promène	tu te promènes	il se promène
1re	I.	nabíla	. . . .	dabíla
	R.	nabilázu	zabíltza	dabilázu
	M	nabílac	} habíla	dabílac
	F.	nabílan		dabílan

IMPARFAIT (*Singulier*).

		je me prome-nais	tu te promenais	il se promenait
1re	I.	{ nebílan / nembílan	. . . .	} zebílan
	R.	{ nebilázun / nembilázun	zebíltzan / zembíltzan	} zebilázun
	M.	{ nebílán / nembílán	} hebílan	} zebílán
	F.	{ nebilañán / nembilañán	hembílan /	} zebilañán

IMPÉRATIF AFFIRMATIF (*Singulier*).

		va, marche	Trail	
1re	{ R.	zabíltza	{ I.	. . . .
	M. F.	ábil		

IMPÉRATIF NÉGATIF (*Singulier*).

		ne t'en va pas		qu'il ne s'en aille pas
1re	{ R.	etzabiltzála	{ I.	eztabilála
	M. F.	ehabilála		

EBIL, marcher, se promener

INDICATIF.

PRÉSENT (*Pluriel*).

nous nous promenons	*vous vous promenez*	*ils se promènent*
gabíltza	zabiltzé	dabíltza
gabiltzátzu	. . . .	dabíltzatzu
gabíltzac	. . . .	dabíltzac
gabíltzan	. . . . , ...	dabíltzan

IMPARFAIT (*Pluriel*).

nous nous prome-nions	*vous vous promeniez*	*ils se promenaient*
gebíltzan	zebiltzén	zebiltzán
gebiltzátzun	. . . .	zebiltzátzun
gebiltzán	. . . .	zebiltzán
gebiltzañán	. . . .	zebiltzañáu

IMPÉRATIF AFFIRMATIF (*Pluriel*).

	allez-vous-en	
. . . .	zabiltzé	. . . .

IMPÉRATIF NÉGATIF (*Pluriel*).

	ne vous en allez pas	*qu'ils ne s'en aillent pas*
. . . .	etzabiltzéla	eztabiltzála

Temps irréguliers du verbe

INDICATIF.

Présent (*Singulier*).

Conj.		Trait	*j'agite*	*tu agites*	*il agite*
1re	le	I.	dárabilat	....	dárabila
		R.	dárabilazut	darabilázu	dárabilazu
		M.	darabilát	darabílac	dárabilac
		F.	darabilañát	darabílan	dárabilan
2e	les	I.	dárabiltzat	....	dárabiltza
		R.	dárabiltzatzut	darabiltzátzu	dárabiltzatzu
		M.	darabiltzát	darabíltzac	dárabiltzac
		F.	darabiltzañát	darabíltzan	dárabiltzan
3e	nie	I.	....	....	nárabila
		R.	....	narabilázu	nárabilazu
		M.	....	narabílac	nárabilac
		F.	....	narabílan	nárabilan
6e	te	R.	zárabiltzat	....	zárabila, zárabiltza
		M.F.	hárabilat	....	hárabila
11e	nous	I.	....	....	gárabila
		R.	....	garabiltzázu	gárabilazu
		M.	....	garabílac	gárabilac
		F.	....	garabílan	gárabilan
14e	vous	I.	zárabiltzatet	....	zarabilé / zarabiltzé

Imparfait (*Singulier*).

Conj.		Trait	*j'agitais*	*tu agitais*	*il agitait*
1re	le	I.	narabílan	....	zárabilan
		R.	narabilázun	zenarabilan	zárabilazun
		M.	narabilán	{harabílan	zarabilán
		F.	narabilañán		zarabilañán
2e	les	I.	narabíltzan	....	zárabiltzan
		R.	narabiltzázun	zenarabiltzan	zarabiltzázun
		M.	narabiltzayán	{harabíltzan	zarabiltzán
		F.	narabiltzañan		zarabiltzañán
3e	me	I.	....	....	nindarabilán
		R.	....	nindarabilazún	nindarabilázun
		M.	....	nindarabilayán	nindarabilán
		F.	....	nindarabilañán	nindarabilañán
6e	te	R.	zintarabiládan	....	zintárabilan
		M.F.	hindarabiládan	....	hindárabilan

ERABIL, faire aller, agiter, mener

INDICATIF.

Présent (*Pluriel*).

nous agitons	*vous agitez*	*ils agitent*
dárabilagu	darabilazie	darabilé
dárabilaguzu	....	darabilézu
dárabilaguc	....	darabiléc
dárabilagun	....	darabilén
dárabiltzagu	darabiltzatzie	dárabiltza
dárabiltzagutzu	....	darabiltzátzu
dárabiltzaguc	....	dárabiltzac
dárabiltzagun	....	dárabiltzan
....	narabilazie	nárabile
....	....	nárabilezu
....	....	nárabilec
....	....	nárabilen
zárabiltzagu	....	zárabile, zárabiltze
hárabilagu	....	hárabile
.. ..	garabiltzazie	gárabile
....	....	gárabilezu
....	....	gárabilec
....	....	gárabilen
zarabiltzégu	....	(zarabilé (zarabiltzè

Imparfait (*Pluriel*).

nous agitions	*vous agitiez*	*ils agitaient*
genarabílan	zenarabilén	zarabilén
genarabilázun	....	zarabilézun
genarabilán	....	zarabiléyan
genarabilañán	....	zarabiléñan
genarabiltzan	zenarabiltzén	zarabiltzén
genarabiltzázun	....	zarabiltzézun
genarabiltzayán	....	zarabiltzéyan
genarabiltzañán	....	zarabiltzéñan
....	nindarabilazién	nindarabilén
....	....	nindarabilézien
....	....	nindarabiléyan
....	....	nindarabiléñan
zintarabilágun	....	zintarabilén
hindarabilágun	....	hindarabilén

Conj.	Trait.	j'agitais	tu agitais	il agitait
11° nous	I.	....	....	gintárabilan
	R.	....	gintarabilázun	gintarabilázun
	M	....	gintarabilayán	gintarabilán
	F.	....	gintarabilañán	gintarabilañán
14° vous	I.	zintarabilédan	....	zintarabilén / zintarabiltzén

Temps irréguliers du verbe

INDICATIF.

PRÉSENT (Singulier).

		j'emporte	Trait.	tu emportes	Trait.	il emporte
1re	le	1. dáramat	R.	dáramazu	I.	dárama
			M.	dáramac		
			F.	dáraman		
2o	les	1. daramatzat	R.	dáramatzu	I.	dáramatza
			M.	dáramatzac		
			F.	dáramatzan		
3e	me	....	R.	náramazu	I.	nárama
			M.	náramac		
			F.	náraman		
6e	te	R. záramat / M. F. háramat		....		záramatza / hárama
11o	nous	1.	R.	gáramazu	I.	gárama
			M.	gáramac		
			F.	gáraman		
14o	vous	1. zaramatzatét		....		zaramatzé

IMPARFAIT (Singulier).

		j'emportais	tu emportais		il emportait
1re	le	1. náraman	R. zeneráman / M. F. haráman		I. záraman
2e	les	1. náramatzan	R. zeneramá-tzan / M. F. haramátzan		I. záramatzan
3e	me	....	R. nindaramá-zun M. nindaramán F. nindarama-ñán		I. nindaraman

nous agitions	vous agitiez	ils agitaient
....	gintarabilazién	gintárabilen
....	....	gintarabilezíen
....	....	gintarabiléyan
....	....	gintarabiléñan
		zintarabilên
zintarabilégun	....	zintarabiltzên

ERAMAN, emporter

INDICATIF.

PRÉSENT (Pluriel).

nous emportons	vous emportez	ils emportent
dáramagu	dáramazie	daramé
dáramatzagu	dáramatzie	daramatzé
....	náramatzie	naramé
záramagu	....	záramatze
háramagu	....	haramé
....	gáramatzie	garamé
zaramatzágu	....	zaramatzè

IMPARFAIT (Pluriel).

nous emportions	vous emportiez	ils emportaient
genaráman	zenaramén	zaramén
genáramatzan	zenáramatzen	záramatzen
....	nindaramazién	nindaramen

Conj.		Trad.	j'emportais	Trad.	tu emportais	Trad.	il emportait
6e	te	R.	zintarama-dan		. . . .		zintaraman
		M. F.	hindarama-dan		. . . .		hindaraman
11e	nous		. . . .	R.	gintaramá-zun		
				M.	gintaramán	l.	gintaráman
				F.	gintarama-ñán		
14o	vous	l.	zintaramé-dan		. . . .		zintaramén

IMPÉRATIF AFFIRMATIF (*Singulier*).

			emporte		Trad.	qu'il emporte
1re	te	R.	cramázu			
		M.	erámac		l.	dáramala
		F.	oráman			
2e	les	R.	eramátzu			
		M.	eramátzac		I.	dáramatzala
		F.	eramátzan			
3e	me	R.	énaramazu			
		M.	énaramac		l.	náramala
		F.	énaraman			
6e	te		. . . .		R.	záramala
					M. F.	háramala
11e	nous	R.	égaramazu			
		M.	égaramac		l.	gáramala
		F.	égaraman			
14e	vous	l.	. . . .			zaramatzéla

Les formes de la 2me personne, singulier et pluriel, des deux

Temps irréguliers du verbe

INDICATIF.

PRÉSENT (*Singulier*).

			je tiens		Trad.	tu tiens		Trad.	il tient
1re	te	l.	dadúkat		R.	dadukázu		l.	dadúka
					M.	dadúkac			
					F.	dadúkan			

nous emportions	vous emportiez	ils emportaient
zíntaramagun	. . . .	zíntaramen
híndaramagun	. . . .	híndaramen
. . . .	gintaramatzién	gintaramén
zintaramégun	. . . .	zintaramên

IMPÉRATIF AFFIRMATIF (*Pluriel*).

emportez	qu'ils emportent
eramazie	dáramela
eramatzie	daramatzéla
énaramazie	naraméla
. . . .	záramela
. . . .	háramela
égaramazie	garaméla
. . . .	zaramatzéla

premières conjugaisons sont seules bien usitées.

EDUKI, tenir, contenir

INDICATIF.

PRÉSENT (*Pluriel*).

nous tenons	vous tenez	ils tiennent
dadukágu	dadukazie	daduké

Conj.		Trait	je tiens	Trait	tu tiens	Trait	il tient
2e	les	I.	dadúzkat	R. M. F.	daduzkátzu dadúzkac dadúzkan	I.	dadúzka
3e	me		....	R. M. F.	nadukázu nadúkac nadúkan	I.	nadúka
6e	le	R. M. F.	zadúkat hadúkat		....		zadúka hadúka
11e	nous		....	R. M. F.	gadukázu gadúkac gadúkan	I.	gadúka
14e	vous	I.	zadukatét		....		zaduké

IMPARFAIT (Singulier).

Conj.		Trait	je tenais	Trait	tu tenais	Trait	il tenait
1re	le	I.	nadúkan	R. M. F.	zenadúkan hadúkan	I.	zadúkan
2e	les	I.	nadúzkan	R. M. F.	zenadúzkan haduzkán	I.	zadúzkan
3e	me		....	R. M. F.	nindaduká- zun nindaduká- yan nindaduká- ñan	I.	nindadúkan
6e	le		....		....	R. M. F.	zintadúkan hindadúkan
11e	nous		....	R. M. F.	gintaduká- zun gintaduka- yán gintaduka- ñán	I.	gintadúkan
14e	vous	I.	....		....		zintadukén

L'impératif a *edukázu*, *edúkac*, *edukan*, tiens; *édukazie*,

nous tenons	*vous tenez*	*ils tiennent*
daduzkágu	daduzkatzíe	daduzké
. . . .	nadukazíe	naduké
zadukágn	. . . .	zaduké
hadukágu	. . . .	haduké
. . . .	gadukazíe	gaduké
zadukiégu	. . . .	zaduké

IMPARFAIT (*Pluriel*).

nous tenions	*vous teniez*	*ils tenaient*
genadúkan	zenadúken	zadukén
genadúzkan	zenadúzken	zaduzkén
. . . .	. . . .	nindadukén
. . . .	. . . .	zintadukén
. . . .	. . . .	hindadukén
. . . .	. . . .	gintadukén
. . . .	. . . .	zintadukén

tenez.

Temps irréguliers du

INDICATIF (Forme principale).

PRÉSENT (Singulier).

Conj.	Trait	je sais	tu sais	il sait
1re le	I.	dákit	....	dáki
	R.	dakizut	dákizu	dakízu
	M.	dakiát	dákic	dakíc
	F.	dakiñát	dákin	dakín
2o les	I.	dakitzat	....	dakítza
	R.	dakítzut	dákitzu	dakítzu
	M.	dakitzát	dákitzac	dakítzac
	F.	dakitzañát	dakítzan	dakítzan

IMPARFAIT (Singulier).

		je savais	tu savais	il savait
1re le	I.	nakían	....	zakian
	R.	nakízun	zenakían	zakízun
	M.	nakián	hakían	zakián
	F.	nakiñán	hakián	zakiñán
2o les	I.	nakítzan	....	zakítzan
	R.	nakítzun	zenakítzan	zakítzun
	M.	nakitzán	hakítzan	zakitzán
	F.	nakitzañán	hakitzán	zakitzañán

FUTUR (Singulier).

		je saurai	tu sauras	il saura
1re le	I.	dakíket	....	dakíke
	R.	dakikézut	dákikezu	dakikézu
	M.	dakikeyát	dákikec	dakíkec
	F.	dakikeñát	dákiken	dakiken
2o les	I.	dakizket	....	dakízke
	R.	dakizkétzut	dákizketzu	dakizkétzu
	M.	dakizkeyát	dákizkec	dakízkec
	F.	dakizkenát	dákizken	dakizken

verbe JAKIN, savoir

INDICATIF (Forme principale).

PRÉSENT (*Pluriel*).

nous savons	*vous savez*	*ils savent*
dakígu	dakizíe	dakíe
dakizúgu	. . . .	dakizíe
dakiágu	. . . .	dakié
dakiñágu	. . . .	dakiñé
dakitzágu	dakitzíe	dakitzé
dakitzúgu	. . . .	dakitzíe
dakitzágu	. . . .	dakitzayé
dakitzañágu	. . . .	dakitzañé

IMPARFAIT (*Pluriel*).

nous savions	*vous saviez*	*ils savaient*
genakían	zenakién	zakién
genakízun	. . . .	zakizien
genakián	. . . .	zakiéyan
genakiñán	. . . .	zakiéñan
genazkían, genakí-tzan	zenakitzén	zakitzén
genazkítzun, genakí-tzun	. . . .	zakitzíen
genazkián, genaki-tzán	. . . .	zakitzéyan
genazkiñán, genaki-tzañán	. . . .	zakitzéñan

FUTUR (*Pluriel*).

nous saurons	*vous saurez*	*ils sauront*
dakikégu	dakikezie	dakiké
dakikegúzu	. . . .	dakikezíe
dakikéguc	. . . .	dakikeyé
dakikégun	. . . .	dakikeñé
dakizkégu	dakizketzie	dakizké
dakizkegútzu	. . . .	dakizketzíe
dakizkéguc	. . . .	dakizkeyé
dakizkégun	. . . .	dakizkeñé

16

CONDITIONNEL (Forme principale).

PRÉSENT (Singulier).

Conj.		Trait	je saurais	tu saurais	il saurait
1re	le	I.	nakíke		lakíke
		R.	nakikézu	zenakíke	lakikézu
		M.	nakíkec	hakíke	lakíkec
		F.	nakíken		lakíken
2e	les	I.	nakízke, naki-tzáke		lakízke, laki-tzáke
		R.	nakizkétzu, na-kitzakétzu	zenakízke, zena-kitzáke	lakizkétzu, laki-tzakétzu
		M.	nakízkec, naki-tzákec	hakízke, haki-tzake	lakízkec, laki-tzákec
		F.	nakízken, naki-tzáken		lakízken, laki-tzáken

PASSÉ (Singulier).

Conj.		Trait	j'aurais su	tu aurais su	il aurait su
1re	le	I.	nakikían		zakikían
		R.	nakikézun	zenakikián	zakikézun
		M.	nakikeyán	hakikían	zakikeyán
		F.	nakikeñán		zakikeñán
2e	les	I.	nakitzakían		zakitzakían
		R.	nakitzakétzun	zenakitzakían	zakitzakétzun
		M.	nakitzakeyán	hakitzakían	zakitzakeyán
		F.	nakitzakeñán		zakitzakeñán

SUPPOSITIF.

PRÉSENT (Singulier).

Conj.		Trait.	si je savais	Trait.	si tu savais	Trait	s'il savait
1re	le	I.	banáki	R.	bazenáki	I.	baláki
				M. F.	baháki		
2e	les	I.	banakítza	R.	bazenakítza	I.	balakítza
				M. F.	bahakítza		

CONDITIONNEL (Forme principale).

PRÉSENT (*Pluriel*).

nous saurions	*vous sauriez*	*ils sauraient*
genakíke	zenakiké	lakiké
genakikézu	. . . .	lakiketzíe
genakíkec	. . . .	lakikeyé
genakíken	. . . .	lakikeñé
genakízke, genaki-tzáke	zenakizké, zenaki-tzáké	lakizké, lakitzaké
genakizkétzu, gena-kitzakétzu	. . . .	lakizketzíe, lakitza-ketzíe
genakízkec, genaki-tzákec	. . . .	lakizkeyé, lakitzakeyé
genakízken, genaki-tzáken	. . . .	lakizkeñé, lakitza-keñé

PASSÉ (*Pluriel*).

nous aurions su	*vous auriez su*	*ils auraient su*
genakikían	zenakikién	zakikién
genakikézun	. . . .	zakikezién
genakikeyán	. . . .	zakikiéyan
genakikeñán	. . . .	zakikiéñan
genakitzakían	zenakitzakién	zakitzakién
genakitzakétzun	. . . .	zakitzaketzién
genakitzakeyán	. . . .	zakitzakiéyan
genakitzakeñán	. . . .	zakitzakiéñan

SUPPOSITIF.

PRÉSENT (*Pluriel*).

si nous savions	*si vous saviez*	*s'ils savaient*
bagenáki	bazenakíe	balakié
bagenakítza	bazenakitzé	balakitzé

Temps irréguliers du verbe ERRAN, Dire

Première conjugaison transitoire

INDICATIF.

Présent.

	1	R.	M.	F.
je dis	díot	diót, diózut	dioyát	dioñát
tu dis	....	diózu	díoc	díon
il dit	dío	diózu	dióc	dión
nous disons	diógu	diózugu	dióyagu	dióñagu
vous dites	diózie	....	....	....
ils disent	dioyé	diozie	dioyé	dioñé

Imparfait.

je disais	nióan	niózun	nioán	nioñán
tu disais	....	zinióan	hióan	hióan
il disait	zióan	ziózun	zioán	zióñan
nous disions	ginióan	giniózun	ginióyan	ginióñan
vous disiez	zinioén	....	....	....
ils disaient	zioén	ziózien	zioéyan	zioéñan

On dit aussi *diótza*, il les dit ; *diózut*, je te dis ; *dioxó*, il lui dit ; *dioxoé*, ils lui disent ; *dioziet*, je vous dis ; *dioxé*, il leur dit ; *ziótzan*, il les disait.

L'impératif a une forme irrégulière pour la deuxième personne du singulier et celle du pluriel ; mais cette forme n'emprunte pas, comme celle de l'indicatif, sa racine à une langue étrangère :

Conj.		Trait	*dis*	Trait	*dites*
1re	*le*	R.	errázu	1.	errazie
		M.	érrac		
		F.	erran		
2e	*les*	R.	errátzu	1.	erratzie
4e	*le à moi*	R.	erradázu	1.	erradazie
		M.	errádac		
		F.	errádan		
5e	*les à moi*	R.	erradátzu	1.	erradatzie
9e	*le à lui*	R.	errózu	1.	errózie

Conj.		Trait	*dis*	Trait	*dites*
10e	*les à lui*	R .	errótzu	I .	errotzie
		R .	erragúzu		
12e	*le à nous*	M .	erráguc	I .	erraguie
		F .	errágun		
13e	*les à nous*	R .	erragútzu	I .	erragutzie
		R .	errézu		
17e	*le à eux*	M .	erréc	I .	errezie
		F .	errén		
18e	*les à eux*	R .	errétzu	I .	errétzie

Quelques verbes ont seulement à l'impératif des formes irrégulières. Les voici :

JIN, Aller

		Trait.	*viens*	Trait	*qu'il vienne*	*venez*	*qu'ils vien-nent*
1re	R.		tziáuri	I.	biáigu	tziáuste	biaudé
			zató		biáuri	zátozte	....
	M. F.		háigu		....	....	....

EGIN, Faire

		Trait	*fais*	Trait	*faites*
1re	*le*	R .	egízu		
		M .	égic	I .	egizie
		F .	égin		
2e	*les*	R .	egítzu	I .	egitzie
		R .	egidázu		
4e	*le à moi*	M .	egídac	I .	egidazie
		F .	egídan		
5e	*les à moi*	R .	egidátzu	I .	egidatzie
		R .	egiózu		
9e	*le à lui*	M .	egióc	I .	egiózie
		F .	egión		
10e	*les à lui*		egiótzu	I .	egiótzie
		R .	egiézu		
17e	*le à eux*	M .	egiéc	I .	egiézie
		F .	egiéc		
18e	*les à eux*	R .	egiétzu	I .	egiétzie

HAR, Prendre

Conj.		Trait	prends	Trait	prenez
1re	le	R.	harzázu	1.	harzazie
2e	les	R.	hartzátzu	1.	hartzatzie

EMAN, Donner

			donne		donnez
		R.	indázu / emadázu		
4e	le à moi	M.	índac / emádac	1.	indazie / emadazie
		F.	índan / emádan		
5e	les à moi	R.	indátzu / emadátzu	1.	indatzie / emadatzie
9e	le à lui	R.	emózu / emóuzu	1.	emozie / emouzie
10e	les à lui	R.	emótzu / emóutzu	1.	emotzie / emoutzie
		R.	igúzu / emagúzu		
12e	le à nous	M.	íguc / emáguc	1.	iguzie / emaguzie
		F.	ígun / emágun		
13e	les à nous	R.	igútzu / emagútzu	1.	igutzie / emagutzie
17e	le à eux	R.	emézu	1.	emezie
18e	les à eux	R.	emétzu	1.	emetzie

On exprime souvent la seconde personne de l'impératif (singulier et pluriel), lorsque la proposition est négative, par le radical du verbe attributif, précédé de la négation, et l'on supprime l'auxiliaire ; ex. : *ez galtha*, *ne demande pas* et *ne demandez pas* ; *ez izan*, *ne sois pas* et *ne soyez pas* ; *ez eman*, *ne donne pas* et *ne donnez pas*.

NOTA. — Voir pour plus de développements l'excellent ouvrage sur le *Verbe Basque*, de M. l'abbé Inchauspé. Toute la conjugaison ci-dessus en est extraite.

CHAPITRE VI.

De l'Adverbe

L'adverbe est un mot qui modifie un verbe, un adjectif ou un autre adverbe.

Les adverbes basques sont formés : 1° en ajoutant certaines particules à la suite des adjectifs ou des substantifs, comme en français en ajoutant la syllabe *ment* à la suite de certains adjectifs; 2° par des substantifs, des adjectifs ou des pronoms placés tantôt au radical, tantôt à différents cas.

1° Les particules qui, par leur union avec certains mots, leur donnent une signification adverbiale, sont : *Ki* ou *zki*, à la suite du radical des adjectifs; ex. : *ederki*, magnifiquement; *goraki*, hautement; *handiki* et *handizki*, grandement.

Ca, à la suite du radical des substantifs; ex. : *eskuca*, manuellement; *oñca*, pédestrement; *makhilaca*, à coups de bâton.

Cal, à la suite du radical des substantifs dans le sens des exemples suivants : *hirour libera gizouncal*, trois francs par homme; *hirical*, par ville.

2° Voici les principaux adverbes formés par des substantifs, des adjectifs ou des pronoms. Ces adverbes peuvent prendre les diverses terminaisons de la déclinaison ou les prépositions terminatives, lorsque cela est utile pour l'expression de la pensée.

Adverbes de temps

Nouiz	quand	*Sarri*	tantôt
Usu	} souvent	*Orai*	maintenant
Ardura		*Berhala*	de suite
Bethi	toujours	*Ordian*	alors
Jagoiti	} jamais	*Lehen.*	{ autrefois
Egundano . . .			jadis
Behinere		*Egun*	Aujourd'hui
Secula		*Atzo*	hier
Laburski	} bientôt	*Herenegun* . . .	avant-hier
Laster		*Bihar*	demain
Bertan		*Biharamena* .	le lendemain
Aitzinetic	{ avant	*Etzi*	après-demain
	auparavant	*Etzidamu.*	{ deuxième après-
Gero.	{ après		demain
	ensuite	*Aurthen*	cette année
Goizic	tôt	*Tchaz.* . . . . . .)	} l'année dernière
Berant.	tard	*Igaranourthia*)	

Adverbes de lieu

Noun	où	*Campoan*	dehors
Noura	} où (mouvement)	*Khantian.*	auprès
Nourat		*Hullan.*	près
Nountic	d'où	*Hurrun*	loin
Noun . . . ere. .	où . . . que	*Gañen*	dessus
Heben	} ici	*Pian.*	dessous
Hemen		*Gora.* . . . .)	} en haut
Hor	} là	*Goiti* . . . .)	
Han		*Behera* . . . . . .)	} en bas
Horra . . . . . .)	} là (mouvement)	*Zolan.* . . . . . .)	
Hara. . . . .)		*Bestelan*	ailleurs
Barnen	dedans	*Orotan*	partout

Adverbes de quantité

Zoumbat	combien	*Haboro* .....⎫	plus, davantage
Haimbeste ⎧ autant		*Gehiago* .....⎭	
⎩ tant		*Guti.*	peu
Aski	assez	*Gutiago*	moins
Sobera	trop	*Orano.*	encore
Hanitz	beaucoup		—

Autres Adverbes

Hola. ....⎫		*Hobeki*	mieux
Houla. ......⎬ ainsi		*Ez* .... ⎧ ne pas	
Hala ....⎭		⎩ non	
Noula.	comment	*Eciez*	que...ne
Ere	aussi	*Kasi*	presque
Bestela	autrement	*Cinez.* ......⎫	
Bezala	comme	*Icigarri* .....⎬ très, fort	
Alkharreki ..	ensemble	*Hanitz* ......⎭	
Ounxa	bien	*Gogotic.*	volontiers

Les adverbes de quantité se mettent le plus souvent avant le substantif. Cependant l'usage autorise à les mettre aussi après, et alors ce sont les adverbes qui prennent la terminaison casuelle et le substantif est mis au radical ; ex. : beaucoup d'hommes l'ont vu, *hanitz gizounec ikhousi die*, ou *gizoun hanitzec ikhousi die*.

« LOCUTIONS ADVERBIALES : *Othe, othian, omen* ou *umen, balimba, agian, ber, bait* et *geroz.*

« *Othe* se place après les noms verbaux et donne à la proposition un sens à la fois dubitatif et interrogatif : *joan othe da ?* serait-il parti ? *nourc egin othe du ?* qui est-ce qui peut l'avoir fait ? *banoa jakitera othe dianez*, je vais savoir si par hasard il aurait.

« *Othian !* est une exclamation de regret, de compassion, de surprise, qui se rend en français par se peut-il ; elle se place avant le nom verbal : *othian joan da !* se peut-il qu'il soit parti ! *othian galdu duzia*, se peut-il que vous ayez perdu ! mot à mot : *othian*, est-il parti ! *othian*, avez-vous perdu !

« *Omen* ou *umen* se place comme *othe* après le nom verbal ; il se rend en français par les locutions : il paraît ou dit-on : *heltu omen da*, il paraît qu'il est arrivé ; *ikhousi omen zian*, il avait, dit-on, vu.

« *Balimbada* est une exclamation de désir, d'espérance : *balimba edirenen du*, j'espère bien qu'il le trouvera ; *balimba botz izateco du*, j'espère qu'il a lieu d'être content ; mot à mot : *balimba*, il le trouvera ; *balimba*, il a pour être content.

« *Agian* se joint d'ordinaire au présent propositif et au futur ; il se rend en français par j'espère ou peut-être. C'est le datif de situation du substantif *agia*, espérance , qui ne s'emploie plus qu'adverbialement.

« *Ber* se joint au verbe à la suite de la forme exquisitive (pronominale) de l'indicatif présent pour le temps présent, de l'indicatif passé pour le temps passé, et à la suite du subjonctif présent et passé pour indiquer un temps futur ; il rend la conjonction française pourvu que : *ounxa nizan ber*, pourvu que je sois bien ; *ikhousten dudan ber*, pourvu que je le voie ou que je continue à le voir ; *ardou zian ber*, pourvu qu'il eût du vin ; *jauzca dadin ber*, pourvu qu'il coure, qu'il saute ; *dantza ledin ber*, pourvu qu'il dansât.

« *Ordian* s'emploie après les terminatifs du subjonctif passé et plus-que-parfait, pour signifier quand même, lors même : *eman nezan ordian*, quand même je donnerais ; *hartu lukian ordian*, lors même qu'il l'aurait pris.

« *Bait* s'emploie à la suite du nominatif indéfini de l'adjectif verbal sans verbe ; il signifie pour le temps que : *zu jin bait, eginic duket,* pour votre arrivée, je l'aurai fait ; *zuk urhentu bait, heben guluzu,* pour le temps auquel vous l'aurez fini, nous sommes ici ; ou aussi vite que vous aurez fini, nous sommes ici. La forme composée *eneco* rend le même sens et elle est plus souvent employée dans le langage.

« *Gero,* après, ou *geroz,* d'après, depuis, placé à la suite du cas médiatif (ablatif simple) indéfini de l'adjectif verbal, exprime la conjonction française depuis que ; le sujet du verbe qui suit indique la personne dont il s'agit ; ex. : *zu ikhousiz geroz bozturic da,* depuis qu'il vous a vu, il est plein de joie ; *sagarra janez geroz, ardoua edanez geroz, sabelian min du,* depuis qu'il a mangé la pomme, depuis qu'il a bu le vin, il souffre du ventre ; *aita joanez geroz, aita galduz geroz, biciac eztu enetaco siraxic,* depuis que mon père est parti, depuis que j'ai perdu mon père, la vie n'a pas de charme pour moi.

« Le même terme *geroz* ou *gero,* à la suite du cas médiatif (ablatif simple) indéfini de la forme adjective (pronominale) du verbe : *dudanez, dianez, duzunez, nianez, dukezunez,* etc., signifie dès lors que, puisque : *hasi dudanez geroz, nahi dut urhentu,* dès lors que ou puisque je l'ai commencé, je veux le finir ; *ikhousten duzunez geroz,* dès lors que vous le voyez ; *egin dukezunez geroz,* puisque vous l'aurez fait ; *hitzeman neyonez geroz,* dès lors que je le lui avais promis. Ainsi *hasiz geroz* veut dire : après avoir commencé, ou depuis que j'ai commencé, et *hasi dudanez geroz,* puisque j'ai commencé. » (1)

(1) Abbé Inchauspé, le *Verbe Basque.*

CHAPITRE VII.

De la Conjonction

La conjonction est un mot qui sert à lier entre elles les différentes propositions et à exprimer leurs rapports.

Les conjonctions françaises se rendent en basque :

1º Par des radicaux qui n'ont pas besoin de se décliner ; ex. : *bena*, mais ; *arren*, donc ; *eta*, et ;

2º Par des substantifs ou des pronoms placés à différents cas ou suivis de prépositions ; ex. ; *nahiz*, quoique ; *haregatic*, cependant ;

3º En mettant la forme pronominale du verbe à différents cas ; ex. : *denez*, s'il est ; *nizanian*, quand je suis ;

4º En faisant suivre tantôt la forme régie, tantôt la forme pronominale du verbe de différentes particules ; ex. : *nizalaric*, tandis que je suis ; *nizano*, tant que je suis.

Les principales conjonctions ou locutions conjonctives françaises se traduisent de la manière suivante :

Ainsi	*hola, houla* *holatan, houla-* *tan*	Enfin	*azkenian*
		Mais	*bena*
Car	*eci* *ecikere*	Néanmoins....	*haregatic* *cernahiden* *halerikere*
Et	*eta*	Ni	*ez*
Cependant	*anhartian* *holatan*	Or	*beraz*
		Quoique......	*nahiz*
Pourtant......	*berhain* *haregatic*	Sinon........	*edo bestela*
	bezala	A moins que..	*ber*
Comme.......	*halanoula*	Donc	*arren*
		Par conséquent	
De même que..	*noula* *noula ere*	Ou	*edo* *ala*

— 245 —

Si, 1º placé entre deux verbes s'exprime par *eya* ou par l'ablatif simple indéfini de la forme pronominale du verbe; ex. : dites-moi *s'il* vient, *erran ezadazu* EYA *jiten den* ou *erran ezadazu jiten* DENEZ ;

2º Quand il indique une supposition, il s'exprime par le suppositif ou par la particule *ba* devant *ukhen* ou *izan* pris comme auxiliaires et par *balin* devant ces mêmes verbes lorsqu'ils doivent être précédés de la particule *ba* pour un autre motif; ex. : s'il a vu, *ikhousi* BADU ; s'il a, BALIN *badu ;*

3º Lorsqu'il a la signification de *tant* et est suivi de *que,* il s'exprime par *hañ* et *que* se rend par *noun ;* ex. : la pourpre est *si* rare que très-peu de personnes peuvent en avoir, HAÑ *da bacant pourpra noun ecinago gutic ukhen beitezakeye.*

Parce que se rend par *ceren* et *ceren eta,* avec la forme incidente du verbe ; ex. : *parce que* je suis, CEREN *beniz* ou CEREN ETA *beniz ;* il s'exprime aussi par la particule *coz* placée après la forme régie du verbe ; ex. : *parce que* je suis, *nizala*COZ ; enfin, il peut aussi se rendre par la forme incidente du verbe seule ; ex. parce que je suis, *beniz.*

Quand interrogatif se traduit par *nouiz.*

Lorsque, quand, se traduisent par la forme pronominale de l'auxiliaire placée au datif de situation défini; ex. : *lorsque* je suis ou *quand* je suis, *nizanian.*

Pour quand se rend par le génitif relatif de la forme pronominale du verbe ; ex. : *pour quand* je suis, *nizane*CO.

Tant que s'exprime en ajoutant *o* au radical de la forme pronominale du verbe ; ex. : *tant que* je suis, *nizan*O.

Tandis que s'exprime en ajoutant la particule *ric* à la forme régie du verbe ; ex. : *tandis que* je suis, *nizala*RIC.

Sous prétexte de, faisant semblant de, se rendent en ajoutant *coan* à la forme régie du verbe ; ex. : *sous prétexte que* je suis, *nizala*COAN.

Ou s'exprime généralement par *edo* ; ex. : j'irai demain *ou* après-demain, *jinen niz bihar* EDO *etzi*.

Si cependant les deux choses sont complètement opposées et expriment les deux termes d'un dilemme, *ou* se rend par *ala* ; ex. : sont-ils morts *ou* vivants ? *hilic* ALA *biciric dira ?*

Que, 1º entre deux verbes se rend en mettant l'auxiliaire du second à la forme régie s'il est à l'indicatif, au conditionnel ou au potentiel ou par le subjonctif ; ex. : je dis *qu'*il est bon, *erraiten dut houn* DELA ;

2º Après un comparatif d'égalité, il se rend en même temps qu'*aussi* par *bezañ, bezambat* ;

3º Après un comparatif de supériorité, il se rend par *beno* et quelquefois *eciez* ; ex. : il est plus grand *que* beau, *eder* BENO *handiago da* ;

4º Après un superlatif et précédant un verbe, en mettant le verbe à la forme pronominale, parce qu'alors *que* n'est pas conjonction, mais pronom ; ex. : c'est la femme la plus vertueuse que je connaisse, *nic ezagutzen dudan emazte bertutousena da* ;

5º Venant après la conjonction *si*, il s'exprime par *noun* ; ex. : il est si petit qu'il ressemble à un enfant, *hañ da tchipi* NOUN *haur bat uduri beitu* ;

6º Venant après la négation *ne*, il se rend par *baicic* précédé du mot qui suit *que* en français ; ex. : ils ne sont *que* trois, *hirour* BAICIC *etlira* ; il ne vend *que* du vin, *ardou* BAICIC *etlu saltzen*.

Après que se rend par *oundoan*.

Jusqu'à ce que s'exprime par *artino* et *artio*.

Le verbe qui suit l'un des trois mots ci-dessus se met au participe, le pronom sujet s'exprime si c'est nécessaire pour la clarté et l'auxiliaire reste sous-entendu ; ex. : *après que* nous seront morts, *gu hil* OUNDOUAN ; *jusqu'à ce que* nous venions, *gu jin artino*.

On peut aussi tourner *après que* par *lorsque* et le rendre par le datif de situation défini de la forme pronominale du verbe et on dira: *gu hil giratekianian*.

CHAPITRE VIII.

De l'Interjection

L'interjection est un mot qui n'exprime pas nos pensées, mais est l'expression irréfléchie de nos sensations.

L'interjection joue un rôle complètement nul dans la proposition. Une exclamation n'exerce aucune influence grammaticale sur les autres mots de la phrase. La grammaire n'a, par suite, guère à s'en occuper.

Soit qu'il en ait été ainsi toujours, parce que l'interjection est un cri que la nature fait pousser en dehors de toute tradition, soit que les Basques aient subi l'influence française ou réciproquement, la plupart des interjections sont les mêmes en basque qu'en français. Comme nous, le Basque dira : *ha*, pour marquer la surprise ; *ah ! aïe ! hélas !* pour marquer la douleur; *oh ! ah !* pour marquer l'admiration, etc. Une interjection spéciale aux Basques est *hox*, allons !

Les locutions interjectives se traduisent littéralement, mais tandis qu'en français on supprime l'article, on emploie en basque la déclinaison définie ; ex. : grand Dieu ! *Jinco handia !* juste ciel, *celu justoa.*

COMPLÉMENT

Du moyen analytique qu'emploie la langue basque pour exprimer le verbe et de la simplicité du verbe adjectif qui consiste tout entier dans trois formes, le substantif verbal, l'adjectif verbal et le radical (et souvent il n'y a qu'une forme pour les deux derniers), résulte une très-grande facilité pour donner la forme verbale à un mot quelconque ; ex. :

Substantif. — Il a commencé à devenir homme, GIZOUNTZEN *hasi da* ;

Adjectif. — Il a commencé à grandir , HANDITZEN *hasi da* ;

Adverbe. — Il s'est éloigné, HURRUNTU *da*.

Ce n'est pas seulement aux radicaux que cette transformation peut s'appliquer, mais encore aux différents cas des substantifs, des adjectifs, des adverbes, aux comparatifs, aux augmentatifs et diminutifs, enfin à tous les mots de la langue dont la transformation en verbe peut être utile pour faciliter l'expression de la pensée ; ex. : il est devenu plus grand, HANDIAGOTU *da* ; où s'est-il dirigé ? NOURATU *da* ?

Malgré cette facilité, un certain nombre de verbes français n'ont pas de correspondants usités en basque. De ce nombre sont: pleuvoir, *euri egin* ; tonner, *uhulgu egin* ; rire, *erri egin* ; pleurer, *nigar egin* ; soupirer, *hasperen egin* ; éternuer, *ursañ egin* ; bâiller, *aharrausi egin* ; tousser, *eztul egin* ; mentir, *gezur erran*. On voit que ces verbes se traduisent par des substantifs accompagnés des verbes *faire* ou *dire* , ce

17

qui les rend transitifs. Regarder, *so egin* ou *sogin*;
fuir, *ihes egin*, sont transitifs dans les deux langues,
mais le régime direct français devient régime indirect
basque; ex.: je regarde l'homme, *gizounari sogiten
dut* (je fais regard à l'homme); fuyez les mauvaises
compagnies, *ihes egizu lagun gaistoer.*

Les locutions *avoir faim, avoir soif,* se tournent par
être affamé, altéré: gose, egarri izan.

Venir de, aller, suivis d'un infinitif, ne peuvent se
traduire littéralement, il faut tourner la phrase; ex.:
*il vient d'*arriver, tournez: il est arrivé à présent, ORAI
heltu da; il va partir; tournez: il partira à présent,
ORAI *joanen da.*

Indépendamment de la forme composée de l'auxiliaire et du datif de situation du nom verbal, quelques
verbes attributifs ont pour le présent et l'imparfait de
l'indicatif une seconde forme:

1º Les uns, comme *orhit, se souvenir,* emploient le
radical du verbe au lieu du datif du nom verbal: *orhit
niz,* je me souviens;

2º D'autres remplacent le nom verbal par un substantif: *mintzo niz,* au lieu de *mintzatzen niz,* je parle;

3º D'autres, enfin, substituent un adjectif au nom
verbal: *maite dut,* au lieu de *maithatzen dut,* j'aime.

La plupart de ces verbes n'ont pas la même signification aux deux formes. La forme commune exprime
que l'action se fait dans le moment, se crée: *orhitzen
niz,* le souvenir m'arrive, je me souviens; *maithatzen
dut,* l'affection naît en moi, j'aime.

La forme radicale, adjective ou substantive, signifie
que l'action dure encore, mais est déjà faite: *orhit niz,*
je me souviens, le souvenir est dans mon esprit (il

peut y être depuis longtemps); *orhitzen niz*, le souvenir me vient; *maite dut*, j'aime, j'ai de l'affection
(je puis aimer depuis longtemps); *nahi niz*, je veux,
j'ai la volonté; *nahitzen niz*, je veux, je forme le désir,
je prends la résolution. Quelques verbes, tels que *nahi
niz* ou *dut*, *behar niz*, *behar dut*, etc., emploient rarement la forme commune.

———

Le verbe *pouvoir* se rend par le potentiel du verbe
ou par *ahal*, qui prend l'auxiliaire *ukhen* quand l'infinitif suivant est transitif et l'auxiliaire *izan* quand l'infinitif est intransitif; ex. : *je puis* frapper, *joiten* AHAL
DUT; *je puis* y aller, *hara joaiten* AHAL NIZ, et plus souvent et plus élégamment: *jo* DEZAKET ou DIOKET, *joan*
NITAKE.

Le verbe *vouloir* se rend par *nahi*, avec l'auxiliaire
ukhen lorsqu'il est suivi d'un substantif ou d'un infinitif à signification transitive, avec l'auxiliaire *izan* lorsqu'il est suivi d'un infinitif intransitif; ex. : je veux le
pain, *ogia nahi* DUT; je veux voir l'homme, *nahi* DUT
gizouna ikhousi; je veux partir, *nahi* NIZ *joan*.

Les verbes *devoir* et *falloir* se rendent par *behar
ukhen*; l'infinitif qui suit se rend par le participe;
ex.: *je dois* partir, BEHAR DUT *joan*; il faut qu'il
parte, BEHAR DU *joan*.

A l'impersonnel, *falloir* se rend par *behar izan*:
il faut partir, *behar da joan*. Cependant *falloir*, en
basque, ne s'emploie pas à l'impersonnel d'une manière aussi générale qu'en français : on dit bien il
faut partir, *behar da joan*; il fallait y réfléchir, *behar
cen ohartu*; il faut un cheval, *behar da zamari bat*;
mais, pour rendre il faut que les hommes partent, on
doit user de la forme transitive et dire : *behar die*

gizounec joan ; il faut que vous veniez, *behar duzu jin ;* c'est-à-dire que, si la personne est déterminée par le verbe qui suit, la forme impersonnelle ne s'emploie pas en basque.

Quand *devoir* signifie *être probable,* il peut aussi se rendre par *bide ukhen* et alors l'auxiliaire qui suit *devoir* en français ne s'exprime pas ; ex. : vous *devez* être fatigué, *eñhe* BIDE DUZU ou *enheric izan* BEHAR DUZU. *Devoir* signifiant *avoir une dette* se rend par *zor ukhen ;* ex. : *je dois* vingt francs, *hogei libera* ZOR DUT.

Les mots *ahal, nahi, behar,* sont à la fois substantifs et adjectifs et signifient *possibilité* et *possible* , *volonté* et *voulant, nécessité* et *nécessaire.*

Il en est de même de plusieurs autres mots : *lo* veut dire *sommeil* et *endormi ; lo egiten du,* il dort (il fait sommeil) ; *lo da,* il est endormi ; *bici* signifie *vie, vivant* et est en même temps le radical et le participe du verbe *bici,* vivre. Il en est de même de *hil,* mort et mourir. Pour ce dernier mot, le français a, comme le basque, un substantif, un adjectif et un participe identiques.

Le verbe *préférer,* employé pour indiquer un acte de la volonté, s'exprime par *nahiago ukhen* ou *izan, vouloir plus.* Lorsqu'il indique une manifestation du goût, il s'exprime par *maitiago ukhen, avoir plus cher ;* ex. : mon Dieu, je préfère mourir que vous offenser, *ene Jincoa nahiago dut hil eciez zu ofenxatu ;* je préfère l'été à l'hiver, *negia beno uda maitiago dut.*

Je ressemble se rend quelquefois par *uduritzen dut,* mais plus généralement par *uduri dut,* et le verbe basque est transitif quoique le verbe français soit intransitif ; ex. : il ressemble *à un homme,* GIZOUN BAT *uduri du.*

Le verbe français *parler* est transitif quand on dit parler une langue, intransitif quand on dit parler à quelqu'un. Son correspondant basque est intransitif dans le premier cas, transitif ou intransitif, à volonté, dans le second ; ex. : je parle basque, *uscaraz mintzatzen niz* ; j'ai parlé au maître, *nausia mintzatu dut* ou *nausiari mintzatu niz*. Au présent et à l'imparfait de l'indicatif, au lieu de *mintzatzen niz* ou *dut,* on peut dire *mintzo niz*, mais alors on ne peut employer que l'auxiliaire intransitif.

Le régime direct du verbe *jan, manger,* peut se mettre ou au cas régulier ou à l'ablatif de mouvement ; ex. : ils commencent à manger *les feuilles* du mûrier, *hasten dira marhugatziaren* OSTOETARIC ou OSTOEN *jaten;* il mange le pain, OGIA ou OGITIC *jaten du.*

Bien que les verbes de mouvement exigent le datif de direction ou celui de changement, le verbe *entrer, sar,* fait exception et il veut le substantif qui le suit au datif de situation ; ex. : il entre *dans la maison,* ETCHIAN *sartcen da ; dans la chambre,* KHAMBERAN.

La locution verbale impersonnelle *il est temps que,* s'exprime par *ordu dut, duzu,* etc. ; le verbe qui suit en français s'exprime par le radical et son sujet devient le sujet d'*ordu ukhen* ; ex. : *il est temps que nous arrivions, jin* ORDU DUGU ; *il est temps que vous* l'offriez, *eskent* ORDU DUZIE.

Le verbe *jar, jarte, jarri,* signifie *s'asseoir* et est régulier dans sa conjugaison, mais le participe *jarri* est quelquefois employé dans une acception particulière. Accompagné d'un participe au nominatif dubitatif, il perd sa signification ordinaire et traduit les expressions françaises *se mettre à, devenir* ; ex. :

gaiztu zen, il se fâcha; *gaizturic jarri zen,* il se mit à se fâcher ; *loxatu zen,* il fut intimidé ; *loxaturic jarri zen,* il devint tout intimidé.

Le verbe *eraz, erazte, eraci,* a le sens du verbe français *faire,* placé devant un infinitif : *faire boire, faire manger.* Il se joint habituellement au radical du second verbe et se met après lui ; ex. : faire asseoir, *jareraz* ; faire manger, *janeraz.* Un certain nombre de verbes d'un usage fréquent se combinent avec *eraz,* tantôt en plaçant *era* au commencement, tantôt en introduisant la syllabe *ra* dans le corps de leur radical ; ex. : *erakas* pour *ikhas eraz, faire apprendre, enseigner* ; *edaran* et *eradan, faire boire.* Le verbe *eraz* peut s'ajouter aussi aux noms et aux adjectifs. Dans ces cas-là, on interpose quelquefois un *t* euphonique ; ex. : *handieraz, faire grandir* ; *gizounteraz, faire devenir homme* ; *hounteraz, faire devenir bon, faire mûrir.*

Ari izan signifie *s'occuper à, être à.* Il s'emploie avec le datif de situation du nom verbal et avec l'ablatif simple indéfini des substantifs ; ex. : *jalen* ARI DA, *il est à manger* ; *nigarrez* ARI DA, *il est* dans les pleurs.

Lorsqu'on veut exprimer une action qui se continue, au lieu d'employer l'auxiliaire, on peut employer la forme irrégulière du verbe *joan,* aller, et le verbe qui exprime l'action se place à l'ablatif simple indéfini du participe ou de l'infinitif ; ex. : ils se défont, *barreyatuz badoatza* ; ils grandissent, *handitzez doatza.*

Lorsque le verbe *croire* signifie *avoir foi,* il se traduit par *sinhex,* verbe régulier : lorsqu'il signifie *avoir opinion, idée,* il se rend par *ouste ukhen.* Le mot *ouste* signifie *opinion, idée.* Il est peu usité à d'autres cas qu'au radical et à l'ablatif simple indéfini :

.. *cne oustez* signifie *à ce que je crois ; haren oustez*, à ce qu'il croit.

Avoir coutume se rend par *ohi ukhen*, et l'infinitif qui suit se met au participe passé. Quand cet infinitif a une signification intransitive, au lieu d'*ukhen* on peut employer *izan* ; ex. : il a coutume de faire, *egin ohi du* ; il a coutume d'aller, *joan ohi du* ou *da*.

———

« La langue basque a plusieurs mots affixes qui, joints à des substantifs ou à des adjectifs ou aux radicaux des verbes, ajoutent une nouvelle idée ou sens adjectif à ces verbes, à ces substantifs et à ces adjectifs ; ainsi :

« Le mot *garri*, joint à un autre mot, a le sens de propre à, bon à, capable de : *eder-garri, laido-garri, loxa-garri*.

« La suffixe *cor* signifie sujet à : *hauxcor, erorcor*.

« La suffixe *coi* a le sens de : enclin à, et plutôt : amateur de ; *houncoi*, ou *khoi, edercoi, jentecoi*.

« La suffixe *cari* s'emploie dans le même sens.

« La suffixe *tiar* et *tar* a le sens de : qui fréquente, qui pratique, qui habite ; *jentetiar, jincotiar etchetiar, Lapourtar, Zuberoutar*.

« *Ehi* a le sens de facile : *egin-ehi, jan-ehi, sinhex-ehi*.

« *Gaitz* donne le sens contraire, difficile à : *hetzgaitz*, difficile à dompter ; *sinhex-gaitz*, difficile à croire.

« *Ari* et *zale* donnent le sens de : qui a le talent, ou la charge de, ou la profession de : *cantari, elhestari, begirari, lagunzale*.

« La suffixe *xu* donne l'idée d'abondance, plein de, qui a beaucoup de : *harrixu, lohixu, ourinxu, bilhoxu, urgulluxu*.

« *Eile* et *egile*, qui fait ou qui aime à faire : *emaile*, *ereile*, *edireile*, *hounkigile*, *langile*.

« *Ti*, qui a le vice ou la vertu de : *gezurti*, *egiati*, *bekhaitzti*.

« *Bera*, qui est susceptible : *minbera*, *hotzpera*.

« *Dun*, qui a, qui possède : *uscaldun*, *ukendun*, *chahaldun*, *haurdun*.

« *Gabe*, qui est privé, qui n'a pas : *nahigabe*, *eskergabe*, *ahalkegabe*.

« *Zañ*, qui garde : *artzañ*, *ulhañ*, *itzañ*, *etchezañ*.

« *Gei*, destiné à : *aphezgei*, *emaztegei*.

« *Tegi*, lieu où l'on demeure, où l'on trouve : *apheztegi*, *hitztegi*, *ouhouñtegi*, *ourdentegi*.

« Il y a plusieurs terminaisons qui, ajoutées aux adjectifs, forment des substantifs ou qui, ajoutées aux substantifs, en modifient le sens ; telles sont : *eria*, *heria*, *tarzuna*, *goa*, *hina* ou *gina* — *gorheria*, *sorheria* — *ikhouskeria*, *ilchouskeria* — *erregegoa*, *aphezgoa* — *edertarzuna*, *handitarzuna* — *hargina*, *zargina*. » [1]

Ces remarques faciliteront beaucoup la lecture des ouvrages basques, mais il ne faudrait pas vouloir en parlant appliquer soi-même au hasard ces terminaisons. On rencontrerait quelquefois juste ; mais on s'exposerait beaucoup à faire comme l'étranger qui, ayant remarqué la formation des substantifs beauté, bonté, honnêteté par l'adjonction de la syllabe *té* aux adjectifs honnête, bon, beau, dirait justeté pour justice, sageté pour sagesse.

Le plus prudent est de n'employer autant que possible que des mots connus.

(1) INCHAUSPE. *Evangile selon saint Mathieu*. (Notes grammaticales.)

VOCABULAIRE

ABRÉVIATIONS

L'orthographe basque n'étant pas fixée, si on ne trouve pas dans ce Vocabulaire un mot tel que l'a écrit un auteur, on devra le chercher écrit avec les autres lettres qui pourraient donner le même son. Pour cela on pourra consulter le tableau ci-dessous. Les lettres de la même ligne sont employées, suivant les ouvrages, les unes pour les autres.

b. v.

c. ç. z.

c. k. qu.

g. gu.

i. y.

j. g.

ll. il. ill.

ñ. gn. in.

o. ou.

ou. u.

r. (quelquefois supprimé.)

s. ch. j.

tz. tc.

u. ü.

x. ts. tch.

Ce Vocabulaire contient beaucoup de mots basques semblables aux mots français. Ces locutions sont pour la plupart employées dans le Catéchisme ou dans le *Uscaldunaren guthunac*, deux livres entre les mains de tous les Souletins ; elles doivent donc figurer dans un Vocabulaire basque. Les Dictionnaires latins donnent tous : *homo* , homme ; *templum*, temple ; *exemplum*, exemple, etc. Si l'on ne voulait accepter que ce qui a fait partie de la langue primitive, comment pourrait-on le constater ? et si on admet certains mots d'origine étrangère, où s'arrêter ? Un Vocabulaire ne doit-il pas, autant que possible, donner tous les mots généralement usités à l'époque où il est écrit ? Pour l'utilité de cet ouvrage, l'absence de certains mots et la traduction défectueuse d'un plus grand nombre causées par une connaissance incomplète de la langue sont bien plus à redouter que la présence inutile de quelques termes empruntés au français à une date plus ou moins récente.

VOCABULAIRE
BASQUE - FRANÇAIS

A

Abandona, abandonatze, aban-donatu, v. abandonner (voyez *utz, exi*).

Abantalla, s. avantage.

Abantallaxu, adj. avantageux.

Abanza, abanzatze, abanzatu, v. avancer (voyez *aitzina, tu*).

Abanzu, s. avance.

Abar, s. branche pour fagot.

Abarca, s. sandale de cuir avec le poil.

Abaricia, s. avarice.

Abaricious, adj. avare.

Abentu, s. décembre, Avent.

Aberax, adj. riche.

Aberaxtarzun, s. richesse.

Abere, s. animal, bête, bétail.

Aberesca, s. petit animal, in-secte.

Aberti, abertitze, abertitu, v. avertir.

Abia, abiatze, abiatu, v. se met-tre en route; ‖ commencer; ‖ se mettre à même.

Abilh, adj. habile.

Abilitate, s. habileté.

Abisa, s. avis.

Abocatu, s. avocat.

Aboni, abonitze, abonitu, v. consentir.

Aboundancia, s. abondance.

Absolucione, s. absolution.

Acaba, acabatze, acabi, v. ache-ver (voyez *urhent*).

Acaza, acazatze, acazatu, v. chasser (voyez *ohilt*).

Achal, s. écorce.

Acheri, s. renard.

Achol, s. soin, souci.

Achola, acholatze, acholatu, v. se mettre en peine, se soucier.

Achouri, s. agneau.

Achti, achtitze, achtitu, v. faire reculer des animaux attelés.

Aci, s. graine.

Acte, s. acte (voyez *egitate*).

Acusa, acusatze, acusatu, v. accuser.

Acusazione, s. accusation.

Adar, s. branche; ‖ corne.

Adarzu, adj. noueux.

Adela, adelatze, adelatu, v. arranger; ‖ préparer.

Adin, s. âge.

Adio, int. adieu.

Adiskidantza, s. amitié.

Adiskide, s. ami.

Adiskidegoa, s. amitié.

Adopcione, s. adoption.

Adora, adoratze, adoratu, v. adorer.

Adoragarri, adj. adorable.

Adret, adj. adroit.

Adrezia, s. adresse.

Adrillo, s. brique.

Afera, s. affaire.

Afetziona, afetzionatze, afe-tzionatu, v. affectionner.

Afetzione, s. affection.

Afliji, aflijitze, aflijitu, v. af-fliger.

Afrontu, s. affront.

Ager, agertze, agertu, v. découvrir, apparaître.

Ageri, adj. visible.

Agertze, s. apparition.

Agian, int. peut-être, j'espère.

Agi, agitze, agitu, v. arriver.

Agonia, s. agonie.

Agor, adj. sec.

Agor, agortze, agortu, v. dessécher, sécher.

Agorila, s. août.

Agrada, agradatze, agradatu, v. plaire, être agréable.

Agre, adj. aigre (voyez *mingar*).

Agudo, adj. vaillant, actif.

Agulla, agullatze, agullatu, v. ouiller.

Ahaire, s. air, chant.

Ahal, s. et adj. pouvoir, possible. *Ahalaz,* autant que possible; — *ukhen;* — *izan,* pouvoir.

Ahalcor, adj. honteux; ‖ modeste, qui a honte.

Ahalke, s. honte; ‖ adj. qui a honte.

Ahalkegabe, adj. effronté, impertinent.

Ahalkegarri, adj. honteux.

Ahalke, ahalketze, ahalketu, v. avoir honte.

Ahalorotaco, adj. tout puissant.

Ahamen, s. bouchée.

Ahamenta, s. menthe.

Ahardi, adj. femelle (du cochon), *ourde* — truie.

Ahari, s. mouton.

Aharra, s. dispute, querelle.

Aharra, aharratze aharratu, v. disputer, quereller.

Aharrari, s. et adj. querelleur.

Aharrausi, s. bâillement; — *egin,* bâiller.

Ahate, s. canard.

Ahatz, ahazte, ahaztze, v. oublier.

Ahatzartz, s. bélier.

Ahazcor, adj. oublieux.

Ahizpa, s. sœur (par rapport à la sœur).

Aho, s. bouche.

Ahogozo, s. salive.

Aholca, aholcatze, aholcatu, v. conseiller.

Aholku, s. conseil.

Ahotz, s. balle (de blé ou autre grain).

Ahospez, adv. prosterné.

Ahul, ahultze, ahultu, v. affaiblir.

Ahuñe, s. chevreau.

Ahuntz, s. chèvre.

Ahur, s. creux ou paume de la main.

Aice, s. vent; — *belz,* vent de la pluie; — *peco* ou *iphar,* vent du nord.

Aicesta, aicestatze, aicestatu, v. aérer.

Aiduru, adj. qui attend.

Aigardent, s. eau-de-vie.

Aihal, aihaltze, aihaltu, v. souper.

Aihari, s. souper.

Aihen, s. cep de vigne, souche.

Aihercunte, s. haine.

Aihotz, s. serpe.

Aingera, s. anguille.

Ainguru, s. ange.

Aipha, aiphatze, aiphatu, v. annoncer, mentionner.

Aira, airatze, airatu, v. voler, s'enlever.

Aire, s. air.

Aisa, adj. facile.

Aiscora, s. hache, cognée.

Aita, père.

Aitaginharreba, s. beau-père.

Aitañi, s. grand-père, aïeul.

Aitaso, s. bisaïeul, au pl. aïeux.

Aithor, aithortze, aithortu, v. avouer, confesser.

Aithorzale, s. témoin, confesseur.

Aitounenseme, s. noble, gentilhomme.

Aitourenseme, s. noble, gentilhomme.

Aitzina, s. devant.

Aitzina, *aitzinatze*, *aitzinatu*, v. amener devant, avancer, présenter.

Aitzindari, s. chef, officier, conducteur; ‖ précurseur.

Aitzinerran, s. prédiction, prophétie.

Aitzinian, adv. et prép. avant, devant.

Aitzint, *aitzintze*, *aitzintu*, v. aller au devant, prévenir, devancer.

Aitzur, s. pioche.

Aitzur, *aitzurtze*, *aitzurtu*, v. piocher.

Aiza, *aizatze*, *aizatu*, v. vanner

Aizina, s. loisir.

Aizo, adj. voisin; — *lanac*, travaux vicinaux.

Akher, s. bouc.

Ala, conj. ou.

Alabastro, s. albâtre.

Alabena, conj. cependant.

Alagera, adj. joyeux.

Albarot, s. tumulte.

Alchaturazi, s. levain.

Alchou, s. troupeau.

Aldarte, s. temps, délai.

Alde, s. côté.

Aldi, s. fois, tour.

Aldian, prép. à côté.

Aldica, *aldicatze*, *aldicatu*, v. alterner.

Aldicatze, s. substitution, action d'alterner.

Aldiz, adv. au contraire, à son tour.

Alega, *alegatze*, *alegatu*, v. alléguer.

Alegia, s. allégorie, parabole.

Alforja, s. besace, sac.

Algar, prép. l'un, l'autre, réciproque.

Alha, *alhatze*, *alhatu*, v. paître, brouter, pâturer.

Alhaba, s. fille.

Alhabasun, s. fille de l'autre conjoint.

Alhargun, s. veuf.

Alhargunxa, s. veuve.

Alharze, s. seuil.

Alhor, s. champ.

Alkhar, prép. l'un, l'autre, réciproque. — *Algar*.

Alkhargana, *alkharganatze*, *alkharganatu*, v. se réunir.

Alkharreki, adv. réciproquement, ensemble.

Alocaide, s. location.

Alocaidetiar, s. locataire.

Alphor, s. vapeur.

Altcha, *altchatze*, *altchatu*, v. lever, élever.

Altha, *althatze*, *althatu*, v. habiller, changer.

Althare, s. autel.

Althe, s. parti.

Alumet, s. allumette.

Ama, s. mère.

Ama giharreba, s. belle-mère.

Amanda, s. amande; ‖ amende.

Amandatze, s. amandier.

Amañi, s. grand'mère, aïeule.

Amaso, s. bisaïeule.

Ambicione, s. ambition.

Amenx, adv. au moins (voyez *berere*).

Ametz, s. chêne tauzin.

Amex, s. songe, rêve.

Amiñibat, adv. peu, un peu.

Amira, *amiratze*, *amiratu*, v. admirer, s'étonner.

Amorecatic, conj. pour que, pour l'amour de.

Amostkerri, s. quinzaine.

Amouina, s. aumône.
Amourio, s. amour, affection.
Anaye, s. frère.
Ancera, s. oie.
Anchera, s. enchère.
*Anchera, ancheralze, anchera-
tu,* v. vendre aux enchères.
Andere, s. dame, demoiselle,
maîtresse.
Añharba, s. araignée.
Añhera, s. hirondelle.
Anhoa, s. ration, provision pour
un temps donné.
Anka, s. hanche.
*Anounza, anounzalze, anoun-
zatu,* v. annoncer.
Antifona, s. antienne.
Antzo, prép. à mesure, à la
façon de.
Anxia, s. souci, inquiétude,
anxiété.
Anyereijer, s. belette.
Apairu, s. repas, festin.
Aparta, apartatze, apartatu, v.
séparer, éloigner.
Aperendiz, s. apprenti.
Aphal, adj. bas.
Aphal, aphaltze, aphaltu, v.
abaisser; || humilier.
Aphalmentu, s. abaissement.
Aphallarzun, s. abaissement,
humilité.
Aphañ, aphañtze, aphañtu, v.
parer, orner; || préparer; ||
raccommoder.
Aphañdura, s. ornement, pa-
rure.
Aphañzale, s. préparateur.
Aphez, s. prêtre.
Aphezcupu, s. évêque.
Aphezetche, s. presbytère.
Aphezgei, s. jeune homme qui
se destine à la prêtrise.
Aphirila, s. avril.
Aphur, adv. peu.
Aplica, aplicatze, aplicatu, v.

appliquer.
Aplicacione, s. application.
Apostolu, s. apôtre.
Ar, adj. mâle.
Arabera, prép. suivant, selon.
Aragi, s. chair, viande.
Araldia, s. génération.
Arartecari, s. intermédiaire.
Arartecotarzun, s. intermédiai-
re, intervention.
Arau, s. apparence, ressem-
blance.
Arauz, sans doute.
Arauera, prép. selon, suivant.
*Arbalda, arbaldatze, arbalda-
tu,* v. bâter.
Arbaldo, s. bât.
Arbi, s. rave.
Arbole, s. arbre (voyez *zuhaiñ*).
Arcanjelu, s. archange.
Archiba, s. archive.
Ardai, s. amadou,
Ardanoi, s. ivrogne.
Ardatz, s. fuseau.
Ardi, s. brebis.
Ardiex, ardieste, ardiexi, v.
obtenir.
Ardit, s. liard, obole.
Ardou, s. vin.
Ardura, adv. souvent.
Aretche, s. veau.
Argi, s. lumière; || adj. clair,
transparent.
Argi, argitze, argitu, v. éclairer
Argizagi et *argizari,* s. lune.
Argizagite, s. clair de lune.
Arha, arhatze, arhatu, v. her-
ser.
Arhan, s. prune.
Arhantze, s. prunier.
Arhe, s. herse.
Arhin, adj. léger.
Arhint, arhintze, arhintu, v.
alléger.
Ari, aritze, ari, v. s'occuper
à, être à.

Arima, s. âme.

Arkha, s. arche, coffre pour le blé.

Arkhuch, s. brancard.

Arma, s. arme.

Arma, armatze, armatu, v. armer.

Armada, s. armée.

Armanak, s. almanach.

Arnega, arnegatze, arnegatu, v. renier, renoncer; || blasphémer.

Arnegat, s. renégat.

Arnegu, s. renoncement; || blasphème.

Arnes, s. outil.

Arra, s. arrhes (voyez *bahi*).

Arraberri, arraberritze, arraberritu, v. renouveler.

Arrabit, s. violon.

Arrabot, s. rabot.

Arracupera, arracuperatze, arracuperatu, v. recouvrer.

Arradall, s. regain.

Arrafren, s. refrain.

Arrafusa, arrafusatze, arrafusatu, v. refuser.

Arraga, s. fraise.

Arrahar, arrahartze, arrahartu, v. reprendre.

Arrahaur, s. petit-fils, petite-fille.

Arrahenki, adv. avec grand soin.

Arrall, s. bûche, morceau de bois refendu pour le feu.

Arrallt, arralltze, arralltu, v. fendre du bois.

Arraltcha, arralltchatze, arralltchatu, v. relever.

Arrama, s. mugissement.

Arramayatza, s. juin.

Arrañ, s. poisson; — *cusku*, coquille; — *cuscudun*, coquillage.

Arrancura, s. soin.

Arrancurra, arrancuratze, arrancuratu, v. prendre soin, se préoccuper, s'inquiéter.

Arranda, s. rente.

Arrano, s. aigle.

Arrantegi, s. poissonnerie.

Arrantzale, s. pêcheur.

Arranzun, s. pêche.

Arrapara, arraparatze, arraparatu, v. réparer.

Arraparazale, s. réparateur.

Arraphitz, arraphizte, arraphiztu, v. ressusciter.

Arraphiztu, s. résurrection.

Arrapica, arrapicatze, arrapicatu, s. carillonner.

Arrapiku, s. carillon.

Arraport, s. rapport.

Arraposta, arrapostatze, arrapostatu, v. répondre.

Arrapostu, s. réponse.

Arraro, adj. rare; || bien aimé.

Arrarot, arrarotze, arrarotu, v. devenir rare.

Arrasort, s. ressort.

Arraspa, arraspatze, arraspatu, v. râper.

Arrathou, s. rat.

Arrau, s. rame.

Arraultze, s. œuf.

Arrax, s. soir.

Arraxaldi, s. crépuscule, entrée de la nuit.

Arraza, s. race.

Arrazou, s. raison.

Arrazouna, arrazounatze, arrazounatu, v. raisonner.

Arreba, s. sœur (par rapport au frère).

Arren, conj. donc.

Arreraik, arreraikite, arreraiki, v. relever, reconstruire.

Arreros, arreroste, arrerosi, v. racheter.

Arreroste, s. rédempteur.

Arreroste, s. rédemption.

Arrest, s. arrêt, jugement.

Arresta, *arrestatze*, *arrestatu*, v. arrêter, prononcer un arrêt.

Arrestela, *arrestelatze*, *arrestelatu*, v. râteler.

Arrestelu, s. râteau;— *belhar*, chiendent.

Arrestiri, s. après-midi.

Arrestiriascari, s. goûter.

Arribant, s. ruban.

Arrideu, s. rideau.

Arrima, *arrimatze*, *arrimatu*, v. appuyer; || approcher.

Arrimu, s. refuge, appui.

Arroba, *arrobatze*, *arrobatu*, v. voler.

Arrolla, s. fossé.

Arropa, s. vêtement.

Arrosa, s. rose.

Arrotz, s. étranger; || hôte.

Arrount, adj. familier, ordinaire.

Arruket, s. pigeon ramier.

Arte, s. fente; || prép. entre.

Artha, s. soin.

Artha, *arthatze*, *arthatu*, v. soigner.

Arthalde, s. troupeau.

Artho, s. maïs.

Arthouski, adv. soigneusement.

Artio, prép. jusque.

Artzañ, s. berger, pasteur.

Artzañsa, s. bergère.

Asal, s. croûte.

Ascaci, s. parent.

Ascal, *ascaltze*, *ascaltu*, v. déjeuner.

Ascari, s. déjeuner.

Ase, *asetze*, *ase*, v. rassasier.

Aseca, *asecatze*, *asecatu*, v. rassasier.

Aseka, s. excès dans le manger.

Aska, s. pétrin, auge.

Aski, adv. assez.

Asma, *asmatze*, *asmatu*, v. sentir, flairer, deviner.

Asmu, s. instinct.

Aspaldi, adv. depuis longtemps.

Aspil, *aspiltze*, *aspiltu*, v. ourler.

Aste, s. semaine.

Asteharte, s. mardi.

Astelehen, s. lundi.

Astiasken, s. mercredi.

Asto, s. âne.

Asun, s. ortie.

Ataca, *atacatze*, *atacatu*, v. attaquer.

Atcheiru, s. acier.

Atcheter, s. médecin.

Atcholbe, s. abri (contre les vents).

Athe, s. tas.

Athe et *athel*, *athetze*, *athelu*, v. entasser, amasser.

Athela, *athelatze*, *athelatu*, v. atteler.

Ather, *athertze*, *athertu*, v. cesser de pleuvoir.

Atherbe, s. abri (contre la pluie).

Atheri, subs. beau, serein.

Athorra, s. chemise d'homme.

Atrebit, *atrebitze*, *atrebitu*, v. oser, être hardi.

Atzaman, *atzamaite*, *atzaman*, v. trouver, attraper, prendre.

Atze, s. et adj. étranger (à la famille).

Atzo, adv. hier.

Auger, s. évier.

Auher, adj. paresseux.

Auherkeria, s. paresse.

Aurhide, s. frère ou sœur, enfant d'un même lit.

Aurkhi, s. dessus, endroit d'une étoffe; — adv. tout à l'heure.

Aurkhi, aurkhitze, aurkhitu, v. trouver, découvrir.

Aurthen, adv. cette année.

Ausart, ausartze, ausartu, v. oser.

Autoritate, s. autorité.

Axegin, s. plaisir.

Aza, s. chou.

Azaia, s. bécasse.

Azalili, s. chou-fleur.

Azaro, s. novembre.

Azau, s. gerbe.

Azcar, adj. fort.

Azcart, azcartze, azcartu, v. fortifier.

Azken, adj. dernier.

Azkentze, s. fin, et v. *askent, u.*

Azota, azotatze, azotatu, v. fouetter.

Azote, s. fouet.

Azpi, s. cuisse.

Aztal, s. talon.

Aztalbeharri, s. malléole.

Aztapar, s. patte, griffe.

Aztaparca, aztaparcatze, aztaparcatu, v. égratigner.

Aztaparka, s. égratignure.

Azti, s. devin.

Azuzculu, s. ongle, corne du pied.

B

Baatchouri, s. ail.

Baba, s. fève.

Bacant, adj. rare.

Bacha, s. précipice.

Bachadun, adj. inégal; *lekhu—* pays très-tourmenté.

Bachera, s. vaisselle.

Bago, s. hêtre.

Bahe, s. crible.

Bahi, s. gage, garantie; ‖ adj. captif, en état d'arrestation.

Bahi, bahitze, bahitu, v. arrêter, faire prisonnier.

Bahux, s. écume de la bouche.

Bai, adv. oui.

Baicic, adv. seulement.

Bait, conj. pour quand.

Baita, conj. mais; *— ere,* aussi.

Bake, s. paix.

Baket, baketze, baketu, v. faire la paix, réconcilier.

Bakhoitz et *bakotcha,* adj. et pr. chaque, chacun; ‖ unique.

Bakhoizki, adv. seulement.

Balaca, balacatze, balacatu, v. caresser.

Balaku, s. caresse.

Balanza, s. balance.

Balesta, s. arc.

Balia, baliatze, baliatu, s. valoir; ‖ aider.

Balimba, int. j'espère que, plût à Dieu.

Balin, conj. si.

Balio, s. valeur; — *ukhen,* valoir.

Balious, adj. précieux, utile.

Bana, adv. chacun une.

Banaca, un à un.

Banatan, adv. chacun une fois.

Bancarrot, s. banqueroutier.

Bandera, s. bannière (espagnole).

Bandit, s. bandit.

Banka, s. banque.

Bano, adj. mou.

Banta, bantatze, bantatu, v. vanter.

Bara, baratze, baratu, v. rester, arrêter.

Baragallu, s. obstacle.

Baralla, s. mâchoire, joue.

Barantalla, s. février.

Baratch, adj. lent.

Baratchouri, s. ail.

Baratze, s. jardin.
Barazcal, barazcaltze, baraz-callu, v. dîner.
Barazcalgia, s. salle à manger.
Barazcalzale, s. convive.
Barazcari, s. dîner.
Barbalot, s. insecte.
Barbaro, adj. barbare.
Barber, s. chirurgien.
Barda, adv. hier soir.
Bardin, adj. égal; || adv. également.
Bardin, bardintze, bardintu, v. égaliser, aplanir, régler.
Barga, s. braie, instrument pour rompre le chanvre.
Barga, bargatze, bargatu, v. rompre le chanvre avec la braie.
Bargari, s. ouvrier qui travaille avec la braie.
Barhe, s. rate; || limaçon.
Barna, adj. profond.
Barna, barnatze, barnatu, v. approfondir.
Barnatarzun, s. profondeur.
Barne, s. intérieur.
Barnen, prép. dans.
Barnetico, adj. intérieur.
Barour, s. jeûne.
Barour, barourtze, barourtu, v. jeûner.
Barreya, barreyatze, barreya-tu, v. défaire, répandre; || éparpiller.
Barreyat, adj. dévoyé, égaré (au moral).
Barrika, s. barrique.
Barrio, s. cour, aire, basse-cour.
Barrolla, s. verrou.
Barruku, s. étable.
Basa, adj. sauvage; — *profeta*, faux prophète.
Basaburu, s. partie écartée d'un village.

Basaburutar, s. habitant d'un lieu écarté.
Baserri, s. désert.
Basta, bastatze, bastatu, v. faufiler.
Basto, s. bât.
Bat, adj. un.
Batalla, s. bataille.
Batalla, batallatze, batallatu, v. livrer bataille.
Batarzun, s. unité.
Batasun, s. unité.
Batbatian, adv. tout à coup.
Batbedera, pr. chacun.
Batere, pr. aucun.
Bath, bathze, bathu, v rencontrer, accueillir.
Batheya, batheyatze, batheya-tu, v. baptiser.
Batheyu, s. baptême.
Bathi, s. patience.
Batzarre, s. accueil.
Batzu, adj. quelque.
Bazca, s. fourrage, pâturage.
Bazca, bazcatze, bazcatu, v. paître.
Bazcagia, s. pâturage.
Bazco, s. Pâques.
Bazter, s. rivage, bord, coin; || campagne.
Bazter, baztertze, baztertu, v. écarter, retirer, égarer.
Beazau, s. champ en repos pour assolement.
Bedare, s. printemps.
Bederratzerren, s. neuvaine.
Bederatzu, adj. neuf.
Bederatzugerren, adj. neuvième.
Bederazca, adv. un à un.
Begi, s. œil.
Begibakhoitz, adj. borgne.
Begiezpal, s. paupière.
Begihour, s. collyre.
Begiokher, adj. louche.
Begira, begiratze, begiratu, v. garder, prendre garde.

Begirari, s. garde, gardien.
Begista, begistatze, begistatu, v. regarder, examiner.
Begitharte, s. visage.
Beha,behatze,behatu,v. écouter
Behar, s. besoin, nécessité ; ‖ adj. nécessaire, nécessiteux ; — izan, falloir ; — uken, devoir.
Behargabe, s. malheur, malencontre.
Behargabedun, adj. possédé.
Beharordu, s. moment nécessaire, opportunité.
Beharri, s. oreille.
Beharrondoco, s. soufflet.
Beharrune, s. besoin.
Behartazun, s. besoin, pauvreté.
Behatz, s. pouce.
Behaztopa, behaztopatze, behaztopatu, v. broncher, heurter du pied contre un obstacle.
Behera, adv. en bas.
Behi, s. vache.
Behin, adv. une fois ; — ere, jamais.
Beira, beiratze, beiratu, v. garder.
Beithan, prép. chez.
Bekhasteria, s. jalousie, envie.
Bekhaizti, adj. jaloux, envieux.
Bekhan, adj. clairsemé ; ‖ adv. rarement.
Bekhant, bekhantze, bekhantu, v. éclaircir.
Bekhatore, s. pécheur.
Bekhatu, s. péché.
Bekhoki, s. effronterie, audace.
Bela, s. voile.
Belar, s. front.
Beldur, s. crainte.
Bele, s. corbeau.
Belhaica, belhaicatze, belhaicaitu, v. agenouiller.

Belhañ, s. genou.
Belhar, s. herbe.
Belharica, belharicatze, belharicatu, v. agenouiller.
Belharico, adj. à genoux.
Bella, adj. mou.
Beltz, adj. noir.
Beltz, beltze, belztu, v. noircir.
Belzaran, adj. noirâtre.
Belzouri, s. froncement de sourcils, grimace.
Bena, conj. mais.
Benedica, benedicatze, benedicatu, v. bénir.
Beneditzione, s. bénédiction.
Benia, s. soin.
Benial, adj. véniel.
Beno, conj. que.
Bephuru, s. sourcil.
Ber, prép. même ; ‖ adj. seul ; ‖ conj. pourvu que.
Bera, pr. lui - même , soi-même.
Berant, berantze, berantu, v. retarder.
Beranta, adv. tard.
Berazañ, s. champ moissonné.
Berbera, adj. seul.
Berdais, adj. verdâtre.
Berde, adj. vert.
Bere, pr. son, sien ; ‖ même.
Bere, beretze, beretu, v. faire sien, s'approprier.
Bereca, berecatze, berecatu, v. caresser, frotter.
Bereco, adj. semblable.
Berenahizco, adj. volontaire.
Berhala, adv. aussitôt, tout de suite.
Berhañ, conj. cependant.
Berhez, adj. séparé ; ‖ adv. séparément, en particulier.
Berhez, berhezte, berheci, v. choisir, séparer.
Berheziki , adv. principalement, surtout.

Berhil, adj. mort naturellement.

Berian, adv. même.

Berma, bermatze, bermatu, v. garantir, cautionner; ‖ compter sur, avoir confiance.

Berme, s. caution.

Berniza, bernizatze, bernizatu, v. vernir.

Bero, s. et adj. chaud.

Bero, berotze, berotu, v. chauffer.

Berotarzun, s. chaleur.

Berrat, s. verrat; v. *ordox*.

Berrehun, adj. deux cents.

Berri, s. nouvelle; ‖ adj. nouveau, neuf.

Berri, berritze, berritu, v. renouveler.

Berrogei, adj. quarante.

Bertan, adv. bientôt.

Berthute, s. vertu.

Bertz, s. chaudron.

Besañco, s. coude.

Besarca, besarcatze, besarcatu, v. embrasser.

Beso, s. bras.

Besomoutz, adj. manchot.

Besperac, s. pl. vêpres.

Besta, s. fête.

Bestaberri, s. Fête-Dieu.

Bestalde, adv. d'ailleurs.

Beste, adj. et pr. autre.

Bestela, adv. autrement.

Besti, bestitze, bestitu, v. vêtir.

Betha, bethatze, bethatu, v. remplir.

Bethatcha, bethatchatze, bethatchatu, v. rapiécer.

Bethatchu, s. pièce.

Bethe, adj. plein.

Bethi, adv. toujours.

Bethierreco, éternel, perpétuel.

Bezala, conj. comme, autant que.

Bezalaca, bezalacatze, bezalacatu, v. devenir semblable.

Bezalaco, adj. semblable.

Bezañ, conj. comme, autant que.

Bezpera, s. veille; *bezperac*, vêpres.

Bezti, beztitze, beztitu, v. vêtir.

Bi, adj. deux.

Bia, adv. chacun deux.

Biara, adv. deux à deux.

Bitan, adv. deux fois.

Bianda, s. pain noir.

Biatan, adv. chacun deux fois.

Bicari, s. vicaire.

Bici, s. vie; ‖ adj. vivant, vif.

Bici, bicitze, bici, v. vivre.

Bicitarzun, s. vivacité.

Bidaje, s. voyage.

Bidar, s. menton.

Bidaro, s. temps favorable.

Bide, s. chemin, voie.

Bietan, adv. deux fois.

Biga, adj. deux.

Bigerren, adj. second.

Bigerrenecoric, adv. secondement, deuxièmement.

Bihar, adv. demain.

Biharamen, s. lendemain.

Bihi, s. grain, semence, graine. céréale.

Bihica, bihicatze, bihicatu, v. égrainer.

Bihitegi, s. grenier.

Bihotz, s. cœur; ‖ intérieur d'un fruit; ‖ mie.

Bihotzbera, bihotzberatze, bihotzberatu, v. attendrir, faire compassion.

Bihotzca, bihotzcatze, bihotzcatu, v. se chagriner.

Bihotzmin, s. chagrin, douleur.

Bihotzterri, bihotzterritze, bihoizterritu, v. affliger, attrister.

Bihotztoi, adj. courageux.

Bijilia, s. vigile.

Bil, biltze, bildu, v. recueillir, rassembler, récolter, attirer.

Bilaiz, bilaizle, bilaizi, v. déshabiller, dépouiller.

Bilba, bilbatze, bilbatu, v. tramer.

Bilbe, s. trame.

Bildox, s. agneau d'un an.

Bileiz, bileizle, bileizi, v. déshabiller, dépouiller.

Bileizle, s. renoncement.

Bilgia, s. point de réunion; || place de la récolte, lieu où l'on recueille.

Bilha, bilhatze, bilhatu, v. changer, procurer, devenir, former, transformer.

Bilhagarro, s. grive.

Bilho, s. poil, cheveu.

Bilkhurra, s. assemblée, rassemblement.

Biltzale, s. mendiant.

Biltzarren, s. conseil, réunion.

Biltze, s. récolte.

Bina, adv. chacun d'eux.

Biñagre, s. vinaigre.

Biñer, s. vigneron.

Biribil, adj. rond.

Biribilca, biribilcatze, biribilcatu, v. tourner.

Biriga, s. génisse.

Birjina, s. vierge.

Bista, s. vue.

Bitan, adv. deux fois.

Bitoria, s. victoire.

Bitre, s. verre.

Bizar, s. barbe; — nabela, rasoir.

Bizcar, s. dos; — ezurrac, rachis, colonne vertébrale.

Blu, adj. bleu.

Bohor, s. jument.

Boja, s. cuve, cuvier.

Boneta, s. bonnet d'homme, berret.

Bonhur, s. bonheur.

Borda, s. borde, grange.

Bordalte, s. grange, étable, métairie dans la montagne.

Boroga, borogatze, borogatu, v. éprouver.

Borogaincha, s. épreuve.

Borogu, s épreuve.

Boronte, s. front.

Boronthate, s volonté.

Borta, bortatze, bortatu, v. border.

Bortcha, s. force, contrainte.

Bortcha, bortchatze, bortchatu, v. forcer, contraindre, obliger.

Bortchazale, adj. importun.

Bortha, s porte.

Borthalhartze, s. seuil.

Borthitz, adj. violent.

Borthizki, fortement, violemment.

Borthiztarzun, s. force, violence.

Bortu, s. désert, lieu solitaire.

Bost, adj. cinq.

Bostgerren, adj. cinquième.

Bostgerrenecoric, adv. cinquièmement.

Bota, s. bosse.

Bota, botatze, botatu, v. butter (jeu de balle).

Botaharri, s. butoir (jeu de balle).

Botari, celui qui lance la balle au butoir.

Botchu, s. rocher.

Botigoa, s. association.

Botilla, s. bouteille; || litre.

Boto, s. vœu; || bouton.

Botonera, s. boutonnière.

Botz, s. voix; || adj. content, joyeux.

Botz, bozte, boztu, v. se réjouir.

Boucal, s. écluse.

Boucanasa, s. mouchoir.
Bouchi, s. morceau, peu.
Bouha, bouhatze, bouhatu, v. souffler.
Bouhada, s. bouffée, souffle.
Bouhader, s. soufflet.
Boulca, boulcatze, boulcatu, v. pousser.
Boullta, s. élan.
Boullta, boulltatze, boulltatu, v. se lancer.
Bourhaso, s. trisaïeul, ascendant, ancêtre.
Bourhau, s. blasphème, jurement.
Bourhausta, bourhaustatze, bourhaustatu, v. blasphémer, jurer.
Bousti, s. humidité; ‖ adj. humide, mouillé.
Boutiga, s. boutique.
Boztario, s. joie, réjouissance.
Brida, s. bride.
Brida, bridatze, bridatu, v. brider.
Brioulet, adj. violet.
Briouleta, s. violette.
Broka, s. bouton (de fleur).

Brosta, s. broussaille.
Brounza, s. bronze.
Buhurri, adj. tors, de travers.
Buhurt, buhurtze, buhurtu, v. résister, tordre, repousser, changer de direction.
Bukkata, s. lessive.
Bukhata, bukhatatze, bukhatatu, v. lessiver.
Burduña, s. fer.
Burnat, burnatze, burnatu, v. germer.
Burno, s. germe.
Buru, s. tête, bout; ‖ épi; ‖ *bere buria*, soi-même.
Buru, burutze, burutu, v. mettre la tête, l'épi.
Burumenx, adj. étourdi.
Burunegi, s. traversin.
Buruscaca, buruscacatze, buruscacatu, v. glaner.
Buruska, s. glane.
Buruzagi, s. chef.
Buruzkin, adj. entêté.
Butz, s. souffle; — *egin*, souffler.
Buztan, s. queue.
Buztin, s. argile.

C

Caba, s. cabas.
Cabale, s. cheptel (tout animal de ferme).
Cabasturu, s. licou.
Cacha, s. casse, cuiller pour prendre à boire dans le scau (*ferreta*).
Cachet, s. sceau, cachet.
Cacheta, s. tabouret.
Cacheta, cachetatze, cachetatu, v. sceller, cacheter.
Cafe, s. café.
Caidera, s. chaise; ‖ chaire (de St-Pierre).
Calbario, s. calvaire.
Calitzia, s. calice.

Calla, s. caille.
Caminet, s. placard, armoire, buffet.
Campa, campatze, campatu, v. camper.
Campaña, s. campagne
Campo, s. dehors; ‖ adv. dehors; ‖ prép. hors.
Campotico, adj. extérieur.
Canabera, s. roseau, canne.
Candaler, s. chandelier.
Candela, s. chandelle.
Canella, s. cannelle.
Caneta, s. tuyau, orifice d'une source.
Canika, s. boulette.

Canonisa, canonisatze, canoni-
satu, v. canoniser.
Canonisacione, s. canonisa-
tion.
Canou, s. canon.
Cantian, prép. auprès.
Cantika, s. cantique.
Capa, s. manteau, cape.
Capable, adj. capable.
Capararte, s. buisson.
Capitsale, s. chenêt.
Capitulu, s. chapitre.
Cara, s. allure; ‖ mine.
Caracoll, s. escargot.
Caractera, s. caractère.
Carcaza, s. éclat de rire.
Caresa, s. caresse.
Caresa, caresatze, caresatu, v.
caresser.
Carga, s. charge.
Carga, cargatze, cargatu, v.
charger.
Cargu, s. charge, emploi pu-
blic.
Cargudun, s. magistrat.
Caritate, s. charité.
Carraska, s. grincement.
Carrater, s. charretier.
Carricaburu, s. impasse.
Carricart, s. carrefour.
Carrika, s. rue.
Carroucha, s. voiture.
Carta, s. carte.
Cartiel, s. quartier.
Cartilla, s. syllabaire, abécé-
daire, alphabet.
Casola, s. casserole.
Casta, s. caste, tribu.
Casu, s. cas, attention.
Catedrale, s. cathédrale.
Causera, s. beignet.
Ceba, cebatze, cebatu, v. dres-
ser, dompter.
Cecen, s. taureau.
Ceda, s. soie.
Cedarre, s. borne.

Cedarresta, cedarrestatze, ce-
darrestatu, v. borner, mettre
des bornes.
Ceder, s. cellier, cave.
Ceha, cehatze, cehatu, v. frap-
per, fouiller, châtier.
Cehe, s. pan, empan.
Cekhale, s. seigle.
Cela, s. selle.
Cela, celatze, celatu, v. seller.
Celu, s. ciel.
Cembera, s. breuil.
Ceñha, ceñhatze, ceñhatu, v.
faire le signe de la croix.
Ceñhare, s. marque, sceau, si-
gne.
Centzatu, adj. sensé.
Centzorda, centzordatze, cen-
tzordatu, v. troubler, étour-
dir.
Centzudun, s. personne de
sens.
Ceñu, s. cloche.
Cenzu, s. bon sens.
Cer, pr. que, quoi, quel.
Cerbait, adj. quelque; ‖ pr.
quelque chose; — *ere*, quoi-
que ce soit.
Cerbieta, s. serviette.
Cerbutcha, cerbutchatze, cer-
butchatu, v. servir.
Cerbutchari, s. serviteur.
Ceren, conj. parce que.
Cernahi, pr. quoi que ce soit.
Cernahiden, pr. quoi qu'il en
soit.
Cerra, cerratze, cerratu, v.
fermer.
Cerrallu, s. clôture, haie.
Cerren, s. mite, ver.
Ceta, s. soie.
Cethabe, s. tamis fin.
Cethatchu, s. tamis gros.
Chabal, adj. plat.
Chabal, chabaltze, chabaltu,
v. aplatir.

— 274 —

Chacolat, s. chocolat.
Chaha, chahatze, chahatu, v. nettoyer, épurer.
Chahal, s. veau ou génisse de lait
Chahar, adj. vieux.
Chahar, chahartze, chahartu, v. vieillir.
Chahu, adj. propre, net; ‖ pur, chaste.
Chahutarzun, s. propreté; ‖ pureté, chasteté.
Chala, s. châle.
Chamar, s blouse.
Chapel, s. chapeau.
Chapela, s. chapelle.
Char, adj. chétif.
Chede, s. but, intention.
Chehe, s. monnaie; ‖ adj. menu, grêle, petit.
Cheheca, chehecatze, chehecatu, v. écraser, diviser.
Chenda, s. sentier.
Cherri, s. cochon, porc.
Chichari, s. lombric, ver intestinal, ver.
Chila, Chilatze, chilatu, v. trouer.
Chilo, s. trou.
Chira, s. cautère.
Chirchil, adj. dégoûtant, malpropre.
Chocho, s. merle.
Chori, s. oiseau.
Choro, chorotze, chorotu, v. éblouir, étourdir.
Choten, s. hoquet.
Chotil, adj. adroit.
Chouri, adj. blanc.
Chouri, chouritze, chouritu, v. blanchir.
Chouriska, adj. blanchâtre.
Chourizale, s. blanchisseur. blanchisseuse.
Chuchen, adj. droit; ‖ juste.
Chuchent, chuchentze, chuchentu, v. redresser.

Chumurdura, s. ride.
Chumurt, chumurtze, chumurtu, v. rider; ‖ chiffonner.
Chuti, adj. debout.
Chuti, chutitze, chutitu, v. lever, dresser.
Ci, s. gland.
Cicen, s. sangsue.
Cieta, s. assiette.
Cigouñ, s. cigogne.
Ciho, s. suif, chandelle.
Cikhin, adj sale, malpropre.
Cikhin, cikhintze, cikhintu, v. salir.
Cikhinkeria, s. saleté, ordure.
Cikhinxu, adj. sale, sali, souillé.
Cila, cilatze, cilatu, v. trouer, percer.
Cilhar, s. argent.
Cilo, s. trou, silo.
Cin, s. serment.
Cinez, adv. fort, beaucoup.
Cingla, s. sangle.
Cingla, cinglatze, cinglatu, v. sangler.
Cinkhouri, s. plainte, gémissement.
Cintarzun, s. patience.
Cipa, s. sanglot.
Cira, ciratze, ciratu, v. cirer.
Circil, adj. frangé par l'usure; ‖ négligé de toilette ou de tenue.
Circil, circiltze, circiltu, s. franger par l'usure.
Ciri, s. cheville; ‖ coin.
Cirista, ciristatze, ciristatu, v. cheviller.
Citro, s. citron.
Cizka, s. ver du bois, vermoulure.
Clar, adj. clair.
Clarki, adv. clairement.
Cliskel, s. loquet.
Co, prép. ins. de, pour.
Cobla, s. couplet, strophe.

Cobre, s. cuivre.
Cochenilla, s. cochenille.
Cociner, s. cuisinier.
Cocinersa, s. cuisinière.
Cocox, s. calice des fleurs.
Cofesa, cofesatze, cofesatu, v. confesser.
Cofesione, s. confession.
Cola, colatze, colatu, v. coller.
Colera, s. colère.
Colera, coleratze, coleratu, v. se mettre en colère.
Colier, s. collier.
Colore, s. couleur, teint.
Colpa, colpatze, colpatu, v. blesser.
Colpu, s. blessure, coup.
Coltza, s, colza.
Comentu, s. couvent.
Comun, adj. commun.
Comunione, s. communion.
Conbentu, s. couvent.
Concebi, concebitze, concebitu, s. concevoir.
Confidancha, s. confiance.
Copa, copatze, copatu, v. couper (au jeu).
Copex, s. cuiller à long manche et percée pour prendre de l'eau dans le seau (*ferretu*).
Coraje, s. courage.
Corajous, adj. courageux.
Cordo, s. cordon, lacet.
Corrale, s. parc à bestiaux.
Correji, correjitze, correjitu, v. corriger.
Cosi, s. cousin; — *lehen*, cousin germain.
Costuma, s. coutume.
Costuma, costumatze, costumatu, v. accoutumer.
Cota, s. jupe.
Cotapellot, s. jupon.
Cotchi, s. coussin.
Coteru, s. gouttière.

Coto, s. coton.
Coumbat, s. combat, v. *gudu*.
Coumbati, coumbatitze, coumbatitu, v. combattre.
Coumberti, coumbertitze, coumbertitu, v. convertir.
Coumpli, coumplitze, coumplitu, v. accomplir.
Coumplimentu, s. compliment.
Councor, adj. bossu, contrefait.
Coundena, coundenatze, coundenatu, v. condamner.
Coundenacione, s. condamnation.
Counderac, s. pl. chapelet.
Counsella, counsellatze, counsellatu, v. conseiller.
Counsellu, s. conseil.
Counsola, counsolatze, counsolatu, v. consoler.
Counsolacione, s. consolation.
Counlent, adj. content.
Countenta, countentatze, countentatu, v. contenter.
Countrario, adj. contraire.
Countre, prép. contre.
Countsoumi, countsoumitze, countsoumitu, v. consommer.
Crabata, s. cravate.
Crea, creatze, creatu, v. créer.
Creacione, s. création.
Creatura, s. créature.
Creazale, s. créateur.
Cristal, s. cristal.
Cruceidu, s. devidoir.
Crucifica, crucificatze, crucificatu, v. crucifier.
Crudel, adj. cruel.
Cuña, s. berceau.
Cuñat, s. beau-frère.
Cuñata, s. belle-sœur.
Cunte, s. sorte, espèce.
Curcuru, s. cercle.

Curhullu, s. quenouille à lin.
Curious, adj. curieux; || propre.
Cuscullu, s. bulle.

Cusku, s. cocon; || coque, enveloppe d'un fruit.
Cuya, s. citrouille.
Cuzuña, s. cousine.

D

Dabentia, s. tablier.
Dallu, s. faulx.
Damna, *damnatze*, *damnatu*, s. damner.
Damnacione, s. damnation.
Damu, s. dommage.
Dantza, s. danse.
Dantza, *dantzatze*, *dantzatu*, v. danser.
Dantzado, s. toupie.
Dantzari, s. danseur, danseuse.
Debadio, s. discussion.
Debeca, *debecatze*, *debecatu*, v. défendre.
Debeku, s. défense.
Debera, *deberatze*, *deberatu*, v. ennuyer.
Debot, adj. pieux.
Debru, s. diable.
Defenda, *defendatze*, *defendatu*, v. défendre.
Défendu, s. défense.
Dei ou *deit*, *deitze*, *deithu*, v. appeler, nommer.
Deithora, *deithoratze*, *deithoratu*, v. plaindre.
Deithoregarri, adj. lamentable, déplorable.
Deithura, s. nom de famille.
Deja, adv. déjà.
Delibera, *deliberatze*, *deliberatu*, v. délibérer.
Delibero, s. résolution.
Dembora, s. temps.
Demonio, s. démon.
Dendari, s. couturière.
Descarga, *descargatze*, *descargatu*, v. décharger.

Desegin, *desegite*, *desegin*, s. défaire.
Deseñ, s. dessein.
Deserta, s. dessert.
Desertu, s. désert.
Desesperacione, s. désespoir.
Desfama, s. diffamation.
Desfama, *desfamatze*, *desfamatu*, v. diffamer.
Desfortuna, s. infortune.
Desgisa, *desgisatze*, *desgisatu*, v. défigurer.
Desgousta, *desgoustatze*, *desgoustatu*, v. dégoûter.
Desgoustu, s. dégoût.
Desingana, *desinganatze*, *desinganatu*, v. détromper.
Desira, *desiratze*, *désiratu*, v. désirer.
Desiragarri, adj. désirable.
Desobedi, *desobeditze*, *desobeditu*, v. désobéir.
Desobediencia, s. désobéissance.
Desobedient, adj. désobéissant.
Desolagarri, adj. désolant.
Desordre, s. désordre.
Desouhoura, *desouhouratze*, *desouhouratu*, v. déshonorer.
Desouhoure, s. déshonneur.
Despedi, *despeditze*, *despeditu*, v. expédier.
Desplazer, s. chagrin, déplaisir.
Destorbu, s. accident.
Destrempu, s. indisposition.
Destrui, *destruitze*, *destruitu*, v. détruire.
Detchima, s. dîme, rente.
Deus, adv. rien.

Dibino, adj. divin.
Diharu, s. argent, monnaie.
Dilubio, s. déluge.
Diner, s. denier.
Diño, adj. digne.
Dispensa, dispensatze, dispensatu, v. dispenser, distribuer.
Dispensazale, s. dispensateur.
Dithari, s. dé.
Dizipulu, s. disciple.
Dobla, doblatze, doblatu, v. doubler.
Dohacabe, adj. malheureux.
Dohacaitz, s. malheur, revers.
Dohañ, s. don, destin; || bonheur.
Dohañhoun, s. bonheur.
Dohaxu, adj. heureux.

Dohaxutarzun, bonheur.
Doi, s. juste, nécessaire; || dans de justes proportions.
Dolore, s. douleur.
Dolorous, adj. douloureux.
Dolu, s. deuil, chagrin; || repentir.
Dolu, dolutze, dolutu, v. se repentir.
Dolumen, s. repentir.
Domissanthore, s. Toussaint.
Dotore, s. docteur.
Dotrina, s. doctrine.
Drano, prép. ins. jusque.
Duda, s. doute.
Duda, dudatze, dudatu, v. douter.
Dulubio, s. déluge.
Durunda, s. tonnerre.

E

Ebak, ebakitze, ebaki, v. faucher, couper.
Ebanjelio, s. évangile.
Ebax, ebaste, ebaxi, v. dérober, voler, soustraire.
Ebil, ebilte, ebili, v. aller, marcher.
Eci, conj. car.
Eciez, conj. que, que non pas.
Ecin, s. et adj. impossibilité, impossible.
Ecinago, adv. infiniment.
Ecint, ecintze, ecintu, v. épuiser.
Edan, edate, edan, v. boire.
Edanountzi, s. vase à boire, coupe.
Edaran, edarate, edaran, v. abreuver, faire boire.
Eduri, s. boisson.
Eder, adj. beau.
Eder, edertze, edertu, v. embellir.
Edertarzun, s. beauté.

Ediren, edireite, ediren, v. trouver.
Edo, conj. ou.
Edozouñ, pr. n'importe qui.
Eduk, edukitze, eduki, v. tenir, entretenir.
Efetu, s. effet.
Egar, egarte, egari, v. préserver, garantir; || supporter.
Egarri, adj. altéré.
Egarsu, s. soif violente.
Egarzola, s. fondement.
Egia, s. vérité.
Egiazco, adj. vrai, véritable.
Egiazki, adv. vraiment.
Egin, egite, egin, v. faire.
Eginbide, s. devoir.
Egindura, s. façon, forme.
Egingei, s. projet.
Egitate, s. œuvre, action.
Egite, s. ressemblance.
Egotliar, s. habitant.
Egois, egoiste, egotchi, v. jeter, abattre.

Eyon, egoite, eyon, v. rester, demeurer.

Egongia, s. demeure.

Egos, egoste, egosi, v. cuire, bouillir.

Eguberri, s. Noël.

Eguerdi, s. midi.

Egun, s. jour; ‖ adv. aujourd'hui.

Egundano, adv. jamais.

Egur, s. bois.

Egurcari, s. bûcheron.

Egurtegi, s. bûcher.

Eguruk, egurukite et *egurukitze, eguruki,* v. attendre.

Eguzaita, s. parrain.

Eguzama, s. marraine.

Eguzhaur, s. filleul, filleule.

Ehe, s. lessive.

Ehelega, ehelegatze, ehelegatu, v. enrager, vexer.

Ehi, adj. aisé, facile.

Eho, ehaite, eho, v. tuer; ‖ digérer; ‖ moudre; ‖ tisser.

Ehortz, ehortze, ehortzi, v. ensevelir.

Ehortz-lekhu, s. tombeau.

Ehortzeta, s. enterrement.

Ehule, s. tisserand.

Ehun, adj. cent.

Ehuntari, s. centainier, centurion.

Eihart, eihartze, eihartu, v. dessécher.

Eihera, s. moulin.

Eiherarri, s. meule.

Eijer, adj. joli.

Eisker, adj. gauche.

Ekhar, ekharte, ekharri, v. apporter.

Ekhi, s. soleil.

Ekhijalkhigia, s. levant.

Ekhitzalgia, s. couchant.

Ekhoiliar, s. locataire; ‖ habitant.

Ekhoizpen, s. fruit, profit, avantage.

Elder, s. bave.

Elgaitzac, s. pl. fièvres périodiques.

Elge, s. champ, plaine cultivée.

Elhe, s. parole.

Elhesta, s. conversation.

Elhestalde, s. conversation, dialogue.

Elhestari, s. orateur.

Elhorri, s. épine.

Elhorrista, elhorristatze, elhorristatu, v. garnir d'épines.

Elhur, s. neige.

Elibat, pr. quelques-uns.

Eliki, s. contentement.

Eliza, s. église.

Elizachori, s. moineau.

Elkh, elkhite, elkhi, v. sortir, extraire.

Eltcho, s. insecte, moucheron.

Ema, ematze, ematu, v. calmer, apaiser.

Emagin, s. sage-femme.

Emaitze, s. don, présent, cadeau.

Eman, emaite, eman, v. donner.

Emazte, s. femme.

Emboma, embomatze, embomatu, v. embaumer.

Embrasa, embrasatze, embrasatu, v. embarasser.

Embrasu, s. embarras.

Eme, s. calme; ‖ adj. doux, calme; ‖ femelle.

Emenda, emendatze, emendatu, v. augmenter, ajouter.

Emeki, adv. doucement; ‖ — emeki, peu à peu.

Emperadore, s. empereur.

Empesa, s. empois, amidon.

Empesa, empesatze, empesatu, v. empeser.

Emphatcha, emphatchatze, em-phatchatu, v. empêcher.

Emphatchu, s. empêchement.

Emphella, emphellatze, emphellatu, v. greffer.

Emplaztu, s. emplâtre.

Emplega, emplegatze, emplegatu, s. employer.

Emplegu, s. emploi.

Ene, adj. mon, ma, mes ; ‖ pr. mien, mienne ; ‖ gén. de ni.

Engorga, engorgatze, engorgatu, v. constiper.

Engorgadura, s constipation.

Eñhe, eñhetze, eñhe, v. fatiguer.

Eñhegarri, ad. fatigant.

Enjogidura, s. éducation, direction.

Ensalada, s. salade.

Enthelega, enthelegatze, enthelegatu, v. comprendre, entendre.

Enthelegu, s. intelligence.

Enthelegudun, adj. intelligent.

Enthelegugabe, adj. borné, sans intelligence.

Entheleguxu, adj. intelligent, spirituel.

Entres, s. intérêt.

Entzun, entzute, entzun, v. entendre.

Entzute, s. ouïe.

Ephaile, s. faucheur.

Ephañ, ephaite, ephañ, v. faucher.

Ephanchu, s. obstacle.

Ephel, adj. tiède.

Ephel, ephellze, ephellu, v. attiédir, rendre tiède, devenir tiède.

Epheltarzun, s. température tiède, tiédeur.

Epher, s. perdrix.

Epistola, s. épître.

Erabil, erabille, erabili, v. manier, user, conduire.

Eracas, eracaste, eracasi, v. enseigner.

Eracaspen, s. doctrine, enseignement.

Eracoux, eracouste, eracouxi, v. montrer.

Eraik, eraikite, eraiki, v. élever, enlever, ramasser, retirer.

Eraikite, s. élévation.

Eraix, eraiste, eraixi, v. descendre.

Erakhar, erakharte, erakharri, v. faire porter, faire amener.

Erakit, erakitze, erakitu, s. bouillir, être en ébullition.

Eraman, eramaite, eraman, s. emmener, enlever, emporter.

Erantzun, erantzute, erantzun, v. faire entendre, répondre.

Eraunxi, s. averse.

Eraux, erauzte, erauzi, v. troubler, renverser.

Eraz, erazte, erazi, v. faire faire.

Erbi, s. lièvre.

Erche, s. intestin, boyau.

Erdi, s. moitié, milieu ; ‖ adj. demi.

Erdi, erditze, erditu, s. mettre bas ; ‖ accoucher.

Erdian, adv. et prép. au milieu.

Erdira, erdiratze, erdiratu, v. fendre, partager.

Erdolla, s. rouille ; ‖ tache de rousseur.

Ere, adv. aussi.

Ereile, s. semeur.

Eremu, s. étendue de terrain.

Ereñ, ereite, ereñ, v. semer ; ‖ planter.

Erenegun, adv. avant-hier.

Erenegunago, adv. le jour avant avant-hier.

Eretchek, *eretchekitze*, *eretcheki*, v. faire tenir, attacher.

Eretz, s. opposition, partie opposée, vis-à-vis.

Eretzian, adv. vis-à-vis, à l'égard de.

Ergel, s. sot, imbécile.

Ergi, s. bouvillon.

Ergoun, adj. timide.

Erha, *erhatze*, *erhatu*, v. devenir fou.

Erhaile, s. meurtrier.

Erhatz, s. balai.

Erhatzta, *erhatztatze*, *erhatztatu*, s. balayer.

Erhaus, *erhaustze*, *erhaustu*, v. réduire en poussière.

Erhaux, s poudre, poussière.

Erhaztun, s. anneau, bague.

Erhi, s. doigt.

Erhitchinker, s. petit doigt.

Erho, adj. fou.

Erho, *erhaite*, *erho*, v. tuer.

Eri, adj. malade.

Eri, *eritze*, *eritu*, v. devenir malade, rendre malade.

Eritarzun, s. maladie.

Erkhor, adj. dur d'oreille.

Erkhort, *erkhortze*, *erkhortu*, v. assourdir.

Erle, s. abeille.

Erlekia, s. relique.

Erlijione, s. religion.

Erlouri, s. scorpion.

Ermitha, s. ermitage.

Ernari, adj. pleine (femelle qui porte un ou des petits).

Eroan, *eroaite*, *eroan*, v. emporter.

Eror, *erorte*, *erori*, v. tomber.

Eros, *eroste*, *erosi*, v. acheter.

Erospen, s. achat.

Erra, *erratze*, *erre*, v. brûler, rôtir.

Erraberia, s. délire.

Errabia, s. rage.

Errabia, *errabiatze*, *errabiatu*, v. enrager.

Errabiadura, s. rage.

Erracari, s. caustique.

Errada, *erradatze*, *erradatu*, v. raser, faire mesure rase.

Erradaki, s. rouleau pour faire mesure rase.

Erradura, s. brûlure.

Errai, s. poumon.

Erraiteco, s défaut.

Erraki, s. rôti.

Erramu, s. laurier; || fête des Rameaux.

Erramutze, s. laurier.

Erran, *erraite*, *erran*, v. dire.

Errañ, rein.

Erras, adv. beaucoup, très.

Errasa, *errasatze*, *errasatu*, v. raser.

Errecebi, *errecebitze*, *errecebitu*, v. recevoir.

Errecela, s. recette.

Errecolta, s. récolte.

Errege, s. roi.

Erregegoa, s. règne.

Erregiña, s. reine.

Erregla, s. règle.

Erregla, *erreglatze*, *erreglatu*, v. régler.

Errejent, s. instituteur.

Erreka, s. rigole, ruisseau, rivière.

Errekeita, *errekeitatze*, *errekeitatu*, v. recueillir, soigner.

Errelijione, s. religion.

Errelijious, adj. religieux.

Erremedio, s. remède.

Erremestia, *erremestiatze*, *erremestiatu*, v. remercier.

Erkhide, adj. jumeau.

Erremestiamentu, s. remerciement. Voyez *Esker*.

Errena, s. bru, belle-fille.

Errenda, *errendatze*, *errendatu*, v. rendre.

Erreparacione, s. réparation.

Errespeta, *errespetatze*, *errespetatu*, v. respecter.

Errespetu, s. respect.

Erresouma, s. royaume.

Erretira, *erretiratze*, *erretiratu*, v. retirer.

Erretor, s. curé.

Erreusi, *erreusitze*, *erreusitu*, v. réussir.

Erri, s. rire ; — *egin*, rire.

Errota, s. roue.

Errullu, s. cantharide.

Errun, *errute*, *errun*, v. pondre.

Ertzo, adj. insensé, idiot.

Escalampou, s. sabot.

Escaler, s. escalier.

Escall, s. écaille.

Escandal, s. scandale.

Escaz, s. insuffisance ; ‖ adv. pas assez.

Escaztarzun, s. insuffisance.

Esclabaje, s. esclavage.

Esclabo, s. et adj. esclave.

Esclat, s. éclat.

Escola, s. école.

Escola, *escolatze*, *escolatu*, v. élever, instruire, enseigner.

Escudanza, s. esquinancie.

Escumuca, *escumucatze*, *escumucatu*, v. excommunier.

Escuñ, s. et adj. côté droit, droit.

Escupeco, s. subordonné.

Escusa, s. excuse.

Eske, s. misérable, mendiant.

Eskele, s. et adj. misérable, mendiant.

Eskent, *eskentze*, *eskentu*, v. offrir.

Esker, s. remerciement, reconnaissance.

Eskergabe, adj. ingrat.

Eskergaisto, s. ingratitude.

Eskerleta, s. écarlate.

Eskernia, *eskerniatze*, *eskerniatu*, v. affliger, gêner.

Eskernio, s. gêne, affliction.

Eskieta, *eskietatze*, *eskietatu*, v. livrer, mettre dans les mains.

Esku, s. main.

Eskuarte, s. ressources pécuniaires.

Eskuchucade, s. essuie-mains.

Eskularru, s. gant.

Eskumancho, s. gant.

Espalda, s. épaule, omoplate.

Espantagarri, adj. étonnant, stupéfiant.

Espantu, s. vanterie, charlatanisme.

Espartiña, s. sandale de corde.

Espata, s. épée.

Especia, s. épice.

Espinaga, s. épinard.

Espinsetac, s. pl. pincettes.

Espiou, s. espion.

Espiritu, s. esprit.

Esplicacione, s. explication.

Esposa, *esposatze*, *esposatu*, v. exposer.

Espounset, s. brosse.

Espounseta, *espounsetatze*, *espounsetatu*, v. brosser.

Espous, s. époux, épouse.

Espousa, *espousatze*, *espousatu*, v. épouser.

Esprabu, s. épreuve.

Establi, *establitze*, *establitu*, v. établir.

Establia, s. étable.

Estacuru, s. défaut ; ‖ prétexte.

Estal, estaltze, estali, v. couvrir.
Estalgi, s. couverture.
Estañu, s. étain.
Estatu, s. état.
Esteca, estecatze, estecatu, v. lier, attacher.
Estek, estekitze, esteki, v. lier, attacher.
Esteyari, adj. misérable.
Estima, estimatze, estimatu, v. estimer.
Estofa, s. étoffe.
Estola, s. étole.
Estoumac, s. estomac.
Estouna, estounatze, estounatu, v. étonner.
Estounagarri, adj. étonnant.
Estremitate, s. extrémité.
Estrena, s. étrenne.
Estrena, estrenatze, estrenatu, v. étrenner.
Eta, conj. et.
Etchalte, s. maison rurale, ferme, métairie.
Etchano, s. petite maison.
Etche, s. maison.
Etcheco seme, s. cadet.
Etchek, etchekitze, etcheki, v. tenir, retenir, garder, conserver.
Etchezañ, s. fermier.
Etchola, s. petite maison, cabane, tente.
Eternitate, s. éternité.
Ethen, etheite, ethen, v. rompre.
Etzan, etzate, etzan, v. coucher.
Etzangia, s. litière.
Etzi, adv. après-demain.
Etzidamu, adv. le jour après après-demain.
Euri, s. pluie.
Eurixu, adj. pluvieux.
Exai, s. ennemi.
Exaigoa, s. inimitié.

Examina, examinatze, examinatu, v. examiner.
Exemplu, s. exemple.
Ez, adv. non, ne pas.
Ezaba, ezabatze, ezabatu, v. dissimuler, disparaître.
Ezachol, adj. négligent, insouciant.
Ezacholkeria, s. négligence, manque de soin.
Ezagun, s. connaissance; || marque.
Ezagut, ezagutze, ezagutu, v. connaître, reconnaître.
Ezagutze, s. reconnaissance.
Ezar, ezarte, ezari, s. mettre, placer.
Ezcapa, ezcapitze, ezcapi, v. échapper.
Ezcaratz, s. écurie, aire dépicatoire, remise.
Ezco, s. cire.
Ezcosta, ezcostatze, ezcostatu, v. cirer.
Ezcount, ezcountze, ezcountu, v. marier.
Ezcountgei, s. et adj. fiancé.
Ezcountze, s. mariage.
Ezcur, s. faine.
Ezdeus, s. vaurien; || néant.
Ezdeus, ezdeuste, ezdeustu, v. anéantir.
Ezdeustarzun, s. néant.
Ezne, s. lait.
Eznekente, s. laitage.
Ezpañ, s. lèvre.
Ezpata, s. épée.
Ezpel, s. buis.
Ezpere, adv. seulement.
Eztei, s. noce.
Ezteiliar, s. et adj. qui est de la noce.
Ezti, s. miel; || adj. doux.
Ezti, eztitze, eztitu, v. adoucir.
Eztitarzun, s. douceur.
Eztul, s. toux.
Ezur, s. os.

F

Fabla, s. fable.
Fabore, s. faveur.
Fabrica, s. fabrique.
Fabrica, fabricatze, fabricatu, v. fabriquer.
Falcou, s. faucon, épervier.
Falla, s. faute.
Falla, fallatze, fallatu, v. manquer, faire défaut.
Falxu, adj. faux.
Fama, s. réputation, renommée.
Famatu, adj. renommé, célèbre.
Familia, s. famille.
Fani, fanitze, fanitu, v. faner.
Fantesia, s. fantaisie, caprice.
Farza, s. plaisanterie.
Fede, s. foi.
Feit, s. fait.
Felicita, felicitatze, felicitatu, v. féliciter.
Fermo, adj. ferme.
Fermoki, adv. fermement.
Ferreta, s. seau.
Fi, adj. fin.
Fida, fidatze, fidatu, v. fier, confier.
Fidanza, s. confiance.
Fidel, adj. fidèle.
Fier, adj. fier.
Finecia, s. finesse.
Fiola, s. fiole, flacon.
Fite et fitetz, adv. vite.

Fixa, fixatze, fixatu, v. fixer.
Fixo, adj. fixe.
Flaca, flacatze, flacatu, v. affaiblir, faiblir.
Flacatze, s. affaiblissement.
Flakezia, s. faiblesse.
Flaku, adj. faible.
Foina, s. fouine.
Folxu, s. pouls.
Fonda, fondatze, fondatu, v. fonder.
Fondamen, s. fondement.
Forma, s. forme.
Forma, formatze, formatu, v. former.
Fornizale, s fournisseur.
Forradura, s. doublure.
Fortuna, s. fortune.
Founxgabe, adj. insouciant.
Fourreu, s. fourreau.
Fraide, s. frère, religieux.
Fraire, s. frère, religieux.
Frances, adj. Français.
Franco, adj. abondant.
Francoki, adv. abondamment.
Frankezia, s. abondance.
Fresca, frescatze, frescatu, v. rafraichir.
Fresk, adj. frais.
Frijit, frijitze, frigitu, v. frire.
Fruta, s. fruit.
Frutu, s. fruit.
Furia, s. fureur.
Furious, adj. furieux.

G

Gabe, prép. sans.
Gabecia, s. disette, dénuement, privation.
Gabet, gabetze, gabetu, v. priver.
Gacho, adj. pauvre, à plaindre.

Gachour, s. petit-lait.
Gaci, adj. salé.
Gaci, gacitze, gacitu, v. saler.
Gacitegi, s. saloir.
Gaha, gahatze, gahatu, v. atteindre, saisir.
Gahi, adj. mince.

Gahun, s. écume.

Gai, s. nuit.

Gaihalara, adv. de nuit.

Gaiherdi, s. minuit.

Gaiski et *gaizki*, adv. mal.

Gaiskigile, s. malfaiteur.

Gaiskigin, s. méfait, mauvaise action.

Gaiskigin, *gaiskigile*, *gaiskigin*, v. commettre un méfait ou des méfaits.

Gaiskisal, *gaiskisaltze*, *gaiskisaldu*, v. médire, trahir.

Gaiskisalha, *gaiskisalhatze*, *gaiskisalhatu*, v. médire.

Gaisto, adj. mauvais, vicieux.

Gaistokeria, s. vice, méchanceté.

Gaitz, s. mal, malheur ; ‖ adj. difficile ; ‖ méchant.

Gaitz, *gaizte*, *gaiztu*, v. mettre en colère.

Gaitzex, *gaitzeste*, *gaitzexi*, v. improuver.

Gaitzit, *gaitzitze*, *gaitzitu*, v. contrarier.

Gaitzmin, s. tourment.

Gaitzuru, s. mesure, boisseau.

Gaiza, s. chose.

Gal, *galtze*, *galdu*, v. perdre.

Galbide, s. tentation, scandale.

Galgarri, adj. pernicieux.

Galopa, *galopatze*, *galopatu*, v. galoper.

Galtha, *galthatze*, *galthatu*, v. demander.

Galtho, s. demande.

Galtza, s. bas, guêtre.

Galtzacorda, s. jarretière.

Galtze, s. perte.

Gañ, s. crème ; ‖ dessus.

Gana, prép. chez, vers.

Ganchigor, s. résidu de graisse très-cuite, appelé dans le Midi, suivant les lieux, friton, chichon, graisseron.

Gañen, prép. sur.

Ganibet, s. couteau.

Gañti, *gañtitze*, *gañtitu*, v. avaler.

Gar, s. flamme.

Garagar, s. orge.

Garalla, s. gravier.

Garalla, *garallatze*, *garallatu*, v. empierrer.

Garbi, adj. propre, ordonné.

Garbi, *garbitze*, *garbitu*, v. nettoyer, purifier.

Garda, s garde; ‖ douanier.

Gardu, s. chardon.

Garhail, *garhaitze*, *garhaitu*, v. vaincre.

Garmendi, s. volcan.

Garratz, adj. rude, sévère.

Gasoil, s. et adj. chauve.

Gasta, *gastatze*, *gastatu*, v. gâter.

Gastu, s. dépense.

Gathu, s. chat.

Gatic, prép. à cause de ; ‖ malgré.

Gatz, s. sel.

Gatza, *gatzatze*, *gatzatu*, v. cailler.

Gatzagi, s. présure.

Gatzotz, adj. fade.

Gatzotz, *gatzozte*, *gatzoztu*, v. affadir.

Gatzountzi, s. salière.

Gaur, adv. ce soir, cette nuit.

Gazna, s. fromage.

Gaztaña, s. châtaigne, marron.

Gaztañatze, s. châtaignier.

Gaztañatoy, s. châtaigneraie.

Gazte, adj. jeune.

Gaztelu, s. château, prison.

Gazteria, s. jeunesse.

Gaztetarzun, s. jeunesse.
Gaztezaro, s. jeunesse.
*Gaztiga, gaztigatze, gaztiga-
tu*, v. châtier.
Gaztigu, s. châtiment.
Gehiago, adv. plus.
Gehien, s. chef, prince ; || adj.
premier, aîné.
Gei, s. matière.
Gelari, s. serviteur ou servante
d'ecclésiastique.
Geñha, geñhatze, geñhatu, v.
amasser.
Gera, s. gésier.
Gerezi, s. cerise.
Gerezitze, s. cerisier.
Gerla, s. guerre.
Gero, s. suite, avenir ; || adv.
ensuite ; || conj. après que,
puisque.
Geroz, adv. et conj. ensuite,
après que, puisque.
Gerren, s. broche.
Gerri, s. rein.
Gerrico, s. ceinture.
Gerruntze, s. taille.
Gertha, gerthatze, gerthatu,
v. arriver.
Geztera, s. pierre à aiguiser.
Gezur, s. mensonge ; — *er-
ran*, mentir.
*Gezurta, gezurtatze, gezur-
tatu*, v. démentir.
Gezurti, s. menteur.
Gibel, s. foie ; || derrière.
Gibeliau, adv. derrière.
Gibelmin, s. fiel.
Gibeltu, gibeltze, gibeltu, v. re-
culer, détourner.
Gicen, adj. gras.
Gicen, gicentze, gicentu, v. en-
graisser.
Gicentarzun, s. embonpoint.
Gida, gidatze, gidatu, v. guider.
Giharreba, s. *aita* — beau-
père.

Giharrebasa, s. *ama* — belle-
mère.
Gillica, gillicatze, gillicatu, v.
chatouiller.
Gillicor, adj. chatouilleux.
Giltz, s. clef ; || articulation.
Giltza, giltzatze, giltzatu, s.
fermer à clef.
Giltzañ, s. marguillier.
Giltzarrapo, s. serrure.
Gisa, s. espèce, sorte, façon,
forme.
Giza, s. comme *gisa*.
Gizeli, s. tribu.
Gizoun, s. homme.
Gizounerhaite, s. meurtre.
Gizounkente, s. humanité.
Gloria, s. gloire.
Glorious, adj. glorieux ; || va-
niteux.
Goaita, goaitatze, goaitatu, v.
guetter, épier.
*Goberna, gobernatze, gober-
natu*, v. gouverner.
Gobernadore, s. gouverneur.
Gobernanta, s. cuisinière.
Godeña, s. coing.
Godeñatze, s. coignassier.
Goga, gogatze, gogatu, v. ga-
gner, s'emparer de l'esprit
ou de l'affection.
Gogo, s. pensée, intention ||
hounez, volontiers.
Gogoa, gogoatze, gogoatu, v.
comprendre.
*Gogoeman, gogoemaite, gogoe-
man*, v. penser, réfléchir.
Gogor, adj. dur.
Gogor, gogortze, gogortu, v.
durcir, devenir dur.
Gogortarzun, s. dureté.
Gogozca, s. réflexion, pensée.
*Gogozca, gogozcatze, gogoz-
catu*, v. réfléchir, méditer.
Gohenuzur, s. écrouelles.
Goihen, s. sommet.

Goit, goitze, goithu, v. vaincre, avoir le dessus.
Goiti, adv. en haut.
Goiti, goititze, goititu, v. lever ; || enfermer, mettre en sûreté.
Goitzale, s. et adj. vainqueur, victorieux.
Goitzarren, s' persécution, avanie.
Goiz, s. matin.
Golde, s. soc.
Goldenabar, s. charrue.
Goldenabarcari. s laboureur.
Golhare, s. cuiller.
Gomenda, gomendatze, gomendatu, v. recommander.
Gor, adj. sourd.
Gora, adj. haut ; || adv. en haut.
Gora, goratze, goratu, v. élever ; || enorgueillir.
Gorabehera, s. fluctuation de prix.
Goraipha, goraiphatze, goraiphatu, v. louer.
Goratze, s. élévation.
Gorda, gordatze, gorde, v. cacher.
Gorde, adj. caché.
Gordin, adj. cru ; || vert.
Gorex, goreste, gorexi, v. glorifier.
Gorhail, adj. roux.
Gorhara, adj. rougeâtre.
Gorocema, s. Carême.
Gorochuma, s. Carême.
Gorostia, s. houx.
Gorotz, s. fumier.
Gorri, adj. rouge.
Gorri, gorritze, gorritu, v. rougir.

Gorriska, adj. rougeâtre.
Gose, s faim ; || adj. affamé
Gose, gosetze, gosetu, v. avoir faim.
Gosete, s. famine ; || adj. affamé.
Gothor, adj. fort, aux formes développées.
Gothor, gothortze, gothortu, v. se fortifier, grandir.
Goudalet, s. verre.
Gounz, s. goud.
Goure, adj nôtre ; || pr. nôtre ; || gen. de gu.
Gourhi, s. beurre.
Goustu, s. goût.
Goza, gozatze, gozatu, s. jouir.
Gozo, s. suc ; || goût ; || adj. savoureux.
Gracia, s. grâce.
Gradu, s. état, rang.
Graspa, s. marc.
Gresilla, s. gril.
Greugari, adj. dégouttant.
Gris, adj. gris.
Gu, pr. nous.
Gucia, adj. tout.
Gudicia, s. désir.
Guduca, guducatze, guducatu, v. combattre, lutter.
Guduka, s. combat, lutte.
Gultzurrun, s. rein.
Gune, s. place, endroit.
Gur, s. génuflexion.
Gur, gurtze, gurthu, v. s'agenouiller, fléchir le genou.
Guthun, s. livre.
Guti, adv. peu ; || moins.
Gutiex, gutieste, gutiexi, v. mépriser.

H

Habe, s. colonne, pilier.
Habia, s. nid.
Haboro, adv. plus.

Hache, s. charge.
Hacienda, s. bétail, troupeau.
Haga, s. barre, perche, gaule.

Hagin, s. dent molaire.
Hagun, s. écume.
Hagunta, haguntatze, hagun-
tatu, v. écumer.
Haiduru, adj. qui attend, dans
l'attente.
Haisturrac, s. pl. ciseaux.
Haita, haitatze, haitatu, v.
choisir.
Haitu, s. choix.
Naitzur, s. pioche.
Haitzurle, s. ouvrier agricole.
Haizu, adj. permis; ‖ pouvant;
‖ digne de.
Hala, adv. ainsi.
Halaber, adv. de même.
Halabiz, loc. int. ainsi soit-
il.
Halaco, pr. tel, quel.
Halatan, adv. ainsi.
Halere, conj. néanmoins.
Hallica, hallicatze, hallicatu,
v. dévider.
Hallico, s. peloton.
Halz, s. aulne.
Hamabi, adj. douze.
Hamabigerren, adj. douzième.
Hamabost, adj. quinze.
Hamabostgerren, adj. quin-
zième.
Hamahirour, adj. treize.
Hamahirourgerren, adj. trei-
zième.
Hamalaur, adj. quatorze.
Hamalaurgerren, adj. quator-
zième.
Hamar, adj. dix; ‖ dizaine.
Hamargerren, adj. dixième.
Hamasei, adj. seize.
Hamaseigerren, adj. seizième.
Hamazazpi, adj. dix-sept.
Hamazazpigerren, adj. dix-
septième.
Hamazortzi, adj. dix-huit.
Hamazortzigerren, adj. dix-
huitième.

Hameca, adj. onze.
Hamecagerren, adj. onzième.
Hamu, s. ligne, hameçon.
Han, adv. là.
Hañ, adv. tant, si, autant,
aussi.
Hancura, s. tumeur, enflure.
Handi, adj. grand.
Handious, adj. hautain.
Handit, handitze, handitu, v.
grandir.
Handitarzuna, s. grandeur.
Hanitch et *hanitz*, adv. beau-
coup, plusieurs.
Hañsarri, adv. aussitôt.
Hant, hantze, hantu, v. gon-
fler, enfler.
Hantura, s. enflure.
Har, s. ver.
Har, hartze, hartu, v. pren-
dre, recevoir.
Hara, adv. là.
Haraitzina, adv. désormais.
Harbotchu, s. rocher.
Harcilo, s. caverne, grotte.
Hardatz, s. fuseau.
Hardit, adj. hardi.
Hardit, harditze, harditu, v.
s'enhardir.
Hari, s. fil.
Hariña, s sable.
Hariñasta, hariñastatze, ha-
riñastatu, v. sabler.
Harista, haristatze, haristatu,
v. enfiler.
Haritz, s. chêne.
Harlach, s. retraite dans les
cheminées, tablette.
Haro, s. saison.
Harpa, s. harpe.
Harpalari, s. harpiste.
Harri, s. pierre, caillou; ‖
grêle.
Harricaldusta, harricaldus-
tatze, harricaldustatu, v. la-
pider.

Harrigile, s. maçon.

Harrista, harristatze, harristatu, v. paver, empierrer.

Harrit, harritze, harritu, v. étonner, pétrifier.

Harrite, s. grêle.

Harro, harrotze, harrotu, v. véreux, devenir véreux — crépu — rude.

Harrobi, s. carrière.

Harroca, s. pierre, roche, rocher.

Hartacoz, conj. c'est pourquoi.

Hartoki, s. terrain pierreux.

Hartz, s. ours.

Hartze, s. créance.

Hartzedun, s. créancier.

Has, haste, hasi, v. commencer.

Hasperen, s. soupir.

Haste, s. commencement.

Hastepen, s. commencement.

Hastia, hastiatze, hastiatu, v. haïr, détester.

Hastio, adj. détesté — *ukhen*, détester.

Hatiac, s. pl. meubles, équipements.

Hatz, s. démangeaison.

Hatzaman, hatzamaite, hatzaman, v. attraper.

Hau, pr. il, elle ; ‖ celui-ci ; ‖ adj. ce, cet.

Haudelu, adv. voilà que.

Haur, s. enfant.

Haurkente, s. enfance.

Haurmin, s. travail, mal d'enfant.

Haurregoiste, s. fausse couche.

Haurrukheite, s. accouchement.

Haurzurz, s. orphelin.

Hauspo, s. soufflet.

Haux, s. cendre.

Haux, hauste, hauxe, v. rompre, couper ; ‖ briser, détruire ; ‖ violer.

Hauxcor, adj. fragile.

Hauxte, s. jour des Cendres.

Kar, s. souffle.

Haxarre, s. commencement.

Haz, hazte, hazi, v. nourrir.

Hazca, hazcatze, hazcatu, v. gratter.

Hazcou, s. blaireau.

Hazcurru, s. nourriture.

Hazta, haztatze, haztatu, v. gratter, frotter.

Haztal, s. talon.

Haztalbeharri, s. malléole.

Hazteri, s. gale.

Heben, adv. ici.

Hebi, s. pluie ; — *egin*, pleuvoir.

Heda, hedatze, hedatu, v. étendre.

Hede, s. courroie.

Hegal, s. aile.

Hegaldun, adj. ailé.

Hegalta, hegaltatze, hegaltatu, v. voler.

Hegaltari, s. volatile.

Hegatz, s. toit.

Hegazti, s. oiseau.

Hegi, s. bord.

Hegoa, s. vent du Sud.

Hegoalde, s. Sud, Midi.

Heipe, s. portique, parvis.

Hel, heltze, heltu, v. arriver.

Helbide, s. portée.

Hemen, adv. ici.

Hemeretzu, adj. dix-neuf.

Hemeretzugerren, adj. dix-neuvième.

Heñ, s. état, manière d'être ; ‖ degré.

Herabe, s. paresse.

Herabezti, s. paresseux, apathique.

Heraki, adj. bouillant.

Heraki, herakitze, herakitu, v. bouillir, fermenter.

Herecha, s. trace, marque.

Heren, adj. troisième, tiers.

Herensuge, s. dragon, hydre.

Herio, s. mort.

Heriotze, s. mortalité ; ‖ mort.

Heriozco, adj. mortel.

Herox, s. bruit.

Heroxti, adj. bruyant.

Herra, herratze, herratu, v. égarer, errer.

Herrapide, s. égarement.

Herratu, adj. égaré.

Herrenke, s. rang.

Herresta, herrestatze, herrestatu, v. ramper.

Herrestaca, adv. en rampant.

Herri, s. pays, contrée ; ‖ village.

Herridia, s. tribu, nation.

Herritar, s. compatriote.

Herro, s. racine, rejeton.

Herroka, s. ligne.

Hers, herste, hersi, v. panser, serrer.

Hersa, hersatze, hersatu, v. rétrécir ; ‖ s'adresser.

Herscallu, s. bande pour pansage.

Hersi, adj. étroit.

Hert, hertze, hertu, v. diminuer.

Heyagora, s. cri, plainte.

Hez, hezte, heri, v. dompter.

Hezcabia, s. teigne.

Hezgaitz, adj. mal dressé ; ‖ indompté.

Hi, pr. toi.

Higa, higatze, higatu, v. user.

Higanaut, s. huguenot.

Hika, s. cor aux pieds.

Hil, s. mort ; ‖ adj. mort.

Hil, hiltze, hil, v. mourir ; ‖ tuer ; ‖ éteindre.

Hilabethe, s. mois.

Hilouhoure, s. cérémonie funèbre, repas funèbre.

Hiltarreka, s. sillon.

Hiltze, s. mort.

Hira, s. chagrin, rancune.

Hire, adj. ton, ta, tes ; ‖ pr. tien.

Hiri, s. ville.

Hirodura, s. pourriture, pus.

Hirour, adj. trois.

Hirouretan, adv. trois fois.

Hirourgerren, adj. troisième.

Hirourgerrenecoric, adv. troisièmement.

Hirourna, adv. chacun trois.

Hirournaca, adv. trois à trois.

Hirournatan, adv. chacun trois fois.

Hirourtarzun, s. Trinité.

Hirourtasun, s. Trinité.

Hitz, s. mot, parole.

Hitzar, hitzartze, hitzartu, v. s'engager, promettre, convenir.

Hitzca, hitzcatze, hitzcatu, v. discuter.

Hitze, s. clou ; ‖ girofle.

Hitzeman, hitzemaite, hitzeman, v. promettre.

Hobi, s. tombeau.

Hobe et *hobiago,* comp. de *houn,* meilleur.

Hobeki, adv. mieux.

Hogei, adj. vingt ; ‖ s. vingtaine.

Hogeigerren, adj. vingtième.

Hola, adv. ainsi.

Hollax, adj. jaunâtre.

Holli, adj. jaune.

Hor, s. chien ; ‖ adv. là.

Hori, adj. ce, cet ; ‖ pr. il ; ‖ celui-là.

Hori, adj. jaune.

Hori, horitze, horitu, v. jaunir.

Horra, adv. voilà.

21

Hortz, s. dent.
Hospitale, s. hôpital.
Hotarrañ, s. homard.
Hotz, s. et adj. froid.
Hotz, *hozte*, *hoztu*, v. refroidir.
Houn, adj. bon.
Houñ, s. pied.
Houna, adv. voici.
Houncarri, s. engrais, fumier.
Houngallu, s. engrais.
Houngose, s. soif des richesses.
Hounki, s. bien, bienfait.
Hounki, *hounkitze*, *hounkitu* et *hounki*, v. toucher.
Hounla, adv. ainsi.
Hount, *hountze*, *hountu*, v. mûrir, rendre bon, devenir bon.
Hountarzun, s. bonté ; || fortune, bien, richesse.
Houñzola, s. plante du pied.
Hour, s. eau.
Hour et *hourt*, *hourtze*, *hourtu*, v fondre, se mettre en eau.
Houra, adj. ce, cet ; || pr. il ; || celui-là.
Hourcari, s. porteur d'eau.
Hourrounca, *hourrouncatze*, *hourrouncatu*, v. ronfler.
Hourrounka, s. ronflement.
Hourta, *hourtatze*, *hourtatu*, v. mouiller, humecter, arroser ; || rouir.
Hourtahila, s. janvier.
Hourte, s. inondation.
Hox, int. allons.

Hoxeman, *hoxemaite*, *hoxeman*, v. piquer, diriger par derrière un attelage de bœufs.
Hugu, *hugutze*, *hugutu*, v. haïr, détester.
Hugungarri, adj. détestable.
Hugunt, *huguntze*, *huguntu*, v. haïr.
Hullan, adj. proche ; || adv. près.
Hullant, *hullantze*, *hullantu*, v. approcher.
Hume, s. produit, fruit d'un animal.
Hun, s. cervelle ; || moëlle.
Huntz, s. hibou.
Huntzosto, s. lierre.
Hur, s. noisette.
Hurco-lagun, s. prochain.
Hurrun, adj. éloigné ; || adv. loin.
Hurrunt, *hurruntze*, *hurruntu*, v. éloigner.
Hurrupa, s. gorgée.
Hurrupa, *hurrupatze*, *hurrupatu*, v. aspirer, boire en aspirant.
Hurrux, s. coudrier.
Hurtze, s. noisetier.
Hustu, s. sifflet.
Hustula, *hustulatze*, *hustulatu*, v. siffler.
Hutcha, s. coffre, huche.
Hux, s. vide ; || privation, défaut, manque ; || adj. vide.
Hux, *huste*, *hustu*, v. vider ; || manquer.
Huxegin, *huxegite*, *huxegin*, v. manquer.

I

Ibar, s. vallée.
Iceba, s. tante.
Icen, s. nom.
Icengaintico, s. surnom.

Icenta, *icentatze*, *icentatu*, v. nommer, donner un nom.
Icerdi, s. transpiration, sueur ; || adj. suant, transpirant.

Icert, icertze, icertu, v. suer, transpirer.

Ichen, s. absinthe.

Icherdeca, icherdecatze, icherdecatu, v. élaguer, émonder.

Ichil, adj. silencieux.

Ichilt, ichiltze, ichiltu, v. taire.

Ichilca, adv. silencieusement, en secret.

Ichour, ichourte, ichouri, v. verser, répandre.

Ici, icitze, icitu, v. effrayer, étonner.

Icigarri, adj. étonnant ; || adv. étonnamment, beaucoup, très.

Idek, idekite, ideki, v. ouvrir ; || arracher, ôter, tirer.

Idi, s. bœuf.

Idok, idokite, idoki, v. ouvrir ; || arracher.

Idor, adj. sec.

Idort, idortze, idortu, v. sécher, dessécher.

Idorte, s. sécheresse.

Ifame, s. et adj. infâme.

Ifernu, s. enfer.

Igañ, igaite, igañ, v. monter.

Igunte, s. dimanche.

Igaraile, s. passant.

Igaran, igaraite, igaran, v. passer, traverser.

Igarangia, s. passage.

Igeisca, igeiscatze, igeiscatu, v. nager, surnager.

Igel, s. grenouille.

Igerica, igericatze, igericatu, v. nager, surnager.

Igit, igitze, igitu, v. remuer, mouvoir.

Igitei, s. faucille.

Igor, igorte, igorri, v. envoyer ; || dépenser, gaspiller.

Igorle, s. dépensier, prodigue.

Igourt, igourtze, igourtzi, v. souffrir, supporter.

Ihakin, action de contrefaire, singerie ; || — *egin*, contrefaire, singer.

Ihardex, ihardeste, ihardexi, v. répondre.

Iharraus, iharrauste, iharrausi, v. agiter, secouer.

Ihautiri, s. carnaval.

Ihes et *ihesi*, s. fuite ; || adj. fuyant.

Iheslekhu, s. refuge, retraite.

Ihi, s. jonc.

Ihice, s. chasse ; || gibier.

Ihitz, s. rosée.

Ihizlari, s. chasseur.

Ihizta, ihiztatze, ihiztatu, v. baigner de rosée ; || arroser ; || chasser.

Ihour, pr. personne.

Ihourciri, s. tonnerre, foudre.

Ikhara, s. tremblement de terre.

Ikhara, ikharatze, ikharatu, v. trembler, ébranler.

Ikhas, ikhaste, ikhasi, v. apprendre.

Ikhaste, s. étude.

Ikher, ikhertze, ikhertu, v. rechercher ; || éprouver.

Ikhous, ikhouste, ikhousi, v. voir.

Ikhousalde, s. vision.

Ikhousgarri, s. prodige.

Ikhousle, s. témoin oculaire.

Ikhouspidexu, adj. reconnaissant.

Ikhouste, s. vue.

Ildaux, ildauste, ildauxi, v. herser.

Ilhagin, s. marchand de laine.

Ilhañ, s. cendre blanche qui se forme sur la surface des charbons.

Ilhañ, ilhañtze, ilhañtu, v. réduire en cendres.

Ilhar, s. haricot; ‖ — *biribil,* pois; ‖ — *chabal,* lentille.

Ilharri, s. bruyère.

Ilhe, s. laine, poil.

Ilherri, s. cimetière.

Ilhinti, s. tison.

Imbidia, s. envie.

Imbidiaxu, adj. envieux.

Imola, imolatze, imolatu, v. immoler.

Important, adj. important.

Incanta, incantatze, incantatu, v. enchanter, immobiliser par enchantement.

Incarna, incarnatze, incarnatu, v. incarner.

Indar, s. force.

Indiac, s. pl. les Indes.

Infame, adj. infâme.

Infidel, adj. infidèle.

Ingana, inganatze, inganatu, v. tromper.

Inganazale, s. trompeur, imposteur; ‖ séducteur.

Inganio, s. tromperie.

Ingocha, s. évanouissement.

Ingocha, ingochatze, ingochatu, v. s'évanouir, manquer de force.

Iñhaci, s. éclair.

Iñhar, s. peu, petite quantité.

Iñhurri, s. fourmi.

Iñhurrit, iñhurritze, iñhurritu, v. engourdir.

Inikitate, s. iniquité.

Inkhatz, s. charbon.

Inkhazgin, s. charbonnier.

Inkheñu, s. grimace d'idiot.

Iñorant, adj. ignorant.

Intres, s. intérêt.

Intresa, intresatze, intresatu, v. intéresser.

Intzaur, s. noix.

Intzaurtze, s. noyer.

Intziri, s. plainte, gémissement.

Inxenxu, s. encens.

Iphar, s. vent du Nord, bise.

Ipharalde, s. Nord, septentrion.

Irabaz, irabazte, irabazi, v. gagner, obtenir.

Irabazi, s. bénéfice, gain, succès.

Iracour, iracourte, iracourri, v. lire.

Irais, iraiste, iraisi, v. vanner; ‖ chasser, éloigner.

Iraite, s. persévérance.

Irall, irallte, iralli, v. renverser.

Irañ, iraite, irañ, v. durer.

Iranja, s. orange.

Iranjatze, s. oranger.

Iratz, irazte, iratzi, v. passer, tamiser.

Iratzar, iratzartze, iratzarri, v. éveiller.

Iratze, s. fougère.

Iraur, iraurte, iraurri, v. répandre, renverser.

Iraurkhey, s. débris de végétaux.

Irazarri, s. tempête.

Ires, ireste, iresi, v. peigner.

Irex, irexte, irexi, v. avaler, engloutir, dévorer.

Irin, s. farine; ‖ pollen.

Irourciri, s. foudre, tonnerre.

Irous, adj. heureux.

Irousitate, s. bonheur.

Irousk, irouskite, irouski, v. fouler.

Isapel, s. érysipèle.

Iseya, iseyatze, iseyatu, v. essayer.

Isker, adj. gauche.

Iskilimba, s. épingle.

Isla, s. île.

Isouk, isoukite, isouki, v. mordre, piquer.
Isouki, s. morsure.
Instant, s instant.
Ister, s. cuisse, quartier.
Ister begi, s. ennemi.
Istoria, s. histoire.
Itchas-gaztaña, s. marron d'Inde
Itchaso, s. mer ; — *adar,* bras de mer.
Itches, s. bouleversement.
Itchous, itchouste, itchoustu, v. enlaidir.
Itchousi, adj. laid.
Itchouskeria, s. laideur ; ‖ horreur, abomination.
Itchoura, s. teint, mine, apparence.
• *Ithegun,* s. arpent.
Itho, ithotze, itho, v. noyer, étouffer.
Itza, itzatze, itzatu, v. clouer.
Itzailca, itzailcatze, itzailcatu, v. se rouler à terre.

Itzal, s. ombre.
Itzalde, s. couchant, Ouest.
Itzalgia, s. couchant.
Itzali, itzaltze, itzaltu, v. disparaître, se cacher.
Itzañ, s. bouvier.
Itze, s. clou ; ‖ girofle.
Itziki, s. gorgée.
Itzour, itzourtze, itzourtu, v. échapper.
Izar, s. étoile.
Izardaki, izardakitze, izardakitu, v. émonder.
Izari, s. mesure.
Izar, izartze, izartu, v. mesurer.
Izkiriba, izkiribatze, izkiribatu, v. écrire.
Izkiribu, s. écrit.
Izorra, adj. enceinte, grosse.
Izotz, s. gelée blanche.
Izpiritu, s. esprit.
Iztarri, s. gosier, gorge.
Iztezañ, s. jarret.

J

Jabe, s. maître, propriétaire.
Jabegou, s. maîtrise, autorité.
Jadanic, adv. déjà.
Jagoiti, adv. jamais.
Jaiki, jaikite, jaiki, v. se lever.
Jaix, jaiste, jaxi, v. descendre.
Jakile, s. témoin.
Jakilegoa, s. témoignage.
Jakin, jakite, jakin, v. savoir, apprendre.
Jakinxu, s. et adj. savant.
Jakinxut, jakinxutze, jakinxutu, v. instruire.
Jakitate, s. science, sagesse.
Jale, s. mangeur.
Jalkhi, jalkhite, jalkhi, v. sortir.
Jalkhite, s. diarrhée.

Jan, jate, jan, v. manger.
Jangabe, s. diète.
Janhari, s. comestible.
Jar, jarte, jarri, s. s'asseoir ; ‖ se mettre à, devenir.
Jardiex, jardieste, jardiexi, v. obtenir.
Jargia, s. siège.
Jarraiki, jarraikite, jarraiki, v. continuer, suivre.
Jaspe, s. jaspe.
Jaun, s. seigneur, monsieur.
Jaundone, adj. saint.
Jaunx, jaunxte, jaunxi, v. revêtir.
Jauregi, s. château.
Jauz, jauzte, jauzi, s. sauter.
Jauzcari, s. sauteur.
Jauzi, s. saut.

Jei, s. fête.

Jeik, jeikite, jeiki, v. se lever.

Jeix, jeixte, jeixi, v. traire.

Jeixaldi, action de traire une fois à fond.

Jeloscor, adj. jaloux.

Jelosi, adj. jaloux.

Jeneral, s. général.

Jente, s. gens, monde, personne.

Jesan, jesaite, jesan, v. emprunter.

Jesto, s. geste.

Jesus, s. Jésus ; || la croix de par Dieu (alphabet).

Jilofreya, s. œillet.

Jin, jite, jin, v. venir.

Jinco, s. Dieu.

Jincollo, s. papillon.

Jincotarzun, s. divinité.

Jincotiar, adj. dévot.

Jo, joite, jo, v. frapper, battre.

Joaite, s. départ.

Joaldi, s clochette des moutons.

Joaldun, adj. qui porte une clochette.

Joalte, s. collier pour suspendre les clochettes.

Joan, joaite, joan, v. aller, partir.

Jocu, jocatze, jocatu, v. jouer.

Joku, s. jeu.

Jonaletor, s. journalier.

Jorra, jorratze, jorratu, v. sarcler.

Jorrai, s sarcloir.

Jos, joste, josi, v. coudre.

Joste, s. couturière.

Jostura, s. couture.

Joumpha, joumphatze, joumphatu, v. balancer.

Judicione, s. jugement.

Judio, s. juif.

Juja, jujatze, jujatu, v. juger.

Jujamentu, s. jugement.

Juje, s juge.

Junta, s. junte, conseil municipal.

Junta, juntatze, juntatu, s. joindre.

Jura, juratze, juratu, v. jurer.

K

Khaldu, s. coup.

Khambera, s. chambre.

Khambia, khambiatze, khambiatu, v. changer.

Khambio, s. changement.

Khamelu, s. chameau.

Khameluzañ, s. chamelier, conducteur de chameaux.

Khana, s. canne.

Khandeler, s. chandelier.

Khanta, khantatze, khantatu, v. chanter.

Khantari, s. chanteur.

Khantu, s. chant.

Khapar, s. ronce, broussaille.

Kharax, adj. amer.

Kharax, kharaste, kharastu, v. rendre amer, devenir amer, aigrir.

Kharaxtarzun, s. amertume.

Kharda, s. carde.

Kharda, khardatze, khardatu, v. carder.

Khario, adj. cher.

Kharraca, kharracatze, kharracatu, v. racler.

Kharreu, s. carreau, fer à repasser.

Kharrica, s. rue.

Kharrou, s. glace, forte gelée.

Kharrounta, kharrountatze, kharrountatu, v. glacer, geler à glace.

Kharta - Themporac, Quatre-Temps.

Khasu, s. attention, cas.

Khatia, s. chaîne.

Khausi, *khausitze*, *khausitu*, v. rencontrer; ‖ complaire, se rendre agréable; ‖ deviner.

Khe, s. fumée.

Khecha, *khechatze*, *khechatu*, v. fâcher, gronder.

Khecheria, s. colère.

Khechu, adj. fâché, colère.

Khedarre, s. suie.

Kheeta, porte d'enclos en branches tressées.

Khen, *khentze*, *khentu*, s. ôter.

Kheñu, s. signe d'intelligence.

Kherrade, s. suie.

Khesta, *khestatze*, *khestatu*, v. fumer, enfumer.

Khide, s. compagnon, camarade, prochain.

Khimber, s. envers d'une étoffe.

Khiño, s. fumet, mauvais goût.

Khiristi, s. chrétien.

Khobañ, s. ruche.

Kholco, s. poche formée avec la blouse ou la chemise arrêtée par la ceinture.

Khopor, s. gobelet.

Khorda, s. corde.

Khordoca, *khordocatze*, *khordocatu*, v. trembler.

Khoroa, s. couronne.

Khoroa, *khoroatze*, *khoroatu*, v. couronner.

Khorpitz, s. corps; ‖ — *Saintu*, Eucharistie; ‖ corsage.

Khorte, s. cour.

Khorteliar, s. courtisan.

Khosta, *khostatze*, *khostatu*, v. coûter.

Khostu, s. prix, coût.

Khotcheia, s. devidoir.

Khotchi, s. coussin.

Khotcho, adj. mâle (cheval ou âne).

Khotchu, s. vase en bois.

Khounta, *khountatze*, *khountatu*, v. compter; ‖ conter, raconter.

Khountu, s. compte; ‖ conte.

Khoza, *khozatze*, *khozatu*, v. infecter, communiquer la contagion.

Khozu, s. contagion.

Khumita, *khumitatze*, *khumitatu*, v. inviter.

Khumitu, s. invitation.

Khupust, *khupuste*, *khupustu*, v. se courber.

Khurubila, *khurubilatze*, *khurubilatu*, v. cribler.

Khurutcha, *khurutchatze*, *khurutchatu*, v. croiser.

Khurutche, s. croix.

Khuso, s. fantôme, épouvantail.

Khuya, s. citrouille.

Ki et *kin*, prép. ins. avec; ‖ désinence adverbiale répondant à la terminaison *ment* des adverbes français.

Kinkillari, s. quincaillier.

Kinkina, s. quinquina.

Kiskilli, s. cloche, ampoule.

Kita, *kitatze*, *kitatu*, v. acquitter, quitter.

Kito, adv. quitte.

L

Labe, s. four, fournaise.

Laborari, s. laboureur.

Lachukeria, s. négligence.

Lagun, s. compagnon, aide, guide.

Lagungoa, s. aide, secours.

Lagunt, laguntze, laguntu, v. accompagner, aider, conduire.
Laguntzale, s. guide, compagnon.
Laida, laidatze, laidatu, v. louer.
Laidagarri, adj. louable.
Laidogarri, adj. déshonorant.
Laidorio, s. louange.
Laidosta, laidostatze, laidostatu, v. diffamer, déshonorer.
Lakax, s. ciron.
Laket, adj. qui prend plaisir, agréable.
Laketgarri, adj. agréable.
Lakha, s. mesure valant deux litres et demi.
Lan, s. travail.
Lan, lantze, lanthu, v travailler.
Landan, prép. après.
Langile, s. ouvrier ; || adj. travailleur, laborieux.
Lanhegin, s. œuvre, ouvrage manuel.
Lanjer, s. danger.
Lanjerous, adj. dangereux.
Lankhei, s. métier, occupation.
Lankheixu, adj. occupé ; || préoccupé.
Lantchourda, s. bruine.
Lantha, lanthatze, lanthatu, v. planter.
Lanthare, s. plante.
Lantzadera, s. navette.
Lantzerra, s. petite pluie.
Lantzeta, s. aiguillon.
Lapitz, s. marne.
Larrazken, s. automne.
Larru, s. peau.
Laster, s. course ; || adv. vite ; || bientôt.
Laster egin, v. courir.

Lasto, s. paille.
Lastounzi, s. paillasse.
Latz, adj. rugueux, couvert d'aspérités.
Latzdura, s. rugosité ; || peur légère.
Lauhazca, adv. à quatre pattes.
Laur, adj. quatre.
Laurden, s. quart.
Laurdun, s. quart.
Lauretan, adv. quatre fois.
Laurgerren, adj. quatrième.
Laurhatzca, laurhatzcatze, laurhatzcatu, v. galoper.
Laurna, adv. chacun quatre.
Laurnaca, adv. quatre à quatre.
Laurnatan, adv. chacun quatre fois.
Laxa, laxatze, laxatu, v. laver.
Laxaharri, s. pierre pour laver.
Laxari, s. laveuse.
Laxazour, s. planche pour laver.
Laxun, s. chaux.
Lazgarri, adj. terrible, effrayant.
Lazt, lazte, laztu, v. épouvanter, saisir d'effroi.
Lazu, adj. négligent.
Lazukeria, s. négligence.
Lece, s. précipice, abîme.
Lechar, s. frêne.
Lecoa, s. lieue.
Legar, s. impôt, imposition.
Legarcari, s. percepteur ; || publicain.
Legartegi, s. perception, bureau des impositions.
Lege, s. loi.
Lehen, adj. premier ; || adv. d'abord, auparavant.
Lehenago, adv. autrefois.
Lehenagoco, adj. ancien.

Lehen-beno-lehen, loc. adv. au plus tôt.

Lehenbicico, adj. premier.

Lehenbicicoric, adv. premièrement.

Lehenic, adv. premièrement, d'abord.

Lehent, *lehentzu*, *lehentu*, v. devancer, précéder.

Lehert, *lehertze*, *lehertu*, v. crever, rompre, écraser.

Lehia, s. empressement, hâte.

Lehia, *lehiatze*, *lehiatu*, v. se hâter.

Lehou, s. lion.

Leiho, s. fenêtre.

Lekhu, s. lieu, place.

Leñ, adj. lisse, poli, doux.

Leñhuru, s. rayon.

Leñt, *leñtze*, *leñtu*, v. polir.

Lepho, s. cou.

Lepra, s. lèpre.

Lepradun, s. lépreux.

Lerden, adj. raide, qui se tient très-droit, svelte.

Lerra, *lerratze*, *lerratu*, v. glisser.

Letaniac, s. pl. litanies.

Lethagin, s. dent canine.

Letherignac, s. pl. litanies.

Letou, s. laiton, cuivre.

Lettera, s. lettre.

Leyal, adj. fidèle ; ‖ libéral.

Li, s. lin.

Libera, s. livre, franc.

Libertate, s. liberté.

Libra, *libratze*, *libratu*, v. délivrer.

Libre, adj. libre.

Libreraz, *librerazte*, *librerazi*, v faire relâcher, délivrer.

Libru, s. livre.

Lihaci, s. graine de lin.

Likhix, adj. sale, impur ; ‖ impudique, prostitué.

Likhizkeria, s. fornication, impudicité, prostitution.

Lili, s. fleur.

Lilit, *lilitze*, *lilitu*, v. fleurir.

Lima, s lime.

Lima, *limatze*, *limatu*, v. limer.

Limboac, s. pl. limbes.

Linja, s. linge.

Lirin, adj. bien mûr.

Lirint, *lirintze*, *lirintu*, v. mûrir complétement.

Lisa, *lisatze*, *lisatu*, v. repasser (le linge).

Llabur, adj. court.

Llaburski, adv. en peu de temps, bientôt ; ‖ en abrégé.

Llaburt, *llaburtze*, *llaburtu*, v accourcir, abréger.

Llaburtarzun, s. brièveté.

Llapi, s. lapin.

Llarhote, s. sauterelle.

Llaudeta, s. alouette.

Llepey, s. lapin.

Lloba, s. neveu, nièce.

Lo, s. sommeil ; — *egin*, dormir ; ‖ *tempe* ; ‖ adj. endormi ; — *izan*, dormir.

Lodi, adj. gros, épais.

Logale, s. envie de dormir ; ‖ adj. assoupi, appesanti par le sommeil.

Lohi, s. boue.

Lohikeria, s. luxure.

Loria, s. gloire.

Losco, s. marais.

Loth, *lothze*, *lothu*, v. prendre.

Loxa, s. peur, crainte ; ‖ adj. effrayé.

Loxa, *loxatze*, *loxatu*, v. effrayer, intimider.

Loxagarri, adj. effrayant.

Loxeria, s. frayeur.

Loxor, adj. peureux.

Luce, adj. long.

Lucetarzun, s. longueur.

22

Luherras, *luherraste*, *luher-raste*, v. prosterner.

Luhidor, s. terre sèche, terre ferme.

Luhidorrez, adv. à pied sec.

Luikhara, s. tremblement de terre.

Lukhañka, s. saucisse.

Luma, s. plume.

Lur, s. terre.

Lurca, *lurcatze*, *lurcatu*, v. terrer.

Lurlan, s. labourage, travail de la terre.

Lurlantzale, s. cultivateur, travailleur de terre.

Lurriala, *lurrialatze*, *lurrialatu*, s. mettre à terre, ruiner.

Lursagar, s pomme de terre.

Lus, s. écu.

Lustre, s. lustre.

Luza, *luzatze*, *luzatu*, s. allonger, traîner en longueur, retarder.

Luzacor, adj. lambin, retardataire.

Luzakeria, s. longueur, lenteur.

Luzaki, adv. longuement.

Luzaro, adv. longuement.

Luzaz, adv. longtemps.

M

Maca, *macatze*, *macatu*, contusionner, faire une bosse ; || bossuer.

Macadura, s. contusion, ecchymose, bosse.

Machela, s. joue.

Madama, s. madame.

Mahañ, s. table.

Mahascari, s. vendangeur.

Mahaska, s. vendange.

Mahasti, s. vigne.

Mahastizañ, s. vigneron.

Mahax, s. raisin.

Mahaxanou, s. vin.

Mahaxbiltze, s. vendange.

Maiasturu, s. charpentier.

Maiatz, s. mai.

Maite, adj. cher, chéri ; — *ukhen*, aimer.

Maitha, *maithatze*, *maithatu*, v. aimer.

Maithagarri, adj. aimable.

Majestate, s. majesté.

Makhila, s. bâton.

Makhiña, s. auge.

Malba, s. mauve.

Malecia, s. malice.

Malerous, adj. malheureux.

Malestruk, adj. maladroit.

Mall, s. galle.

Mallu, s. maillet.

Malluca, *mallucatze*, *mallucatu*, v. frapper à coups de maillet.

Malur, s. malheur.

Mana, s. manne.

Maña, s. soin.

Mañata, s. serviteur, servante.

Manca, *mancatze*, *mancatu*, v. manquer.

Manchot, s. manchot.

Mando, s. mulet, mule ; || adj. stérile.

Mandozañ, s. muletier.

Manea, *maneatze*, *maneatu*, v. manier.

Manera, s. manière.

Manha, *manhatze*, *manhatu*, v. ordonner, commander.

Mañha, *mañhatze*, *mañhatu*, v. baigner.

Manjatera, s. crèche, mangeoire.

Mañoar, s. baignoire.

Manso, adj. doux.

Manta, s. couverture de bœuf.

Mantalet, s. mantelet.

Mantalina, s. voile.

Mantex, s. chambranle de cheminée.

Manthar, s. chemise de femme.

Manto, s. manteau.

Mantofla, s. pantoufle.

Manu, s. commandement, ordre.

Mañu, s. bain.

Manuspeco, s. subordonné, domestique.

Maradica, maradicatze, maradicatu, v. maudire.

Maradiizione, s. malédiction.

Marca, marcatze, marcatu, v. marquer.

Mardaller, s. médisant.

Mardo, adj. mou.

Mardot, mardotze, mardotu, v. amollir.

Mardox, s. bogue, enveloppe épineuse de la châtaigne.

Marhanta, s. rhume.

Marhanta, marhantatze, marhantatu, v. enrhumer.

Marhuga, s. mûre.

Marhugatze, s. mûrier.

Marinel, s. marin.

Marmore, s. marbre.

Marmota, s. marmotte.

Marraka, s. bêlement; ‖ miaulement.

Marraska, s. cri de détresse.

Marrhunka, s. verrue.

Marro, s. bélier.

Marrusca, marruscatze, marruscatu, v. frotter fortement.

Martcho, s. mars.

Martellu, s. marteau, heurtoir.

Martir, s. martyr.

Martirisa, martirisatze, martirisatu, v. martyriser.

Masacra, masacratze, masacratu, v. massacrer.

Masacre, s. massacre.

Masca, mascatze, mascatu, v. masquer.

Maska, s. masque.

Masteca, mastecatze, mastecatu, v. mâcher.

Mastic, s. mastic.

Mastica, masticatze, masticatu, v. mastiquer.

Mata, matatze, matatu, v. mâter.

Matahami, s. crêpe (art culinaire).

Matalaza, s. matelas.

Matcharda, s. appui fourchu.

Materia, s. matière.

Mathaza, s. écheveau.

Mathela, s. joue.

Mathelaco, s. soufflet.

Mayer, s. charpentier, menuisier, artisan.

Mazapen, s. massepain.

Mazka, s. petit tas de fourrage.

Mazkaro, adj. qui a la figure sale, ou la tête de plusieurs couleurs.

Medalla, s. médaille.

Medeci, s. médecin.

Medisencia, s. médisance.

Meha, mehatze, mehatu, v. maigrir.

Mehar, adj. étroit.

Mehatcha, mehatchatze, mehatchatu, v. menacer.

Mehatchu, s. menace.

Mehax, adj. mince.

Mehax, mehaste, mehastu, v. amincir.

Mehe, adj. maigre; ‖ mince, fin.

Membru, s. membre.

Mement et memento, s. moment.

Mendeca, mendecatze, mende-catu, v. venger.
Mendeku, s. vengeance.
Mendi, s. montagne, colline.
Mendiska, s. colline.
Mendixu, adj. montueux, montagneux.
Mengoa, s. envie, désir, besoin.
Mente, s. siècle.
Mentura, s. hasard, aventure.
Mentura, menturatze, mentu-ratu, v. hasarder, aventurer.
Menuser, s. menuisier.
Menx, s. manque, déficit.
Merca, mercatze, mercatu, v. baisser le prix.
Merechi, s. mérite.
Merechi, merechitze, mere-chitu, v. mériter.
Merechimentu, s. mérite.
Merke, adj. à bon marché.
Merkhatu, s. marché.
Mescaba, mescabatze, mesca-batu, v. éprouver un accident, périr par accident.
Mescabu, s. accident.
Mesperetcha, mesperetchatze, mesperetchatu, v. gronder, reprocher.
Mesperetchu, s. reproche.
Mestura, s. pain de maïs.
Meta, s. tas, monceau.
Meta, metatze, metatu, v. mettre en tas, entasser.
Metale, s. clochette des vaches.
Metaledun, adj. qui porte une clochette.
Meza, s. messe.
Mezpera, s. veille ; ‖ *mezpe-rac,* s. vêpres.
Mezperago, s. avant-veille.
Mezu, s. message, commission ; ‖ avis ; ‖ messager, commissionnaire.

Mihi, s. langue.
Mihimen, s. osier.
Mihise, s. drap.
Mila, adj. mille.
Milgorra, s. suif.
Milion, s. million.
Millica, millicatze, millicatu, v. lécher.
Mimbera, adj. sensible, douillet.
Min, s. maladie.
Min, mintze, minthu, v. moisir.
Miñaberje, s. vigne.
Miñagre, s. vinaigre.
Mineta, s. oseille.
Mingar, adj. amertume.
Mingatz, s. acidité, aigreur.
Mingatz, adj. acide, aigre.
Ministro, s. ministre.
Minkhura, s. moisissure.
Minth, minthze, minthu, v. moisir.
Mintza, mintzatze, mintzatu, v. parler.
Mintzaje, s. langage, langue.
Mintzo, s. voix, parole ; — *izan,* parler.
Mira, miratze, miratu, v. regarder.
Miracullu, s. miracle.
Miragarri, adj. admirable.
Mirall, s. miroir.
Miralla, mirallatze, mirallatu, v. se regarder dans un miroir.
Miscandi, s. serviteur, domestique.
Misérable, adj. misérable.
Miseria, s. misère.
Misericordia, s. miséricorde.
Misika, s. bouton.
Misterio, s. mystère.
Mitcha, s. mèche.
Mithil, s. serviteur.
Mithiri, adj. impertinent.
Mitre, s. cyprès.

Mizpira, s. nèfle.
Mizpiratze, s. néflier.
Mokhor, s. motte.
Molcho, s. petit groupe.
Moleta, s. omelette.
Molkho, s. grappe.
Molzo, s. groupe nombreux.
Morrouñ, s. bourrache.
Mortifica, *mortificatze*, *mortificatu*, v. mortifier.
Mosco, s. bec; ‖ pointe.
Moscocari, adj. querelleur, impertinent.
Mota, s espèce.
Motho, s. bonnet.
Moulda, *mouldatze*, *mouldatu*, v. façonner.
Moulde, s. moule, façon; ‖ portrait.
Mouldegaitz, adj. maladroit.
Mouldehoun, adj. adroit.
Mounaka, s. poupée.
Moundolla, s. tas de fourrage.
Mourmoucica, *mourmoucicatze*, *mourmoucicatu*, v. murmurer.
Mourra, s. braise ardente.
Mourtal, adj. mortel.
Mourtcha, *mourtchatze*, *mourtchatu*, v. sucer.
Mourtera, s. mortier.
Mousde, s. Monsieur (avant un nom propre).

Mousourca, *mousourcatze*, *mousourcatu*, v. fouiller, fouir.
Mousouri, s. fouillure, fouissement.
Moutchourdin, s. vieille fille.
Mouthel, adj. bègue.
Mouthico, s. garçon.
Moutz, *mouzte*, *mouztu*, v. couper, tondre.
Moyen, s. moyen.
Muca, *mucatze*, *mucatu*, v. moucher (un flambeau).
Muga, s. terme; ‖ limite, frontière.
Mugagabe, adj. infini.
Mukela, s. mouchettes.
Muku, s. mèche.
Mulatra, s. mulâtre.
Mundu, s. monde.
Murduca, *murducatze*, *murducatu*, v. chiffonner.
Murkhulla, s. quenouille.
Murru, s. mur, muraille.
Murulu, s. moyeu.
Musk, adj. brun.
Muthur, s. museau, bouche; ‖ adj. boudeur.
Muthur, *muthurtze*, *muthurtu*, v. bouder.
Mutu, adj. muet.
Mutut, *mututze*, *mututu*, v. devenir muet.

N

Nabar, s. coutre.
Nabar, adj. gris; ‖ de couleurs variées.
Nabela, couteau (qui se ferme).
Nabo, s. navet.
Nacione, s. nation.
Nagi, adj. paresseux.
Nakar, s. ronce.
Nahas, *nahaste*, *nahasi*, v. mêler; ‖ souiller.

Nahasi, adj. mêlé, embrouillé; ‖ impur.
Nahaskeria, s. mélange; ‖ souillure, impureté.
Nahaspoulla, s. tripotage.
Nahasteca, *nahastecatze*, *nahastecatu*, v. mêler, mélanger.
Nahi, s. volonté, vouloir; ‖ — izan, — ukhen, vouloir.

Nahi, nahitze, nahitu, v. vouloir.

Nahicunte, s. volonté ; ‖ désir.

Ñaño, s. nain.

Naphur', adj. attiré par la friandise.

Nasai, adj. large, ample.

Naski, adv. sans doute.

Natura, s. nature.

Natz, s. essieu.

Nausa, nausatze, nausatu, v railler, se moquer.

Nausazale, s. moqueur, méprisant.

Nausi, s. maître, propriétaire.

Nausi, nausitze, nausitu, v. rendre maître, s'emparer.

Negu, s. hiver.

Nekat, nekatze, nekatu, v. fatiguer, épuiser.

Neke, s. peine, fatigue ; ‖ adj. difficile.

Nekecia, s. gêne.

Nescanegun, s. samedi.

Nescatila, s. jeune fille.

Nescato, s. servante.

Nescatzar, fille (terme de mépris).

Ni, pr. je, moi.

Nigar, s. larme, pleurs ; — *egin.* pleurer.

Nigarbide, s chagrin.

Nihaur', pr. moi-même.

Nihour ere, pr. personne.

Nika, s. signe d'intelligence.

Nini, s. prunelle ; ‖ poupée.

Nitre, s. nitre.

Nitregatz, s. sel de nitre.

No, prép. ins. jusque ; ‖ 2e pers. sing. trait. fém. d'un impératif irrégulier, tiens.

Noble, adj. noble.

Nokhu, s. défaut physique.

Nouiz, adv. quand ; ‖ *nouizie, nouiztaric nouiztara,* de temps, en temps.

Nouizpaitco, adj. ancien, d'autrefois.

Noula, adv. comment, comme.

Noulaco, pr. quel, tel.

Noun, adv. où.

Nounbait, adv. quelque part.

Nour, pr. qui.

Nourapait, adv. quelque part.

Nourat, adv. où.

Nourbait, pr. quelqu'un, quiconque.

Nour ere. pr. quiconque.

Nour nahi, pr. n'importe qui.

O

Obedi, obeditze, obeditu, v. obéir.

Obediencia, s. obéissance.

Obedient, adj. obéissant.

Oberenda, s. offrande.

Obeta. s. sérénade.

Obligacione, s obligation, devoir.

Obra, s. œuvre.

Obra, obratze, obratu, v. opérer.

Ocen, adj. sonore.

Ocupa, ocupatze, ocupatu, v. occuper.

Odei, s. nuage.

Odol, s sang.

Odolki, s. sang cuit (art culinaire).

Odolouri, s. meurtrissure.

Odolsta, odolstatze, odolstatu, v. ensanglanter

Odolzu, adj sanguin.

Ogen, s. tort, offense, dommage, mal.

Ogendun, adj. coupable.

Ogengabe, adj. innocent.

Ogi, s. blé, froment ; ‖ pain ; ‖ moisson.

Ogicari, s. moissonneur.

Ogicerra, s. tranche de pain.

Ohaca, s. fournée.

Ohart, ohartze, ohartu, v. faire attention, méditer, penser.

Ohe, s. lit.

Oheresca, oherescatze, oherescatu, v. offrir en sacrifice.

Ohi, loc. ind. coutume.

Ohidura, s. coutume, habitude.

Ohill, ohillze, ohillu, v. chasser, mettre en fuite, éloigner.

Ohol, s. bardeau, planche, morceau de bois pour toiture.

Ohore, s. honneur.

Ohoresku, s. hommage.

Ohux, adj. mâle (chien) ; ‖ *tchakhur* — chien.

Oihal, s. toile, tissu.

Oihal, oihaltze, oihaltu; v. tisser.

Oihan, s. bois, forêt.

Oihanzañ, s. garde-forestier.

Oihu, s. cri ; — *egin*, crier.

Oihucu, oihucatze, oihucatu, v. crier ; réclamer au moyen du crieur public.

Oihumin, s. gémissement.

Okher, adj. de travers, recourbé.

Okhert, okhertze, okhertu, v. grandir ou pousser de travers.

Okhin, s. boulanger.

Oldar, oldartze, oldartu, v. combattre, s'élancer sur.

Olha, s. folle avoine ; ‖ cabane de pasteur ou de bûcheron; ‖ usine ; *burduñ* — usine à fer.

Olha, olhatze, olhatu, v. frapper violemment.

Olho, s. avoine.

Oliadura, s. extrême-onction.

Oliba, s. olive.

Olibatze, s. olivier.

Olio, s. huile.

Oliountzi, s. huilier.

Ollaca, adj. femelle (chien) ; *tchakhur* — chienne.

Ollaltegi, s. poulailler.

Ollanta, s. poularde.

Ollar, s. coq.

Ollasco, s. poulet.

Ollo, s. poule.

Omaje, s. hommage.

Omen, s. renommée, réputation ; ‖ loc. ind. il paraît, dit-on.

Onyo, s. champignon.

Ophil, s. petit pain.

Oracione, s. prière.

Orai, adv. maintenant.

Oraidanic, adv. désormais.

Orano, adv. encore.

Orbeñ, s. cicatrice.

Ordai, s. remplaçant ; ‖ représailles.

Ordaizca, ordaizcatze, ordaizcatu, v. remplacer, user de réciprocité.

Ordari, s. remplaçant, successeur.

Ordazpi, s. jambon.

Orden, s. ordre ; ‖ ordres sacrés.

Ordenari, adj. ordinaire.

Ordeñu, s. testament.

Ordi, adj. ivre.

Ordi, orditze, orditu, v. enivrer.

Ordian, adv. alors ; ‖ quand même, lors même.

Ordikeria, s. ivrognerie.

Ordizale, s. ivrogne.

Ordoki, s. plaine ; ‖ adj. plat, plain.

Ordox, adj. mâle (cochon); *ourde* — cochon mâle.

Ordre, s. ordre religieux.

Ordu, s. temps.

Oren, s. heure.

Oreñ, s. renne ; || cerf.

Orgac, s. pl. char, charrette.

Orhaku, s. fournée.

Orhat, orhatze, orhutu, v. pétrir.

Orhe, s. pâte.

Orheta, s. fournée.

Orhit, orhitze, orhitu, v. rappeler, se souvenir.

Orhitmentcha, s. souvenir, commémoration.

Orhitzapen, s. souvenir, mémoire, commémoration.

Ori, 2ᵉ pers. sing. trait. resp. d'un impératif irrégulier, tenez.

Orijinal, adj. originel.

Orizie, 2ᵉ pers. pl. trait. indéfini d'un impératif irrégulier, tenez.

Orizu, comme *ori*.

Orkhatz, s. chevreuil.

Ornamentu, s. ornement.

Oro, adj. tout.

Orobat, adv. de même.

Oroldi, s. mousse.

Oropila, oropilatze, oropilatu, v. nouer.

Oropilo, s. nœud.

Orox, s. veau mâle.

Orrace, s. peigne ; || gâteau des abeilles.

Orratz, s. aiguille.

Orratzta, s. aiguillée.

Orre, s. genièvre.

Orroa, s. cri, rugissement ; || bruit.

Osa, osatze, osatu, v. châtrer.

Osaba, s. oncle.

Osagarri, s. santé.

Osagarrixu, adj. bien portant.

Osin, s. gouffre.

Oski, s. soulier.

Oso, adj. entier.

Osoki, adv. entièrement.

Ospe, s. gloire, renommée.

Ospital, s. hôpital, hospice.

Osta, ostatze, ostatu, v. se feuiller.

Ostaler, s. hôtelier, aubergiste.

Ostata, ostatatze, ostatatu, v. loger, héberger.

Ostatu, s. auberge, hôtel.

Ostatuari, s. pilier de cabaret.

Ostegun, s. jeudi.

Ostia, s. hostie.

Ostica, osticatze, osticatu, v. fouler aux pieds.

Osticata, s. coup de pied.

Ostirale, s. vendredi.

Osto, s. feuille.

Othe, s. ajonc ; || loc. ind. exprimant le doute ou l'interrogation, qui sait si.

Othian, loc. int. se peut-il.

Othoi, othoitze, othoithu, v. prier.

Othoitze, s. prière.

Otseman, otsemaite, otseman, v. diriger.

Ouhouñ, s. voleur.

Ouhouñgoa, s. vol.

Ouhouñkeria, s. vol, larcin.

Ouhouñtegi, s. caverne de voleurs.

Ouhoura, ouhouratze, ouhouratu, v. honorer.

Ouhoure, s. honneur.

Ouhouresku, s. hommage.

Oundar, s. reste.

Oundart, oundartze, oundartu, v. être de reste.

Oundo, s. souche ; || voisinage ; || bas ; || derrière.

Oundoaje, s. conséquence.

Oundoan, adv. et prép. après.

Oundoco, s. et adj. successeur ; || suivant, de la suite.

Oundoramen, s. suite, conséquence.

Oundoria, s. suite, consé-
quence.
Ounher, ounheste, ounheri, v.
trouver bon.
Onnhou, s. oignon.
Ountza, s. once.
Ountzi, s. vase ; ‖ vaisselle ; ‖
vaisseau ; ‖ navire.
Ountziegile, s. potier.
Ountzizañ, s. pilote.
Ountzizka, s. barque.
Ounxa, adv. bien.
Ourdaki, s. lard.
Ourdañ, s. gardien de pour-
ceaux.
Ourdanki, s. viande de porc.
Ourday, s. estomac.
Ourde, s. cochon ; ‖ — *ahardi*,
truie.
Ourdin, adj. gris bleu, bleu.
Ourdin, ourdintze, ourdintu,
v. devenir gris, grisonner.
Ourin, s. graisse.
Ouringatzgabe, s. saindoux.
*Ourinta, ourintatze, ourin-
tatu*, v. graisser.

Ourtharila, s. janvier.
Ourthaxare, s. premier jour
de l'an.
Ourthaxe, s. premier jour de l'an
Ourthe, s. an, année.
Ourthik et *ourthiki, ourthi-
kite, ourthiki*, v. jeter.
*Ourthouk, ourthoukite, our-
thouki*, v. jeter.
Ousouk, ousoukite, ousouki, v.
mordre.
Ousouki, s. morsure.
Ouste, s. croyance, opinion,
idée ; ‖ *oustez bai*, je crois
que oui.
Oustegabe, s. inadvertance.
Ox, s. voix, bruit, son ; ‖ *oxez*.
dit-il.
Ozadar, s. arc-en-ciel.
Ozantza, s. tonnerre.
Ozcorri, s. aurore ; ‖ crépus-
cule.
Ozke, s. entaille, encoche.
Ozkerren, s. herbe épineuse.
espèce de chardon.
Ozte, s. troupe, bande.

P

Pabo, s. paon.
Pagano, s. et adj. payen.
Palacio, s. palais.
Palma, s palme.
Papanrea, s. pensée.
Papo, s. poitrine.
Parada, s. occasion.
*Paralisa, paralisatze, parali-
satu*, v. paralyser.
Parasol, s. parapluie, parasol.
Pare, s. paire ; ‖ adj pair.
Parrezpar, adv. de pair.
Parropia, s. paroisse.
Parropiant, s. paroissien.
Partaja, partajatze, partajatu,
v. partager.
Pasaje, s. reprise ; ‖ passage.

Pasajer, s. passager.
*Pasajesta, pasajestatze, pasa-
jestatu*, v. repriser.
Pasea, paseatze, paseatu, v. se
promener.
Paseya, paseyatze, paseyatu, v.
se promener.
Paseyu, s. promenade.
Pasione, s. passion.
Pastex, s. galette de farine de
maïs.
Pastex, pasteste, pastestu, v.
aplatir comme une galette.
Pastiz, s. pâté.
Patit, patitze, patitu, v. pâtir,
souffrir.
Pato, s. pacte, traité, alliance.

23

Patriarka, s. patriarche.
Pattaco, s. pomme de terre.
Pe, prép. ins. sous, dessous.
Pegar, s. cruche.
Pegeseria, s. bagatelle.
Pek, adj. niais, imbécile.
Pela, *pelatze*, *pelatu*, v. peler.
Pelegri, s. pèlerin.
Pelota, s. balle.
Pelotacari, s. joueur de paume.
Penitentzia, s. pénitence.
Peresil, s. persil.
Perfosta, adv. par conséquent.
Peri, *peritze*, *peritu*, v. périr.
Peril, s. péril.
Perla, s. perle.
Persegi, *persegitze*, *persegitu*, v. poursuivre.
Persona, s. personne.
Pertol, s. filet en forme de nasse.
Phaca, *phacatze*, *phacatu*, v. payer.
Phaku, s. récompense.
Phala, s. pelle, bêche.
Phanchela, s. fraise, mésentère.
Phara, *pharatze*, *pharatu*, v. parer; ‖ présenter.
Pharadusu, s. paradis.
Pharca, *pharcatze*, *pharcatu*, v. pardonner.
Pharcamentu, s. pardon, rémission.
Pharte, s. partie, part.
Pharteliant, adj. participant, qui prend part; ‖ qui fait partie; ‖ partisan.
Pharteliantarzun, s. participation, communion.
Phartika, s. aiguillon.
Phartit, *phartitze*, *phartitu*, v. partir; ‖ partager, diviser.
Phartitze, s. départ.
Phasta, s. matière à...
Phasto, s. pâte.

Phasu, s. pas, passage dans une clôture.
Phatar, s. pente, terrain incliné.
Phausa, *phausatze*, *phausatu*, v. se reposer, poser.
Phausu, s. repos; ‖ palier d'escalier.
Phena, s. peine.
Phena, *phenatze*, *phenatu*, v. prendre de la peine.
Phenagarri, s. pénible.
Phentecoste, s. Pentecôte.
Phenxa, *phenxatze*, *phenxatu*, v. penser.
Phenxamentu, s. pensée.
Pheredica, *pheredicatze*, *pheredicatu*, v. prêcher.
Pheredicagia, s. chaire.
Pheredicari, s. prédicateur.
Pheredicazale, s. prédicateur.
Pherediku, s. sermon, prédication.
Pheresta, *pherestatze*, *pherestatu*, v. prêter.
Pherestu, adj. sage, laborieux; ‖ complaisant; ‖ estimable.
Phezou, s. clôture en terre battue.
Phezu, adj. pesant; ‖ s. poids; ‖ *pheziac*, bascule romaine.
Phezu, *phezutze*, *phezutu*, v. alourdir.
Phica, *phicatze*, *phicatu*, v. couper, trancher, tailler.
Phico, s. coupure; ‖ figue.
Phicota, s. variole, petite vérole.
Phicotze, s. figuier.
Phicox, s. pic, pioche à une seule pointe aiguë.
Phika, s. pie.
Phike, s. goudron, poix.
Philda, s. haillon.
Phino, s. pin.
Phisa, s. urine.

Phisasturu, s. vessie.
Phisegin, *phisegite*, *phisegin*,
 v. uriner.
Phitcher, s. petite cruche;
 ‖ mesure valant deux li-
 tres.
Phitz, *phitze*, *phiztu*, v. allu-
 mer, ressusciter.
Phiztu, s. résurrection.
Pholbora, s. poudre.
Phorroca, *phorrocatze*, *phorro-
 catu*, v. émietter, briser en
 morceaux; ‖ maltraiter.
Phorrokiña, s. miette.
Phorru, s. poireau.
Photere, s. pouvoir.
Photerexu, s. puissant.
Phouska, s. morceau.
Phozou, s. poison.
Phozoua, *phozouatze*, *pho-
 zouatu*, v. empoisonner.
Phozouatze, s. empoisonne-
 ment.
Phozouazale, s. empoison-
 neur.
Phozoudun, adj. venimeux.
Phunta, s. pointe.
Phuntu, s. point.
Phuntuca, *phuntucatze*, *phun-
 tucatu*, v. faire des points de
 couture, raccommoder.
Phutzu, s. puits.
Pian, adv. en bas; ‖ prép. sous,
 dessous.
Picant, adj. piquant; ‖ bles-
 sant.
Picaport, s. pie-grièche.
Picarrai, adj. nu.
Picarraitarzun, s. nudité.
Picola, s. variole, petite vé-
 role.
Pietate, s. pitié.
Pijotegi, s. pigeonnier, colom-
 bier.
Pilar, s. pilier.
Piment, adj. affecté, qui pose.

Pintouca, *pintoucatze*, *pintou-
 catu*, v. pinter, boire sans
 mesure.
Pinto, s. pinte.
Pintra, *pintratze*, *pintratu*, v.
 peindre.
Pintre, s. peintre.
Pintrura, s. peinture.
Piper, s. piment.
Piperbeltz, s. poivre.
Pipita, s. pépin.
Pittar, s. cidre.
Plañi, *plañitze*, *plañitu*, v.
 plaindre.
Plat, s. plat.
Plazer, s. plaisir.
Plega, *plegatze*, *plegatu*, v.
 plier.
Podra, s. pouliche.
Populu, s. peuple.
Portale, s. portail.
Portu, s. port.
Posta, s. poste.
Pot, s. baiser.
Pouloi, s. dindon.
Pourpra, s. pourpre.
Pousca, *pouscatze*, *pouscatu*, v.
 réduire en morceaux, en par-
 celles.
Pousku, s. petit morceau, par-
 celle.
Pratica, *praticatze*, *praticatu*,
 v. pratiquer.
Pratika, s. client.
Praube, adj. pauvre.
Praubecia, s. pauvreté.
Precia, *preciatze*, *preciatu*, v.
 marchander.
Precio, s. prix.
Precizki, adv. précisément.
Precocione, s. précaution.
Prefera, *preferatze*, *preferatu*,
 v. préférer.
Preferencia, s. préférence.
Prefet, s. préfet.
Prenxa, s. presse.

Prepara, preparatze, prepa-
ratu, v. préparer.
Presa, s. empressement.
Presat, presatze, presatu, v.
presser.
Present, s. présent, cadeau.
Presenta, presentatze, presen-
tatu, v. présenter.
Président, s. président.
Presouner, s. prisonnier.
Presountegi, s. prison.
Prest, adj. prêt.
Presta, prestatze, prestatu, v.
préparer, apprêter.
Pretendi, pretenditze, preten-
ditu, v. prétendre.
Pribat, s. lieu d'aisances.
Pribilejio, s. privilége.
Prima, s. héritière.
Primu, s. héritier.
Primugoa, s. héritage.
Primut, primutze, primutu, v.
faire héritier ; ‖ hériter.
Prince, s. prince.
Prisa, s. prise (de tabac).
Probeniste, s. poitrinaire.
Probincia, s. province.
Proces, s. procès.

Procescari, adj. processif.
Procesione, s. procession.
Proferia, s. prophétie.
Profeta, s. prophète.
Promesa, s. promesse.
Propi, adj. beau.
Propit, propitze, propitu, v.
embellir.
Protestant, s. protestant.
Prount, adj. prompt.
Prountarzun, s. promptitude.
Prountki, adv. promptement.
Proximo, s. prochain.
Prudent, adj. prudent.
Psalmu. s. psaume.
Publica, publicatze, publicatu,
v. publier.
Puhullu, s. fenouil.
Punit. punitze, punitu, v. pu-
nir.
Pur, adj. pur.
Purga, s. purgation ; ‖ purga-
tif.
Purga, purgatze, purgatu, v.
purger.
Purgatorio, s. purgatoire.
Purnach. s. punaise.
Putzu. s. puits.

S

Sabai, s. grange.
Sabant, adj. savant.
Sabato. s. sabbat.
Sabel, s. ventre, entrailles.
Sabre, s. sabre, glaive.
Saca, sacatze, sacatu, v. em-
baller.
Sacola, s. poche.
Sacra, sacratze, sacratu, v. sa-
crer, consacrer ; ‖ jurer.
Sacramentu, s. sacrement.
Sacre. s. sacre ; ‖ juron.
Sacrificio, s. sacrifice.
Sacrilejio, s. sacrilége.
Sacristiñia, s. sacristie.

Sacristañ. s. sacristain.
Sagar, s. pomme.
Sagardoy. s. pommeraie.
Sagarroi, s. hérisson.
Sagartze, s. pommier.
Sagu, s. souris.
Sagukitze, s. sureau.
Sagutei, s. souricière.
Sahal, s. veau de lait.
Sai, s. bête sauvage.
Saihex, s. côté ; — *ezar,* côte.
Saihexian. prép. à côté.
Sainta, s. sainte.
Saintu, s. saint : ‖ adj. saint,
sainte.

Saka, s. balle, grand sac.
Sakho, s. coupure, blessure.
Sal, saltze, saldu, v. vendre.
Sala, s. salle.
Salba, salbatze, salbatu, v. sauver.
Salbaje, adj. sauvage.
Salbamentu, s. salut.
Salbatore, s. Ascension.
Salbazale, s. sauveur.
Saldu, s. bouillon, potage.
Saldalaster, s. soupe à l'ail ou à l'oignon faite à la hâte.
Saldo, s. foule.
Saleros, salerosle, salerosi, v. trafiquer.
Salerosle, s. et adj. trafiquant, commerçant, marchand.
Salgei, s. marchandise.
Salha, salhatze, salhatu, v. rapporter, raconter, dénoncer.
Salhazale, s. dénonciateur.
Salhi, s. écumoire.
Salsa, s. sauce.
Salsa, salsatze, salsatu, v. mettre en sauce.
Salata, salutatze, salutatu, v. saluer.
Salzapen, s. vente.
Samaro, s. poulain.
Sanka, s. mugissement.
Sano, s. adj. sain.
Santifica, santificatze, santificatu, v. sanctifier.
Sar, sartze, sarthu, v. entrer.
Sarcara, s. entrée, introduction.
Sarde, s. fourche.
Sardouñ, s. sardoine.
Sare, s. filet.
Sarga, s. rameau.
Sargin, s. passage, entrée.
Sari, s. récompense, prix, payement, rançon.

Sarista, saristatze, saristatu, v. récompenser, payer.
Sarjant, s. huissier.
Sarjelkhi, sarjelkhite, sarjelkhi, aller et venir, entrer et sortir.
Sarri, adv. bientôt, tôt.
Sasou, s. saison.
Satan, s. satan.
Satharte, s. souricière.
Sathor, s. taupe.
Sathortei, s. piége à taupes.
Sayo, s. robe.
Secula, adv. jamais.
Sega, s. scie.
Sega, segatze, segatu, v. scier.
Segi, segitze, segitu, v. suivre.
Segida, s. suite.
Segur, adj. sûr, assuré.
Segurta, segurtatze, segurtatu, v assurer.
Segurtancha, s. certitude.
Sehaska, s. mangeoire.
Sehi, s. domestique.
Sei, adj. six.
Seigerren, adj. sixième.
Sekho, adj. sec, maigre.
Semaizun, s fils de l'autre conjoint.
Seme, s. fils.
Seña, señatze, señatu, v. saigner.
Señadura, s. saigner.
Señala, señalatze, señalatu, v. signaler.
Señale, s. manque, signal.
Senda, s sentier.
Sendi, senditze, senditu, v. sentir.
Sendo, adj. sain, bien portant, guéri.
Sendogarri, s remède.
Sendo, sendotze, sendotu, v. guérir.
Senhar, s. mari.

Serious, adj. sérieux.
Serora, s. sœur, religieuse.
Setemer, s. septembre.
Seton, s. seton.
Sihicola. s. petit-lait.
Silo, s. trou.
Simple, adj. simple.
Sinhestegabe, adj. incrédule.
Sinhex, *sinheste*, *sinhexi*, v. croire
Sinhexcor, adj. crédule.
Sinhexgurri, adj. digne de foi.
Sinhexgogor, adj. incrédule.
Sirax, s. plaisir.
Sista, s piqûre.
Sista, *sistatze*, *sistatu*, v. piquer.
So, s. regard.
Sobera, adv. trop.
Sobera, *soberatze*, *soberatu*, v. avoir trop.
Sobre, adj. sobre.
Sobrecia, s. sobriété, tempérance.
Sofre, s. soufre.
Sofri, *sofritze*, *sofritu*, v. souffrir.
Sofrimentu, s. souffrance.
Soeñ, s. soin.
Sogile. s. spectateur.
Sogin, *sogite*, *sogin*, v. regarder.
Soka, s. câble.
Sokhan, s. brou, enveloppe verte de la noix.
Sokhit, *sokhitze*, *sokhitu*, v. corrompre.
Sokho, s. coin.
Sokhorri, s. secours.
Sokhorri, *sokhorritze*, *sokhorritu*, v. secourir.
Solaja, *solajatze*, *solajatu*, v. soulager.
Solaju, s. soulagement.
Solaz. s. amusement, divertissement, conversation.

Soldado, s. soldat.
Soldata. s. gages, solde.
Solemnitate, s. solennité.
Soliba, s. solive.
Soltu, *soltatze*, *soltatu*, v. délier, détacher.
Soma, s. somme.
Sona, *sonatze*, *sonatu*, v. sonner; || jouer, faire de la musique.
Sonu, s. son; || musique.
Sopicon, s. soupe mitonnée.
Sor, *sortze*, *sorthu*, v. naître; || mettre au monde.
Sordei, s. pire.
Sorgia, s. source, endroit natal.
Sorho, s. pré, prairie.
Sori, adj. important, convenable.
Soriguisto, s. malheur.
Sortzapen, s. génération, naissance.
Sortze, s. naissance.
Sos, s. sou, obole.
Soumer, s. poutre.
Souñ, s. épaule.
Souñeco, s. vêtement.
Sounsouna, *sounsounatze*, *sounsounatu*, v. soupçonner.
Sourdakei, s. briquet.
Su, s. feu.
Subazter, s. foyer, âtre.
Suberte, s. espèce.
Sucre, s. sucre.
Sucrountzi, s. sucrier.
Sucubel, s. grosse bûche au fond de la cheminée.
Sudur, s. nez.
Sugar, s. flamme.
Suge, s. serpent.
Sugei, s. combustible.
Sugibeleco, s. plaque de cheminée.
Suhart, *suhartze*, *suharta*, v. enflammer, envenimer.
Suhi, s. gendre.

Sukhalte, s. cuisine.
Sumourra, s. braise.
Supli, *suplitze*, *suplitu*, v. suppléer.
Surhumpi, s. rougeole.
Suscandera, s. lézard.

Susmis, adj. soumis.
Susmisione, s. soumission.
Sustenga, *sustengatze*, *sustengatu*, v. soutenir.
Sustengu, s. soutien.
Suthondo, s. foyer, âtre.

T

Tabak, s. tabac.
Tabal, s. tambour.
Tableu, s. tableau.
Taco, prép. ins. pour.
Tahalla, s. nappe.
Taharna, s. cabaret, auberge.
Taharnari, s. cabaretier, aubergiste.
Talentu, s. talent.
Tanta, s. tante.
Tapiz, s. tapis.
Taula, s. planche.
Taulata, s. plancher.
Tchakhur, s. chien.
Tchampha, s. aboiement.
Tchampha, *tchamphatze*, *tchamphatu*, v. aboyer.
Tchañku, adj. boiteux.
Tchapel, s. chapeau.
Tchapeldun, adj. qui porte chapeau.
Tchar, adj. pauvre, triste, misérable.
Tcharki, adv. misérablement.
Tcharpa, s. chiffon.
Tcharpacari, s. chiffonnier.
Tcharpoll, s. cumin.
Tchedera, s. lacet pour prendre les oiseaux.
Tcherkha, *tcherkhatze*, *tcherkhatu*, v. chercher.
Tchesta, *tchestatze*, *tchestatu*, v. goûter.
Tchimal, adj. ridé.
Tchimall, *tchimaltze*, *tchimallu*, v. rider.
Tchimica, *tchimicatze*, *tchimicatu*, v. pincer.

Tchimino, s. singe.
Tchinchila, s. sonnette.
Tchinka, s. étincelle.
Tchinkhor, s. tranche de lard.
Tchintcher, s. grésil.
Tchipi, adj. petit.
Tchipiñi, s. tout petit.
Tchipit, *tchipitze*, *tchipitu*, v. rapetisser.
Tchispil, *tchispiltze*, *tchispiltu*, v. brûler, griller (par l'action du soleil).
Tchista, *tchistatze*, *tchistatu*, v. piquer, percer.
Tchitcka, s. poussin.
Tchocar, *tchocartze*, *tchocartu*, v. brûler, calciner.
Tchori, s. oiseau; || loupe.
Tchorta, s goutte.
Tchorta, *tchortatze*, *tchortatu*, v. dégoutter, tomber goutte à goutte.
Tchosta, *tchostatze*, *tchostatu*, v. amuser, récréer.
Tchuca, *tchucatze*, *tchucatu*, v. essuyer, sécher.
Tchucader, s. essuie-mains.
Tchurula, s. fifre.
Tchurulari, s. fifre, joueur de fifre.
Te, s. thé.
Tella, s. tuile; || ardoise.
Tellagin, s. tuilier.
Tellegile, s. tuilier.
Tempesta, s. tempête.
Templo, s temple.
Templu, s. temple.

— 312 —

Tenta, *tentatze*, *tentatu*, v. tenter.
Tentacione, s. tentation.
Tentazale, s. tentateur.
Terrada, s. terrasse.
Thai, s. pause, délai, repos, interruption ; ‖ — *gabe*, sans cesse.
Thaka, s. défaut, tache.
Thambouri, s. tambourin.
Thanu, s. tan.
Thanur, s. tanneur.
Thapa, *thapatze*, *thapatu*, v. couvrir, boucher.
Thapou, s. tampon.
Tharabela, s. entrave.
Tharroca, *tharrocatze*, *tharrocatu*, v. émotter.
Tharroka, s. motte.
Tharta, s. buisson.
Thatcha, *thatchatze*, *thatchatu*, v. être attaqué de la pourriture (maladie des moutons).
Thegi, s. loge.
Theka, s. gousse.
Thenore, s. temps.
Thermañu, s. terme.
Therrita, *therritatze*, *therritatu*, v. taquiner, tracasser.
Theyarzun, s. saleté, malpropreté ; ‖ impureté.
Theyu, s. sale.
Theyut, *theyutze*, *theyutu*, v. salir, souiller.
Theyutarzun, s. saleté.
Thini, s. sommet.
Thipit, *thipitze*, *thipitu*, v. plumer, peler ; ‖ expliquer.
Thipiña, s. pot au feu.
Thira, *thiratze*, *thiratu*, v. se gêner ; ‖ tirer.
Thiti, s. mamelle.
Tholdo, adj. engourdi, appesanti par l'âge.
Tholdot, *tholdotze*, *tholdotu*, v. s'engourdir, s'appesantir.

Thomba, s. bière : ‖ tombeau.
Thona, s. tache.
Thona, *thonatze*, *thonatu*, v. tacher.
Thormenta, *thormentatze*, *thormentatu*, v. tourmenter.
Thormentu, s. tourment.
Thornu, s. tour ; ‖ charge.
Thorpe, adj. grossier.
Thorre, s. tour.
Thu, s. crachat.
Thupa, s. tonneau.
Thurbust, *thurbuste*, *thurbustu*, v. troubler.
Tilela, s. point.
Tinca, *tincatze*, *tincatu*, v. presser, serrer.
Tinka, adj. pressé, ferme.
Tinta, s. teinture.
Tinta, *tintatze*, *tintatu*, v. teindre.
Tipouri, s. pustule.
Tirader, s. tiroir.
Tireso, adj. fort, solide.
Tireta, s. tiroir.
Tiro, s. coup d'arme à feu.
Titi, s. mamelle, sein.
To, 2e pers. sing. traitement masculin d'un impératif irrégulier, tiens.
Tonto, adj. sot, peu intelligent.
Tortcha, s. bougie.
Tountor, s. et adj. bossu.
Tountor, *tountortze*, *tountortu*, v. devenir bossu.
Tourrousta, s. cascade, torrent.
Tourrousta, *tourroustatze*, *tourroustatu*, v. verser, répandre abondamment.
Traba, s. entrave.
Traba, *trabatze*, *trabatu*, v. entraver.
Tradit, *traditze*, *traditu*, v. trahir.
Tradizale, s. traître.
Trajera, s. grenaille, menu plomb.

Trasteria, s. guenille.
Trata, tratatze, tratatu, v. trai-
ter.
Tratalant, s. maquignon, mar-
chand de bœufs ou de che-
vaux.
Tratamentu, s. traitement.
Tratu, s. traité; ‖ commerce.
Trebe, adj. adroit.
Trebes, adv. en travers, de tra-
vers.
Trefla, s. trèfle.
Trempa, trempatze, trempatu,
v. tremper.
Trempu, s. humeur, disposition
*Trempugaisto, trempugaistotze,
trempugaistotu*, v. tomber en
défaillance.
Treñ, s. train.
Trencada, s. cloison.
Tresor, s. trésor.
Trinitate, s. trinité.
Triounfa, s. triomphe.
Tripa, s. boyau.
Tripot, s. boudin.
Triste, adj. triste.
Triste, tristetze, tristetu, v. at-
trister.
Tristecia, s. tristesse.
Tristura, s. tristesse.
Trocha, trochatze, trochatu, v.
emmaillotter.
Trochacorda, s. lisière pour
emmaillotter.
Trono, s. trône.
Tropa, s. troupe.

Trosta, s. trot.
Trosta, trostatze, trostatu, v.
trotter.
Trostan, adv. au trot.
Troumpa, s. trompe.
*Troumpa, troumpatze, troum-
patu*, v. tromper.
Troumperia, s. tromperie.
Troumpeta, s. trompette.
Troumpetari, s. trompette, son-
neur de trompette.
Trucada, s. échange.
Trufa, s. pomme de terre.
Trufa, trufatze, trufatu, v. se
moquer.
Trukesac, s. pl. tenailles.
Trunco, s. rouleau agricole.
Truzo, s. trousseau.
Tuta, s. navette.
Tuta, tutatze, tutatu, v. garnir
la navette.
Tzar, adj. chétif; ‖ miséra-
ble; ‖ vilain.
Tzar, tzartze, tzartu, v. pren-
dre ou avoir triste mine.
Tzarkeria, s. vilenie; ‖ hail-
lons; ‖ détritus.
Tzat, prép. ins. pour.
Tzintzarrox, s. charivari.
Tzista, tzistatze, tzistatu, v.
piquer.
Tzosteta, s. divertissement.
Tzotz, s. petit morceau de bois.
Tzuntzur, s. gosier, gorge.
Tzusto, tzustotze, tzustotu, v.
pourrir, corrompre.

U

Ubel, adj. pâle; ‖ vague, terne.
Uchur, uchurtze, uchurtu, v.
froncer, rider.
Uda, s. été.
Udari, s. poire.
Uder, s. petit bouton, éruption
légère.

Uduri, s. ressemblance, image;
‖ adj. semblable.
Uduri, uduritze, uduritu, v.
ressembler.
Uduripen, s. apparence.
Ugadera, s. loutre.
Ugañ, s. loutre.

24

Uhaitz, s. rivière, fleuve.

Uhañ, s. flot.

Uharre, s. torrent causé par une averse.

Uharte, s. île.

Uholdi, s. déluge, inondation.

Uhulgu, s. tonnerre ; — *egin*, tonner.

Ukha, *ukhatze*, *ukhatu*, v. nier, renier, démentir ; ‖ décourager.

Ukharai, s. poignet.

Ukhendun, s. possesseur, propriétaire.

Ukho, s. reniement, renoncement ; ‖ adj. bègue.

Ukhubilla, s. poing.

Ukhumullu, s. poing.

Ukhul, s. pivert.

Ukhura, *ukhuratze*, *ukhuratu*, v. arrêter, cesser.

Ukhuz, *ukhuzte*, *ukhuzi*, v. laver.

Ulhumpe, s. ténèbres.

Ulhun, adj. sombre, obscur ; ‖ s. obscurité.

Ulhun, *ulhuntze*, *ulhuntu*, v. obscurcir.

Ulhuntze, s. crépuscule, entrée de la nuit.

Ullu, s. mouche.

Umil, adj. humble.

Umilitate, s. humilité.

Umilki, adv. humblement.

Uncuntu, s. parfum.

Ungura, *unguratze*, *unguratu*, v. entourer, envelopper.

Ungurian, prép. autour.

Unguru, s. tour.

Ungurune, s. environs, alentours.

Unhude, s. nourrice.

Unione, s. union.

Unkhu, s. tronc d'arbre.

Urcabia, s. potence.

Urcagia, s. lieu où l'on pend.

Urchañ, s. éternuement ; — *egin*, éternuer.

Urgaitz, *urgaizte*, *urgaitzi*, v. soulager.

Urgaizte, s. miséricorde, secours, soulagement.

Urgullu, s. orgueil.

Urgulluxu, adj. orgueilleux.

Urhax, s. pas, démarche.

Urhe, s. or ; ‖ louis, pièce d'or.

Urhenburu, s. fin, destinée finale.

Urhent, *urhentze*, *urhentu*, v. finir, achever.

Urhentze, s. fin.

Urhesta, *urhestatze*, *urhestatu*, v. dorer.

Urheria, s. collier d'or.

Urkha, *urkhatze*, *urkhatu*, v. prendre, étrangler.

Urra, *urratze*, *urratu*, v. déchirer.

Urracura, s. déchirure.

Urri, adj. lent.

Urrieta, s. octobre.

Urriki, s. repentir, regret, remords ; ‖ adv. lentement.

Urriki, *urrikitze*, *urrikitu*, v. regretter, se repentir.

Urrin, s. odeur ; — *houn*, parfum ; ‖ odorat.

Urrintzut, *urrintzutze*, *urrintzutu*, v. infecter.

Urrucha, s. femelle..

Urrux, s. noisetier, coudrier.

Urule, s. fileur, fileuse.

Urun, *urute*, *urun*, v. filer.

Urzaphal, s. tourterelle.

Urzo, s. colombe, palombe.

Urzobelhar, s. trèfle jaune.

Urzocari, s. chasseur de palombes.

Urzotegi, s. pigeonnier, colombier.

Usa, *usatze*, *usatu*, v. user.

Usaje, s. usage.

Usanza, s. usage, habitude.
Uscaldun, s. Basque.
Uscalherri, s. pays basque.
Uscara, s. langue basque.
Uscuñaso, s. geai.
Ustel, adj. corrompu, pourri.
Ustel, usteltze, ustellu, v. corrompre, pourrir.
Ustuch, s. étui.
Ustudia, ustudiatze, ustudiatu, v. étudier.
Ustudio, s. étude.
Usu, adv. souvent.
Utchura, s. apparence, mine.
Uthurri, s. source, fontaine.
Utz, uzte, utzi, v. laisser, abandonner.
Utzul, utzultze, utzuli, v. revenir, retourner, se tourner; || rendre.
Utzulica, utzulicatze, utzulicatu, v. traîner, rouler.

Utzulungura, utzulunguratze, utzulunguratu, v. aller et venir.
Utzulunguru, s. révolution.
Uxal, uxaltze, uxaltu, v. dessécher, altérer; || manquer d'eau
Uxu, adj. aveugle.
Uxut,uxutze,uxutu,v. aveugler
Uxumentu, s. aveuglement.
Uxutarzun, s. aveuglement.
Uzcorno, s. croupion.
Uztac, s. pl. moisson, récolte.
Uztar, uztartze, uztartu, v. mettre au joug.
Uztarhede, s. courroie pour attacher le joug.
Uztaria, s. croupière.
Uztarila, s. juillet.
Uztarri, s. joug.
Uztun, s. anneau.
Uztupa, s. étoupe.
Uzurri, s. peste, plaie.

Z

Zabal, adj. ouvert, étendu.
Zabal, zabaltze, zaballu, v. ouvrir, étendre.
Zacar, s. croûte.
Zafta, zaftatze, zaftatu, v. frapper, battre, châtier.
Zahagi, s. outre.
Zahar, adj. vieux, ancien.
Zahar, zahartze, zahartu, v. vieillir.
Zaharo, s. verge, baguette; || sceptre.
Zahartarzun, s. vieillesse.
Zahi, s. son.
Zalhe, adj. prompt, leste, agile, rapide; || adv. promptement.
Zakhar, s. croûte.
Zakhur, s. gros chien.
Zaku, s. sac.
Zaldañ, s. passerelle.

Zaldi, s. monture, bête de somme, cheval.
Zalge, s. ivraie.
Zamaldun, s. cavalier.
Zamari, s. cheval.
Zañ, s. racine; || veine; || nerf.
Zankho, s. jambe, patte, pied.
Zankhomoutz, adj. qui a une jambe coupée.
Zaparta, s. coup violent.
Zapha, zaphatze, zaphatu, v. meurtrir, broyer, fouler.
Zapharri, s. mortier, vase pour broyer.
Zaragollac, s. pl. culottes.
Zare, s. corbeille.
Zareta, s. corbeillée.
Zarpa, s. bourse.
Zarta, zartatze, zartatu, v. casser, éclater.
Zarthagiña, s. poêle.

Zathi, s. partie, portion.
Zathica, zathicatze, zathicatu, v. partager, diviser.
Zathichka, s. morceau.
Zauri, s. blessure, plaie.
Zaurista, zauristatze, zauristatu, v. couvrir de plaies.
Zaurt, zaurtze, zaurtu, v. blesser, écorcher.
Zaya, s. robe.
Zazpi, adj. sept.
Zazpigerren, adj. septième.
Ziec, pr. vous (adressé à plusieurs personnes).
Zien, pr. vôtre (adressé à plusieurs personnes); || gen. de *ziec*; || v. 3e pers. pl. imparfait de l'indicatif du v. *izan.*
Zihaur, pr. vous-même (adressé à un seul).
Zihaurec, pr. vous-mêmes.
Zohardi, s. ciel serein; || adj. serein.
Zohi, adj. mur.
Zola, s. sol, base.
Zonhu, s. incommodité, désagrément.
Zopa, s. soupe.
Zor, s. dette; — *ukhen,* devoir; || adj. du; — *izan,* mériter.
Zordun, adj. débiteur, obligé.
Zorhi, adj. mûr.
Zorhit, zorhitze, zorhitu, v. mûrir.
Zorigaisto, s. malheur.
Zorihoun, s. bonheur.
Zorkha, zorkhatze, zorkhatu, v. nettoyer la tête.
Zorobia, zorobiatze, zorobiatu, v. devenir fou.
Zorobila, zorobilatze, zorobilatu, v. étourdir, faire tourner la tête.
Zorri, s. pou.
Zorrixu, adj. pouilleux.
Zorro, s. outre, sac en peau.

Zorrotz, adj. tranchant, effilé.
Zorrotz, zorrozte, zorroztu, v. aiguiser.
Zorthe, s. sort.
Zortzi, adj. huit.
Zortzigerren, adj. huitième.
Zortzierri, s. huitaine.
Zotuca, zotucatze, zotucatu, v. secouer, ébranler, remuer.
Zoumbait, adj. quelque; || pr. quelqu'un.
Zoumbat, adv. combien; || s. nombre.
Zouñ, pr. qui, quel, lequel; || adj. quel.
zouñ nahi, adj. quelconque; || pr. n'importe qui.
Zouñ ere, pr. quiconque.
Zounhar, s. orme, ormeau.
Zour, s. bois.
Zoure, pr. vôtre (adressé à une seule personne); || gén. de *zu.*
Zourphail, adj. pâle, blanchâtre.
Zozo, s. merle; || adj. sot.
Zu, pr. vous (adressé à une seule personne).
Zuberoutar, s. et adj. souletin.
Zubu, s. pont.
Zucen, s. droit; || adj. droit; || juste.
Zucendun, adj. digne; || s. ayant droit.
Zugan, s. cuve.
Zuhañ, s. arbre.
Zuhañtze, s. arbre.
Zuhatz, s. suc, sève.
Zuhur, adj. sage, économe, prudent.
Zuhurtarzun, s. sagesse.
Zume, s. saule.
Zura, s. jarre.
Zurkhac, s. échalas, tuteur.
Zurtz, s. orphelin; || adj. isolé, abandonné.
Zuscultu, s. ampoule.
Zuzu, s. flambeau, torche.

VOCABULAIRE
FRANÇAIS - BASQUE

—∘◦✕◦∘—

A

Abaissement, s. m. aphaltarzun, aphalmentu.
Abaisser, v. aphal.
Abandon, s. m. bileizte, uzte.
Abandonner, v. abandona, bileiz, utz.
Abattre, v. egoitz, egotch.
Abeille, s. f. erle.
Abîme, s. m. lece.
Aboiement, s. m. tchampha.
Abomination, s. f. itchouskeria.
Abondamment, adv. francoki, nasaiki.
Abondance, s. f. frankezia.
Abondant, adj. franco, nasai.
Aboyer, v tchampha, egin.
Abreuvoir, s. eradan, edaran.
Abri, s. m. atherbe, atchollbe.
Absinthe, s. f. ichen.
Accident, s. m. destorbu, mescabu.
Accompagner, v. lagunt.
Accomplir, v. coumpli.
Accouchement, s. m. haurrukheite.
Accueil, s. m. batzarre.
Accusation, s. f. acusazione.
Accuser, v. acusa.
Achat, s. m. erospen.
Acheter, v. eros.
Achever, v. urhent, acaba.
Acide, adj. mingatz.
Acidité, s. f. mingatz.
Acier, s. m. atcheiru.

Acquitter, v. kita.
Acte, s. m acte ; || egitate.
Action, s. f. egitate.
Actif, adj. agudo.
Adieu, loc. adv. adio.
Admirable, adj. miragarri.
Admirer, v. amira.
Adorable, adj. adoragarri.
Adorer, v. adora.
Adoucir, v. ezti.
Adresse, s. f. adrezia, antze.
Adroit, adj. adret, chotil, trebe, moldehoun.
Aérer, v. aicesta.
Affadir, v. gatzotz.
Affaiblir, v. flaca, ahul.
Affaiblissement, s. m. flacatze.
Affaire, s. f. afera, egiteco.
Affamé, adj. gose, gosetu.
Affection, s. f. afetzione, amourio.
Affectionner, v. afetziona.
Affliction, s. f. bihozterri.
Affliger, v. eskernia, afliji, bihozterrit.
Affront, s. m. afrontu, nausa, goïtzarren.
Age, s. m. adin.
Agenouiller, v. belharica, gur.
Agile, adj. zalhe.
Agiter, v. iharraüs, erabil.
Agneau, s. m. achouri ; — *d'un an*, bildox.
Agonie, s. f. agonia.
Agriculture, s. f. laborantcha.

Aide, s. m. et f. lagun.
Aider, v. lagun ; || balia.
Aïeul, s. m. aitaso.
Aïeule, s. f. amaso.
Aigle, s. m. arrano.
Aigre, adj. agre, mingar.
Aigrir, v. kharax.
Aiguille, s. f. orratz.
Aiguillée, s. f. orratzta.
Aiguillon, s. m. phertika, lan-
tzeta.
Aiguiser, v. zorrotz.
Ail, s. m. baratchouri, baa-
tchouri.
Aile, s. f. hegal.
Ailé, adj. hegaldun.
Ailleurs, adv. bestetan ; d'ail-
leurs, bestalde.
Aimable, adj. maithagarri.
Aimer, v. maitha, maite ukhen.
Aîné, adj. gehien.
Ainsi, adv. hounla, hola, hola-
tan.
Ainsi soit-il, loc. adv. hala-
biz.
Air, s. m. aire ; ahaire.
Aire, s. f. barrio.
Aise, s. f. aisa, ehi.
Aisé, adj. ehi, aisa.
Ajonc, s. m. othe.
Ajouter, v. emenda.
Albâtre, s. m. alabastro.
Alentour, adv. ungurian ; || s.
m. pl. ungurune.
Aliment, s. m. janhari.
Alléger, v. arhint.
Allégorie, s. f. alegia.
Alléguer, v. alega.
Aller, v. joan.
Allonger, v. luza.
Allons, int. hox.
Allumette, s. f. alumet.
Allumer, v. phitz.
Almanach, s. m. armanac.
Alors, adv. ordian.
Alouette, s. f. llaudeta.

Alphabet, s. m. cartilla.
Altéré, adj. egarri.
Altérer, v. uxal, egarri.
Alterner, v. aldica.
Amadou, s. m. ardai.
Amande, s. f. amanda.
Amas, s. m. athe.
Amasser, v. athet, bil, geñha.
Ambition, s. f. ambicione.
Ame, s. f. arima.
Amer, adj. kharax, mingar.
Amertume, s. f. kharaxtar-
zun.
Ami, s. et adj. adiskide.
Amidon, s. m. empesa.
Amincir, v. mehax.
Amitié, s. f. adiskidetarzun,
adiskidantza.
Amollir, v. mardo.
Amour, s. m. amourio.
Ampoula, s. f. kiskilli, zus-
cullu.
Amusement, s. m. solaz.
Amuser, v. tchosta.
An, s. m. ourthe.
Ancien, adj. zahar.
Ane, s. m. asto.
Anéantir, v. ezdeus, ezezta.
Ange, s. m. ainguru.
Anguille, s. f. aingera.
Animal, s. m. abere, abereska.
Anneau, s. m. erhaztun.
Année, s. f. ourthe.
Antienne, s. f. antifona.
Anxiété, s. f. anxia.
Août, s. m. agorila.
Apaiser, v. ema.
Apparaître, v. ager.
Apparence, s. f. uduripen, ut-
chura, itchura.
Apparition, s. f. agertze.
Appeler, v. deit.
Appliquer, v. aplica.
Apporter, v. ekhar.
Apprendre, v. ikhas.
Apprenti, s. m. aperendiz.

Approche, s. f. hullantze, heltze.
Approcher, v. hullant, arrima.
Approfondir, v. barna.
Apôtre, s. m. apostolu.
Après, adv. gero, oundoan, landan ; || — *que*, conj. geroz.
Araignée, s. f. aiñharba.
Arbre, s. m. zuhañ, zuhañtze, arbole.
Arc, s. m. balesta ; || — *en ciel*, ozadar.
Archange, s. m. arcanjelu.
Arche, s. f. arka, arkha.
Archives, s. f. pl. archiba.
Ardoise, s. f. losa.
Argent, s. m. cilhar ; || diharu.
Argile, s. f. buztin.
Arme, s. f. arma.
Armée, s. f. armada.
Armer, v. arma.
Arpent, s. m. ithegun.
Arrêt, s. m. arrest.
Arrêter, v. bara ; || arresta.
Arrhes, s. f. pl. arra, bahi.
Arriver, v. jin, hel ; || gertha, agit.
Arroser, v. ihizta, hourta.
Ascension, s. f. Salbatore.
Asperger, v. ihizta.
Aspirer, v. haxar, hurrupa.
Assemblée, s. f. biltzarren, bilkhura.
Asseoir, v. jar.
Assez, adv. aski.
Assiette, s. f. zieta.
Association, s. f. botigoa.
Assourdir, v. erkhort.
Assurer, v. segurta.
Atelier, s. m. lankhia.
Atre, s. m. suthondo.
Attacher, v. esteca, herx, arrima, eretchek.
Attaquer, v. ataca.
Atteindre, v. hounki.

Atteler, v. athela.
Attendre, v. eguruk.
Attendrir, v. bihotzbera.
Attention, s. f. casu, khasu.
Attiédir, v. ephel.
Attirer, v. bil.
Attraper, v. hatzaman, atzaman.
Attrister, v. triste.
Auberge, s. f. ostatu, taharna.
Aucun, adj. et pr. bat ere.
Auge, s. f. makhiña.
Augmenter, v. emenda.
Aujourd'hui, adv. egun.
Aulne, s. m. halz.
Aumône, s. f. amouina.
Auparavant, adv. lehen.
Auprès, adv. cantian.
Aurore, s. f. ozcorri.
Aussi, adv. hañ ; || conj. ere, baita ere, ere bai.
Aussitôt, adv. berhala, hañsarri.
Autant, adv. hañ, bezañ ; || — *que*, bezañ.
Automne, s. des 2 g. larrazken.
Autel, s. m. althare.
Autorité, s. f. autoritate, jabegoa.
Autour, prép. ungurian.
Autre, adj. et pr. beste.
Autrefois, adv. lehenago.
Autrement, adv. bestela.
Avaler, v. irex, gañti.
Avance, s. f. abanzu.
Avancer, v. adela, abanza, aitzina.
Avant, prép. aitzinian.
Avantage, s. m. ekhoizpen, abantalla.
Avantageux, adj. ekhoizpen.
Avant-hier, adv. herenegun.
Avare, adj. abaricious.
Avarice, s. f. abaricia.
Avent, s. m. abentu.

Aventure, s. f. mentura.
Aventurer, v. mentura.
Averse, s. f. euri, eraunxi.
Avertir, v. aberti.
Aveugle, adj. uxu.
Aveuglement, s. m. uxumentu, uxutarzun.

Aveugler, v. uxut.
Avis, s. m. abisa.
Avocat, s. m. abocatu.
Avoine, s. f. olho.
Avoir, v. ukhen.
Avouer, v. aithor.
Avril, s. m. aphirila.

B

Bagatelle, s. f. pegeseria.
Bague, s. f. erhaztun.
Baguette, s. f. zaharo.
Baigner, v. mañha.
Baignoire, s. f. mañoar.
Bâillement, s. m. aharrausi.
Bâiller, v. aharrausi egin.
Bain, s. m. mañu.
Baiser, s. m. pot.
Baisser (se), v. khupust, aphal.
Balai, s. m. erhatz.
Balance, s. f. balanza.
Balayer, v. erhatzta.
Balle, s. f. pelota ; ‖ ahotz ; ‖ saka.
Bande, s. f. herscallu.
Bandit, s. m. bandit.
Bannière, s. f. bandera.
Banque, s. f. banka.
Banqueroutier, s. m. bancarot.
Baptême, s. m. batheyu.
Baptiser, v. batheya.
Barque, s. f. ountzizka.
Barre, s. f. haga.
Barrique, s. f. barrika.
Bas, s. m. galtza ; ‖ adj. aphal.
Bascule, s. f. pheziac.
Basque, adj. uscara ; ‖ s. m. uscaldun.
Basse-cour, s. f. barrio.
Bât, s. m. arbaldo, basto.
Bataille, s. f. batalla.
Bâter, v. arbalda, basta.
Battre, v. jo, zafla.
Bave, s. f. elder ; ‖ bahux.

Beau, adj. eder, propi.
Beaucoup, adv. hanitch, cinez, erras.
Beau-frère, s. m. cuñat.
Beau-père, s. m. aita giharreba.
Beauté, s. f. edertarzun.
Bec, s. m. mosco.
Bécasse, s. f. azaia.
Bègue, adj. mouthel, ukho.
Beignet, s. m. causera.
Bêlement, s. m. marraka.
Bêler, v. marraka egin.
Belette, s. f. anyereijer.
Bélier, s. m. ahartzartz, marro.
Belle-fille, s. f. errena.
Belle-mère, s. f. ama giharrebasa.
Belle-sœur, s. f. cuñata.
Bénédiction, s. f. beneditzione.
Bénéfice, s. m. irabazi.
Bénir, v. benedica.
Berceau, s. m. cuña.
Berger, s. m. artzañ.
Bergère, s. f. artzañsa.
Berret, s. m. boneta.
Besace, s. f. alforja.
Besoin, s. m. behar, behartarzun, beharrune, mengoa.
Bétail, s. m. hacienda, abere.
Bête, s. f. abere ; ‖ — sauvage, sai.
Beurre, s. m. gourhi.
Bien, adv. ounxa ; ‖ s. hountarzun, hounki.
Bien-aimé, adj. maite, arraro.

Bienfait, s. m. hounki.

Bientôt, adv. laster, llaburski, bertan.

Bière, s. f. thomba.

Bille, s. f. billa.

Bisaïeul, s. m. bourhaso.

Bise, s. f. irazarri, iphar.

Biset, s. m. arruket.

Blaireau, s. m. hazcou.

Blâme, s. m. estacuru.

Blanc, adj. chouri.

Blanchâtre, adj. chouriska.

Blanchir, v. chouri.

Blanchisseur, s. m. chourizale.

Blanchisseuse, s. f. chourizale.

Blasphème, s. m. bourhau, arnegu.

Blasphémer, s. bourhausta, arnega.

Blé, s. m. ogi.

Blesser, v. zaurt, colpa.

Blessure, s. f. zauri, colpu, sakho.

Bleu, adj. blu.

Blouse, s. f. chamar.

Bœuf, s. m. idi.

Bogue, s. f. mardox.

Boire, v. edan.

Bois, s. m. zour; ‖ egur; ‖ oihan.

Boisseau, s. m. gaitzuru.

Boisson, s. f. edari.

Boiteux, adj. tchanku.

Bon, adj. houn.

Bonheur, s. m. dohaxutarzun, zorihoun, dohañhoun, bonhur, irousitate.

Bonjour, s. m. egun houn, agour

Bonnet, s. m. motho; ‖ bounet.

Bonté, s. f. hountarzun.

Bord, s. m. hegi.

Border, v. aispilt, borta.

Borgne, adj. begibakhoitz.

Borne, s. f. cedarre.

Borner, v. cedarresta.

Bosse, s. f. councor, tougna.

Bossu, s. et adj. councor, tountor.

Botte, s. f. bota.

Bouc, s. m. akher.

Bouche, s. f. aho, muthur.

Bouchée, s. f. ahamen.

Bouder, v. muthur.

Boudeur, s. m. muthur.

Boudin, s. m. tripot.

Boue, s. f. lohi.

Bouffée, s. f. bouhada.

Bougie, s. f. tortcha.

Bouillant, adj. heraki.

Bouillir, v. heraki.

Bouillon, s. m. salda.

Boulanger, s. m. okhin.

Bouleversement, s. m. itches.

Bourrache, s. f. morrouñ.

Bourse, s. f. zarpa, mousa.

Bout, s. m. buru.

Bouteille, s. f. boutilla.

Boutique, s. f. boutiga.

Bouton, s. m. bottou; ‖ michica; ‖ broka.

Boutonnière, s. f. botonera.

Bouvier, s. m. itzañ.

Bourillon, s. m. ergi.

Boyau, s. m. erche, tripa.

Braie, s. f. barga.

Braise, s. f. mourra, sumourra.

Brancard, s. m. arkhuch.

Branche, s. f. adar, abar.

Bras, s. m. beso.

Brebis, s. f. ardi.

Breuil, s. m. cembera.

Bride, s. f. brida.

Brider, v. brida.

Brièveté, s. f. llaburtarzun.

Brique, s. f. adrillo.

Briquet, s. m. sourdakei.

Briser, v. haux.

Broche, s. f. gerren.

Broncher, v. behaztopa.

25

Bronze, s. m. brounza.
Brosse, s. f. espounset.
Brosser, v. espounseta.
Brouillard, s. m. lanhou.
Brouillarder, v. lanha.
Broussailles, s. f. pl. capar, borosta.
Brouter, v. alha.
Broyer, v. zapha, chcheca.
Bru, s. f. errena.
Bruit, s. m. herox.
Brûler, v. erra, tchocar.

Brûlure, s. f. erradura.
Brun, adj. musk, bruna.
Bruyant, adj. heroxti.
Bruyère, s. f. ilharre.
Bûcher, s. m. egurtegi.
Bûcheron, s. m. egurcari.
Buffet, s. m. caminet.
Buis, s. m. ezpel.
Buisson, s. m. capararte, tharta.
Bulle, s. f. cuscullu.
But, s. m. chede.

C

Cabane, s. f. olha.
Cabaret, s. m. taharna, ostatu.
Cabaretier, s. m. taharnari.
Cabas, s. m. caba.
Câble, s. m. soka.
Caché, adj. gorde.
Cacher, v. gorda.
Cachet, s. m. cachet.
Cadeau, s. m. emaitze, present.
Cadet, s. et adj. etcheco seme.
Café, s. m. cafe.
Caille, s. f. calla.
Caillé, s. m. callatu.
Cailler, v. gatza.
Caillou, s. m. harri.
Calice, s. m. calitzia ; || cocox.
Calme, s. et adj. eme ; || adj. ample.
Calmer, v. ema.
Calvaire, s. m. calbario.
Camarade, s. m. khide, lagun.
Campagne, s. f. bazter, campaña.
Camper, v. campa.
Canard, s. m. ahate.
Canette, s. f. tuta.
Canine, s. f. lethagin.
Canne, s. f. khana, makhila ; || canabera.

Cannelle, s. f. canela.
Canon, s. m. canou.
Canonisation, s. f. canonisacione.
Canoniser, v. canonisa.
Cantharide, s. f. errullu.
Cantique, s. m. cantika.
Captif, adj. bahi.
Caprice, s. m. fantesia.
Car, conj. eci.
Caractère, s. m. caractera.
Carde, s. f. kharda.
Carder, v. kharda.
Carême, s. m. gorocema, gorochuma.
Caresse, s. f. balaku, caresa.
Caresser, v. balaca, bereca, caresa.
Carillon, s. m. arrapiku.
Carillonner, v. arrapica.
Carnaval, s. m. ihautiri.
Carreau, s. m. kharreu.
Carrefour, s. m. carricart.
Carrière, s. f. harrobi.
Carte, s. f. carta.
Cas, s. m. khasu, casu.
Casse, s. f. cacha, copex.
Casser, v. zarta.
Casserole, s. f. casola.
Caste, s. f. casta.
Catarrhe, s. m. marhanta.

Cathédrale, s. f. catedrale.
Caustique, s. m. erracari.
Cautère, s. m. chira.
Caution, s. f. berme.
Cautionner, v. berma.
Cavalier, s. m. zamaldun.
Cave, s. f. ceder.
Caverne, s. f. harcilo.
Ce, cet, adj. hau, hori, houra.
Ceinture, s. f. gerrico.
Cellier, s. f. ceder.
Celui-ci, pr. hau.
Celui-là, pr. hori, houra.
Cendre, s. f. haux.
Cent, adj. ehun.
Centainier, s. m. ehuntari.
Cep, s. m. aihen — ondo.
Cependant, adv. alabera, berhañ.
Cercle, s. m. curcuru, joalte.
Céréale, s. f. bihi.
Cerf, s. m. oreñ.
Cerise, s. f. gerezi.
Cerisier, s. m. gerezitze.
Certitude, s. f. segurtancha.
Cervelle, s. f. burhun.
Chacun, pr. bakhoitz, batbedera.
Chagrin, s. m. bihotzmin, nigarbide, hira, desplazer.
Chagriner (se), v. bihotzca.
Chaîne, s. f. khatia.
Chaise, s. f. caidera.
Chair, s. f. aragi.
Chaire, s. f. caidera ; || pheredicagia.
Châle, s. m. chala.
Chaleur, s. f. berotarzun.
Chambranle, s. m. mantex.
Chambre, s. f. khambera.
Chameau, s. m. khamelu.
Chamelier, s. m. khameluzañ.
Champ, s. m. alhor, elge.
Champignon, s. m. onyo.
Chandelier, s. m. khandeler, candeler.

Chandelle, s. f. cilho, candela.
Changement, s. m. khambio.
Changer, v. bilha, khambia, altha.
Chant, s. m. khantu, ahaire, khantalox.
Chanter, v. khanta.
Chanteur, s. m. khantari.
Chantier, s. m. lankhia.
Chapeau, s. m. tchapel, chapel.
Chapelet, s. m. counder.
Chapelle, s f. chapela.
Chapitre, s. m. capitulu.
Chaque, adj. bakhoitz.
Char, s. m. orga.
Charbon, s. m. inkhatz.
Charbonnier, s. m. inkhazgin.
Chardon, s. m. gardu.
Charge, s. f. cargu, carga ; || hache ; || carga ; || thornu.
Charger, v. carga.
Charité, s. f. caritate.
Charivari, s. m. tzintzarrox.
Charpentier, s. m. mayer, maiasturu.
Charretier, s. m. carrater. itzañ.
Charrette, s. f. orga.
Charrue, s. f. goldenabar.
Chasse, s. f. ihice.
Chasser, v. ihizta ; || ohilt, acaza.
Chasseur, s. m. ihizlari.
Chaste, adj. chahu.
Chasteté, s. f. chahutarzun.
Chat, s. m. gathu.
Châtaigne, s. f. gaztaña.
Châtaignier, s. m. gaztañatze.
Châtaigneraie, s. f. gaztañaztoy.
Château, s. m. jauregi, gaztelu.
Châtier, v. gaztiga, zañla, ceha.
Châtiment, s. m. gaztigu.

Chatouiller, v. gillica.
Chatouilleux, adj. gillicor.
Châtrer, v. osa.
Chaud, s. et adj. bero.
Chaudron, s. m. bertz.
Chauffer, v. bero.
Chaume, s. m. lasto.
Chauve, adj. garzoil.
Chaux, s. f. laxun.
Chef, s. m. gehien, buruzagi, aitzindari.
Chemin, s. m. bide.
Chemise, s. f. athorra ; ‖ mantharra.
Chêne, s. m. haritz, ametz.
Chenet, s. m. capitsale.
Cher, adj. maite, khario.
Chercher, v. tcherkha.
Chéri, adj. maite.
Chétif, adj. chehe, char.
Cheval, s. m. zaldi, zamari.
Cheveu, s. m. bilho.
Cheville, s. f. ciri.
Cheviller, v. cirista.
Chèvre, s. f. ahuntz.
Chevreau, s. m. ahune.
Chevreuil, s. m. orkhatz.
Chez, prép. beithan, gana.
Chien, s. m. tchakhur, hor.
Chiendent, s. m. arrestelu belhar.
Chienne, s. f. tchakhur ollaka.
Chiffon, s. m. tcharpa.
Chiffonner, v. chumurt.
Chiffonnier, s. m. tcharpacari.
Chirurgien, s. m. barber.
Chocolat, s. m. chacolat.
Choisir, v. berhez, haita.
Choquer, v. gaitzex.
Chose, s. f. gaiza.
Chou, s. m. aza.
Chou-fleur, s. m. azalili.
Chrétien, s. m. khiristi.
Cicatrice, s. f. orbeñ.
Cidre, s. m. pittar.
Ciel, s. m. celu.

Cigogne, s. f. cigouñ.
Cimetière, s. m. ilherri.
Cinq, adj. bost.
Cinquième, adj. bostgerren.
Cire, s. f. ezco.
Cirer, v. ezcozta ; ‖ cira.
Ciron, s. m. lakhax.
Ciseaux, s. m. pl. haisturac.
Citron, s. m. citrou.
Citrouille, s. f. khuya.
Clair, adj. argi, clar.
Clairement, adv. clarki.
Clairsemé, adj. bekhan.
Clef, s. f. giltz.
Client, s. m. pratika.
Cloche, s. f. ceñu ; ‖ kiskilli.
Clochette, s. f. joaldi, metale.
Cloison, s f. treucada.
Clou, s. m. itze.
Clouer, v. itza.
Cochenille, s. f. cochenilla.
Cochon, s. m. ourde, cherri.
Cocon, s. m. cusku.
Cœur, s. m. bihotz.
Coffre, s. m. hutcha, arkha.
Cognée, s. f. haiscora.
Coin, s. m. ciri ; ‖ bazter ; ‖ zokho.
Coing, s. m. godeña.
Colère, s. f. khecheria, khechu, colera ; ‖ adj. khechu.
Coller, v. cola.
Collier, s. m. urheria ; ‖ joalte.
Colline, s. f. mendi, mendiska.
Collyre, s. m. begihour.
Colombe, s. f. urzo.
Colombier, s. m. urzotegi.
Colonne, s. f. habe.
Colza, s. m. coltza.
Combat, s. m. guduka, coumbat.
Combattre, v. guduca, oldar, combati.
Combien, adv. zoumbat.
Combustible. s. m. sugei.
Comestible, s. m. janhari.

Comète, s. f. izar bustandun.
Commandement, s. m. manu.
Commander, v. manha.
Comme, conj. bezañ, bezala, hala noula.
Commencement, s. m. haxare, haste, hastapen.
Commencer, v. has, abia.
Comment, adv. noula.
Commerçant, s. m. salerosle.
Commerce, s. m. tratu.
Commission, s. f. mezu.
Commissionnaire, s. m. mezu.
Commun, adj. comun.
Communion, s. f. comunione, pharteliantarzun.
Compagnie, s. f. coumpaña.
Compagnon, s. m. lagun, khide.
Compatriote, s. m. herritar.
Complaisant, adj. pherestu.
Compliment, s. m. goraintzi.
Comprendre, v. enthelega, gogoa.
Compte, s. m khountu.
Concevoir, v. concebi.
Condamnation, s. f. coundenacione.
Condamner, v. coundena.
Condisciple, s. m. lagun.
Conduire, v. erabil, oxeman.
Confesser, v. aithor, cofesa.
Confession, s. f. cofesione.
Confiance, s. f. fidanza, confidanza.
Connaissance, s. f. czagun.
Connaître, v. ezagut.
Consacrer, v. sacra.
Conseil, s. m aholku, countsellu, biltzarren; || — *municipal*, junta.
Conseiller, v. aholca, countsella.
Consentir, v. aboni.
Conséquence, s. f. oundorio, oundoramen, oundoage.

Conserver, v. etchek, begira.
Consolation, s. f. consolacione.
Consoler, v. counsola.
Consommer, v. countsoumi.
Constipation, s. f. engorgadura.
Constiper, v. engorga.
Content, adj. botz, countent.
Contentement, s. m. eliki.
Contenter, v. countenta.
Conter, v. khounta.
Continuer, v. jarraiki.
Contraindre, v. bortcha.
Contrainte, s. f. bortcha.
Contraire, adj countrario.
Contrarier, v. gaitzit.
Contre, prép. countre.
Contrée, s. f. herri.
Contrefait, adj. okher, councor.
Contrefaire, v. ihakin egin.
Conversation, s. f. elhestalde, elhesta.
Convertir, v. coumbertit.
Convive, s. m. barazcalzale.
Coq, s. m. ollar.
Coquillage, s. m. arrañ cuscudun.
Coquille, s. f. arrañ cusku.
Corbeau, s. m. bele.
Corbeille, s. f. zare.
Corbeillée, s. f. zareta.
Corde, s. f. khorda.
Corne, s. f. adar; || — *du pied*, azuzkulu.
Corps, s. m khorpitz.
Corriger, v. correji.
Corrompre, v. sokhil, tzusto, ustel.
Corrompu, adj. ustel.
Corsage, s. m. justa, khorpitz.
Côte, s. f. saihex czur.
Côté, s. m. alde; || saihex.
Coteau, s. m. althape.
Coton, s. m. coto.
Cou, s. m. lepho.

Couchant, s. m. ekhitzalgia, itzalalde, itzalgia.
Coucher, v. etzan.
Coude, s. m. besañco.
Coudre, v. jos.
Couleur, s. f. colore.
Coup, s. m. zaparta ; || colpu ; || khaldu.
Coupable, adj. ogendun.
Couper, v. phica, moutz, ebaki ; || copa.
Couplet, s. m. cobla.
Coupure, s. f. phico, sakho.
Cour, s. f. khorte.
Courage, s. m. coraje.
Courageux, adj. corajous
Coureur, s. lastercari.
Courir, v. lasterca.
Couronne, s. f. khoroa.
Couronner, v. khoroa.
Courroie, s. f. hede.
Course, s. f. laster.
Court, adj. llabur.
Courtisan, s. m. khorteliar.
Cousin, s. m. cosi.
Cousine, s. f. cuzuña.
Coussin, s. m. cotchi.
Couteau, s. m. nabela, ganibet.
Coûter, v. khosta.
Coutre, s. m. nabar.
Coutume, s. f. ohidura, costuma ; || avoir — ohi ukhen.
Couture, s. f. josdura.
Couturière, s. f. dendari, josle.
Couvent, s. m. comentu, conbentu.
Couvercle, s. m. estalgi.
Couverture, s. f. estalgi.
Couvrir, v. estal, tapha.
Crachat, s. m. thu.
Cracher, v. thu egin.
Crainte, s. f. loxa, beldur, larderia.
Cravate, s. f. crabata.
Créance, s. f. hartze.

Créancier, s. m. hartzedun.
Créateur, s. m. creazale.
Création, s. f. creazione.
Crèche, s. f. manjatera.
Crédule, adj. sinhexcor.
Créer, v. crea.
Crème, s. f. gañ.
Crêpe, s. f. causera.
Crépuscule, s. m. ulhuntze, ozcorri.
Crever, v. lehert.
Cri, s. m. oihu, heyagora, orroa.
Crible, s. m. bahe.
Cribler, v. khurubila.
Crier, v. oihuca, oihu egin.
Cristal, s. m. cristal.
Croire, v. sinhex, ouste ukhen.
Croisée, s. f. leiho.
Croiser, v. khurutcha.
Croix, s. f. khurutche.
Croupière, s. f. uztaria.
Croupion, s. m uzcorno.
Croûte, s. f asal, zacar.
Croyance, s. f. sinhexte, ouste.
Cru, adj. gordin.
Cruche, s. f. pegar.
Crucifier, v. crucifica.
Cruel, adj. crudel.
Cuiller, s. f. golhare.
Cuire, v. egos.
Cuisine, s. f. sukalte.
Cuisinier, s. m. cociner.
Cuisinière, s. f. cocinersa, gobernanta.
Cuisse, s. f. ister, azpi.
Cuivre, s. m. cobre, letou.
Culottes, s. f. pl. zaragollac.
Cultivateur, s. m. laborari.
Cumin, s. m. tcharpoll.
Curé, s. m. erretor.
Curieux, adj. curious.
Cuve, s. f. zugan.
Cuvier. s. m. boja.
Cyprès. s. m. mitre.

D

D'abord, loc. adv. lehenic.
Dame, s. f. andere.
Damnation, s. f. damnacione.
Damner, v. damna.
Danger, s. m. lanjer.
Dangereux, adj. lanjerous.
Dans, prép. barnen.
Danse, s. f. dantza.
Danser, v. dantza.
Danseur, s. m. dantzari.
Dé, s. m. ditari.
Débiteur, s. m. zordun.
Debout, adv. chuti.
Décembre, s. m. abentu.
Décharger, v. descarga.
Déchirer, v. urra, zarta.
Déchirure, s. f. urracura.
Découvrir, v. aurkhi, ager.
Défaut, s. m. hux ; ‖ estacuru, erraiteco.
Défendre, v. debeca, defenda.
Défense, s. f. debeku, defendu.
Déficit, s. m. menx.
Défigurer, v. desgisa.
Défricher, v. lanth.
Dégout, s. m. desgoustu.
Dégouttant, adj. greugarri, chirchil.
Dégoutter, v. desgousta ; ‖ ichorta.
Dehors, adv. campo.
Déjà, adv. jadanic, deja.
Déjeuner, s. m. ascari ; ‖ v. ascal.
Délibérer, v. delibera.
Délier, v. solta.
Délire, s. m. erraberia.
Délivrer, v. libra.
Déluge, s. m. uholdi, dulubio, dilubio.
Demain, adv. bihar.
Demande, s. f. galtho.
Demander, v. galtha.

Démangeaison, s. f. hatz.
Démarche, s. f. urhax.
Démentir, v. ukha, gezurta.
Demeure, s. f. egongia.
Demeurer, v. egon.
Demi, adj. erdi.
Demoiselle, s. f. andere.
Démon, s. m. demonio.
Denier, s. m. diner.
Dénonciateur, s. m. salhazale.
Dent, s. f. hortz ; ‖ — molaire, hagin.
Départ, s. m. joaite, phartize.
Dépense, s. f. gastu.
Dépenser, v. gasta, igor.
Dépensier, s. m. igorle.
Déplaisir, s. m. desplazer.
Dernier, adj. azken.
Dérober, v. ebax.
Derrière, s. m. gibel.
Descendre, v. jaix, eraix.
Désert, s. m. baserri, bortu, desertu.
Désespoir, s. m. desesperacione, eximentu.
Déshabiller, v. bilaiz.
Déshonneur, s. m. desouhoure.
Déshonorant, adj. laidogarri.
Déshonorer, v. laidosta, desouhoura.
Désir, s. m. mengoa, nahicunte, gudicia.
Désirable, adj. desiragarri.
Désirer, v. desira.
Désobéir, v. desobedi.
Désobeissance, s. f. desobediencia.
Désobéissant, adj. desobedient.
Désœuvré, adj. auher.
Désolant, adj. desolagarri.
Désordre, s. m. desordre.

Désormais, adv. oraidanic, haraitzina.

Dessécher, v. idor, agor, eihart.

Dessein, s. m. deseñ.

Dessert, s. m. deserta.

Destin, s. m. jin behar.

Détacher, v. solta, lacha.

Détestable, adj. hugungarri.

Détester, v. hastia, hastio ukhen, hugunt.

Détourner, v. gibelt, buhurt.

Détromper, v. desingana.

Détruire, v. destrui.

Dette, s. f. zor.

Deux, adj. bi.

Devancer, v. lehent.

Devant, prép. aitzinian.

Dévider, v. hallica.

Dévidoir, s. m. khotcheia, cruceidu.

Devin, s. m. azti.

Devoir, s. m. eginbide; || v. behar ukhen ; || zor ukhen.

Dévorer, v. irex.

Dévot, s. et adj. jincotiar.

Dévoyé, adj. barreyat.

Diable, s. m. debru.

Dialogue, s. m. elhestalde.

Diarrhée, s. f. jalkhite.

Diète, s. f. jangabe.

Dieu, s. m. jinco.

Diffamer, v. laidosta, desfama.

Difficile, adj. gaitz, neke.

Digérer, v. eho.

Digne, adj. diño, zucendun.

Dilater, v. harro, hant.

Dimanche, s. m. igante.

Dîme, s. f. detchima.

Diminuer, v. hert.

Dindon, s. m. pouloi.

Dîner, s. barazcari ; || v. barazcal.

Dire, v. erran.

Diriger, v. otseman.

Disciple, s. m. dizipulu.

Discussion, s. f. debadio.

Discuter, v. hitzca.

Disette, s. f. gabecia.

Dispensateur, s. m. dispensazale.

Dispenser, v. dispensa.

Dispute, s. f. aharra.

Disputer, v. aharra.

Dissimuler, v. ezabat.

Divertissement, s. m. tzosteta, solaz.

Divin, adj. dibino.

Divinité, s. f. jincotarzun.

Diviser, v. cheheca, zathica.

Dix, adj. hamar.

Dixième, adj. hamargerren.

Dix-huit, adj. hamazortzi.

Dix-huitième, adj. hamazortzigerren.

Dix-neuf, adj. hemeretzu.

Dix-neuvième, adj. hemeretzugerren.

Dix-sept, adj. hamazazpi.

Dix-septième, adj. hamazazpigerren.

Dizaine, s. f. hamar.

Docteur, s. m. dotore.

Doctrine, s. f. eracaspen, dotrina.

Doigt, s. m. erhi.

Domestique, s. m. et f. manuspeco, miscandi, sehi ; || mithil ; || nescato.

Dommage, s. m. ogen, damu.

Dompter, v. hez.

Don, s. m. emaitze.

Donc, adv. arren.

Donner, v. eman.

Dorer, v. urhesta.

Dormir, v. lo egin, lo izan.

Dos, s. m. bizcar.

Douanier, s. m. garda.

Doubler, v. dobla.

Doublure, s. f. forradura.

Douceur, s. f. eztitarzun.

Douillet, adj. mimbera.

Douleur, s. f. dolore, biho-
tzmin.
Douloureux, adj. dolorous.
Doute, s. m. duda.
Douter, v. duda.
Doux, adj. ezti, mardo, manso.
Douze, adj. hamabi.
Douzième, adj. hamabigerren.

Dragon, s. m. herensuge.
Droit, s. m. zucen ; ‖ adj. chu-
chen ; ‖ escuñ.
Du, part. zor.
Dur, adj. gogor.
Durcir, v. gogor.
Durer, v. iraiñ.
Dureté, s. f. gogortarzun.

E

Eau, s. f. hour.
Eau-de-vie, s. f. aigardent.
Eblouir, v. ilusi, cenzorda.
Ebranler, v. zotuca.
Ecaille, s. f. escall, escata.
Ecarlate, s. f. et adj eskerleta.
Ecarter, v. bazter.
Ecchymose, s. f macadura.
Echalas, s. m. zurkax.
Echange, s m. khambio, tru-
cada.
Echapper, v. itzour, ezcapa.
Echeveau, s. m. mathaza.
Eclair, s. m. iñhaci.
Eclaircir, v. bekhant.
Eclairer, v. argi.
Eclat, s. m. esclat ; ‖ — de
rire, carcaza.
Ecluse, s. f. boucal.
Ecole, s. f. escola.
Econome, adj. zuhur.
Ecorce, s. f. achal.
Ecorcher, v. zaurt, lahardeca.
Ecouter, v. beha.
Ecraser, v. lehert ; ‖ cheheca.
Ecrire, v. izkiriba.
Ecrit, s. m. izkiribu.
Ecrouelles, s. f. pl. gohenuzur.
Ecu, s. m. lus.
Ecume, s. f. hagun, gahun ; ‖
bahux.
Ecumer, v. hagunta.
Ecurie, s. f. ezcaratz.
Effet, s. m. efetu.
Effrayant, adj. loxagarri.

Effrayer, v. icit, loxa.
Effronté, adj. ahalkegabe.
Effronterie, s. f. bekhoki.
Egal, adj. bardin.
Egalement, adv. bardin.
Egaliser, v. bardin.
Egarement, s. m. herrapide,
herratu.
Egarer, v. herra.
Eglise, s. f. eliza.
Egrainer, v. bihica.
Egratigner, v. aztaparca.
Egratignure, s. f. aztaparka.
Elaguer, v. icherdeca.
Elan, s. m. boullta.
Elargir, v. larga.
Elévation, s. f. eraikite, go-
ratze.
Elever, v. eraiki, gora ; ‖ es-
cola.
Eloigner, v. hurrunt, ohilt,
aparta.
Emballer, v. saca.
Embarras, s. m. ephanchu,
embrasu.
Embarrasser, v. embrasa.
Embaumer, v. emboma.
Embellir, v. eder, aphañ.
Embonpoint, s. m. gicentar-
zun.
Embrasser, v. besarca.
Emietter, v. phorroca.
Emmaillotter, v. trocha.
Emonder, v. icherdeca, izar-
daki.

Emotter, v. tharroça; || ildaux.
Emoussé, adj. lamphux.
Emousser, v. lamphux.
Empan, s. m. cehe.
Emparer (s') v. nausi.
Empêchement, s. m. emphatchu.
Empêcher, v. emphatcha.
Empereur, s. m. emperadore.
Empeser, v empesa.
Empierrer, v. garallasta.
Emplâtre, s. m. herxcallu, emplastu.
Emploi, s. m. emplegu.
Employer, v. emplega.
Empois, s. m. empesa.
Empoisonnement, s. m. phozouatze.
Empoisonner, v. phozoua.
Empoisonneur, s. m. phozouazale.
Emporter, v. eraman, eroan.
Empressement, s. m. lehia, presa.
Emprunter, v. jesan.
Encens, s. m. inxenxu.
Enchère, s. f. anchera.
Encoche, s. f. ozke.
Encore, adv. orano.
Endormi, adj. lo.
Endroit, s. m. gune.
Endurcir, v. gogor.
Enfance, s. f. haurkente.
Enfant, s. m. haur.
Enfer, s. m. ifernu.
Enfermer, v. goiti, cerra.
Enfiler, v. harista.
Enflammer, v. suhart.
Enfler, v. hant.
Enflure, s. f. hancura, hantura.
Enfumer, v. khesta.
Engloutir, v. irex.
Engourdir, v. iñhurrit.
Engrais, s. m. houngallu, houncarri. houngarri.

Engraisser, v. gicen.
Enhardir, v. hardit.
Enivrer, v. ordi.
Enlaidir, v. itchous.
Enlever, v. eraman ; || eraiki.
Ennemi, s. m. et adj. exay; || isterbegi.
Ennuyer, v. debeya.
Enorgueillir, v. gora.
Enrager, v. errabia ; || ehelega.
Enrhumé (être), loc. v. marantha.
Enrichir, v. aberast.
Ensanglanter, v. odolsta.
Enseignement, s. m. eracaspen.
Enseigner, v. cracas, escola.
Ensemble, adv. alkharreki.
Ensevelir, v. chortz.
Ensuite, adv. gero.
Entaille, s. f. ozke.
Entasser, v. athet.
Entendre, v. entzun.
Enterrement, s. m. ehortzeta.
Entêté, adj. buruzkin.
Entier, adj. oso.
Entièrement, adv. oso osoki.
Entourer, v. ungura.
Entrailles, s. f. pl. sabel.
Entrave, s. f. tharabela, traba.
Entraver, v. traba.
Entre, prép. arte, artian.
Entrée, s. f. sargia.
Entrer, v. sar.
Envelopper, v. ungura.
Envie, s. f. mengoa, bekhaizteria, imbidia.
Envieux, adj. bekhaizti, imbidiaxu.
Environs, s. m. pl. ungurune.
Envoyer, v. igor.
Epais, adj. lodi.
Epaule, s. f. souñ, espalda.
Epée, s. f. ezpata.
Epervier, s. m. falcou.

Epi, s. m. buru.
Epice, s. f. ezpezia.
Epier, v. goaita.
Epinard, s. m. espinagra.
Epine, s. f. elhorri.
Epingle, s. f. iskilimba.
Epître, s. f. epistola.
Epouser, v. espousa.
Epouvantail, s. m. khuso.
Epouvanter, v. lazt.
Epoux, s. m. senhar ; ‖ m. et f. espous.
Epreuve, s. f. borogu, borogaincha, esprabu.
Eprouver, v. boroga ; ‖ ikher.
Epuiser, v. ecint, ahult.
Epurer, v. chaba.
Equarrir, v. lanth.
Ermitage, s. m. ermitha.
Errer, v. herra.
Erysipèle, s. m. isapel.
Escalier, s. m. escaler.
Escargot, s. m. caracoll.
Esclavage, s. m. esclabaje.
Esclave, s. m. esclabo.
Espagnol, adj. Españoul.
Espardille, s. f. espartiña.
Espèce, s. f. mota ; ‖ cunte ; ‖ gisa ; ‖ suberte.
Espion, s m. cspiou.
Esprit, s m. izpiritu ; ‖ espiritu.
Esquiñancie, s. f. escudanza.
Essayer, v. iseya.
Essieu, s m. natz.
Essuie-mains, s. m. tchucader, esku tchucader.
Essuyer, v. tchuca.
Estimable, adj. pherestu.
Estimer, v. estima.
Estomac, s. m. estoumak, ourday.
Et, conj. eta.
Etable, s. f. thegi, barruku, establia.
Etablir, v. establi.
Etain, s. m. estañu.

Etat, s. m. cstatu ; ‖ heñ ; ‖ gradu.
Eté, s. m. uda.
Etendre, v heda, zabal.
Etendu, adj. zabal.
Etendue, s. f. cremu.
Eternel, adj. bethiereco.
Eternité, s. f. eternitate.
Eternuement, s. m. urchañ.
Eternuer, v. urchañ egin.
Etincelle, s. f. tchinka.
Etoffe, s. f. estofa.
Etoile, s. f. izar.
Etole, s. f. estola.
Etonnant, adj. icigarri, estounagarri, espantagarri.
Etonner, v. estouna.
Etoupe, s. f. uztupa.
Etourdi, s. m. et adj. tonto, lolo.
Etranger, s. m. et adj. atze.
Etrangler, v. urkha.
Etrenne, s. f. estrena.
Etrenner, v. estrena.
Etroit, adj. hersi, mehar.
Etude, s. f. ustudio, ikhaste.
Etudier, v. ustudia.
Etui, s. m. ustuch.
Eucharistie, s. f. Khorpitz-Saintu.
Evangile, s. m. Ebanjelio.
Evanouir (s'), v. ingocha.
Evanouissement, s. m. ingocha.
Eveiller, v. iratzar.
Evêque, s. m. aphezcupu.
Evier, s. m. auger.
Examiner, v. examina, ikher.
Exaucer, v. balia.
Excommunier, v. cscumuca.
Excuse, s. f. estacuru, estalgune.
Expédier, v. igor, espedi.
Explication, s. f. esplicacione.
Exposer, v. esposa, alega.
Extérieur, adj. campotico.
Extrémité, s. f. estremitate.

F

Fable, s. f. fabla.
Fabrique, s. f. fabrika.
Fabriquer, v. fabrica.
Fâcher, v. khecha.
Facile, adj. ehi, aïsa.
Façon, s. f. egindura, molde, gisa.
Façonner, v. molda.
Fade, adj. gatzotz.
Faible, adj. flaku.
Faiblesse, s. f. flakecia.
Faiblir, v. flaca.
Faim, s. f. gose.
Faine, s. f. ezcur.
Faire, v. egin; || eraz.
Fait, s. m feit.
Falloir, v. behar izan.
Familier, adj. arrount.
Famille, s. f. familia.
Famine, s. f. gosetu.
Faner, v. fani.
Fantaisie, s. f. fantesia.
Fantôme, s. m. khuso.
Farine, s. f. irin.
Fatigant, adj. eñhegarri.
Fatiguer, v. eñhe, nekat.
Faucher, v. ephañ, ebak.
Faucheur, s. et adj. ephaile.
Faucille, s. f. igitei.
Faucon, s. m. falcou.
Faufiler, v. basta.
Faulx, s. dallu.
Faute, s. f. falta.
Faux, s. f. dallu; || adj. falxu.
Faveur, s. f. fabore.
Féliciter, v. felicita.
Femelle, adj. eme, urrucha.
Femme, s. f. emazte.
Fendre, v. erdira.
Fenêtre, s. f. leiho.
Fer, s. m. burduñ.
Ferme, s. f. etchalte; || adj. fermo.

Fermement, adv. fermoki.
Fermenter, v. heraki.
Fermer, v. cerra.
Fermier, s. m. etchezañ.
Festin, s. m. apairu.
Fête, s. f. besta, jei.
Feu, s. m. su.
Feuille, s. f. osto.
Fève, s. f. baba.
Février, s. m. barantalla.
Fiancé, adj. ezcountgei.
Fidèle, adj. fidel, leyal.
Fiel, s. m. gibelmin.
Fier, adj. fier.
Fier, v. fida.
Fifre, s. m. tchurula; || tchurulari.
Figue, s. f. phico.
Figuier, s. m. phicotze.
Fil, s. m. hari.
Filer, v. urun.
Filet, s. m. sare.
Fileur, s. m. urule.
Fileuse, s. f. urule.
Fille, s. f. alhaba; || nescatila; || nescatzar.
Filleul, s. m. oguzhaur.
Fils, s. m. seme.
Fin, s. f. urhentze, azkentze, urhenburu; || adj. mehe; || fi.
Finesse, s. f. finecia.
Finir, v. urhent.
Fixe, adj. fixo.
Fixer, v. fixa.
Flairer, v. asma.
Flambeau, s. m. zuzu.
Flamme, s. f. gar, sugar.
Flaque, s. f. istil.
Fleur, s. f. lili.
Fleurir, v. lilit.
Fleuve, s. m. uhaitz.
Flot, s. m. uhañ, tourrousta.

Fluctuation, s. f. gorabchera.

Foi, s. f. fede.

Foie, s. m. gibel.

Fois, s. f. aldi ; || une — behin.

Fondement , s. m. egarzola, fondamen.

Fonder, v. fonda.

Fondre, v. hourt.

Fontaine, s. f. uthurri.

Force , s. f. indar, bortcha, borthiztarzun.

Forcer, v. bortcha.

Forme, s. f. forma.

Former, v. bilha ; || forma.

Fornication, s. f. likhizkeria.

Fort, adj. azcar, tireso ; || gothor.

Fortement, adv. borthizki.

Fortifier, v. azcart ; || gothor.

Fortune, s. f. hountarzun, fortuna.

Fossé, s. m arrolla.

Fou, adj. erho.

Foudre, s. f. irourciri.

Fouet, s. m. azote.

Fouetter, v. azota, ceha.

Fougère, s. f. iratze.

Fouine, s. f. fouina.

Fouir, v mousourca.

Fouissement, s. m. mousouri.

Foule, s. f. ozte, saldo.

Fouler, v. zapha ; || ostica.

Four, s. m. labe.

Fourche, s. f sarde.

Fourchu, adj. matcharde.

Fourmi, s. f. iñhurri.

Fournaise, s. f. labe.

Fournée, s. f. ohaka, labalde, orheta.

Fournil, s. m. labetegi.

Fournisseur, s. m. fornizale.

Fourrage, s m. bazka.

Fourreau, s. m. fourreu.

Foyer , s. m. supazter, suthoundo.

Fragile, adj. hauxcor.

Frais, adj. fresk.

Fraise, s. f. arraga ; || — d'agneau, phanseta.

Fraisier, s. m. arragatze.

Franc, s. m. libera

Français, s et adj. Frances.

Frapper, v. jo, zeha, zafla.

Frayeur, s. f. loxeria.

Frêne, s. m. lechar.

Frère, s. m. anaye ; || — fraire.

Frire, v. frijit.

Fromage, s. m. gazna.

Froment, s. m. ogi.

Froncer, v. uchur.

Front, s. m. belar, boronte.

Frontière, s. f. muga.

Frotter, v. hazta.

Fruit, s. m. frutu, fruta.

Fuir, v. ihes egin.

Fumée, s. f. khe.

Fumier, s. m. gorotz, houncarri.

Fureur, s. f. furia.

Furieux, adj. furious.

Fuseau, s. m. ardatz.

G

Gage, s. m. bahi ; || s. m. pl. soldata.

Gagner, v. irabaz.

Gain, s. m. irabazi.

Gale, s. f. hazteri.

Galle, s. f. mall.

Galoper, v. galopa.

Gant, s. m. eskularru, eskumanchou.

Garantie, s. f. bahi.

Garantir, v. egar.

Garçon, s. m. mouthico.

Garde, s. m. begirari, garda.

Garder, v. begira, beira.

Gaspiller, v. igor.

Gâter, v. gasta.

Gauche, adj. eisker, isker, esker.

Gaule, s. f. haga.

Geai, s. m. uscuñaso.

Gelée, s. f. kharro; || — blanche, izotz.

Geler, v. kharrounta.

Gémissement, s. m. intziri, cinkhouri, oihumin.

Gendre, s m. suhi.

Gêne, s. f. eskernio, nekecia.

Général, s. m. jeneral.

Genièvre, s. m. orre.

Génisse, s f. biriga.

Genou, s. m. belhañ.

Gens, s. f. pl. jente.

Gentilhomme, s. m. aitoren seme, aitounen seme.

Génuflexion, s. f. gur.

Gerbe, s. f. azau.

Germe, s m. burno.

Germer, v. burnat.

Gésier, s. m. gera.

Geste, s. m. jestu, jesto.

Giboulée, s. f. lanchurda.

Girofle, s m. itze.

Glace, s. f. kharrou.

Glacer, v kharrounta.

Gland, s. m. ci.

Glisser, v. lerra.

Gloire, s. f. loria, gloria.

Glorieux, adj. glorious.

Glorifier, v. gorex.

Gond, s. m gounz.

Gonfler, v. hant.

Gorge, s f. iztarri, tzuntzur.

Gorgée, s. f. hurrupa, itziki.

Gosier, s. m. iztarri, tzuntzur.

Goudron, s. m. phike.

Gouffre, s. m. osin.

Gousse, s. f. theka, achal.

Goût, s. m. gozo, goustu.

Goûter, s. m. arrestiriascari; || v. tchesta.

Goutte, s. f. tchorta.

Gouttière, s. f. cotera.

Gouverner, v. goberna.

Gouverneur, s. m. gobernadore.

Grâce, s. f. gracia.

Grain, s. m. bihi.

Graine, s. f. aci.

Graisse, s. f. ourin.

Graisser, v. ourinta.

Grand, adj handi.

Grandeur s. f. handitarzun.

Grandir, v. handit.

Grange, s. f. sabai.

Grappe, s. f. molkho.

Gras, adj. gicen

Gratter, v. hazca, hazta.

Gravier, s. m. garalla.

Greffer, v emphelta.

Grêle, s. f. harri, harrite.

Grenaille, s f trajera.

Grenier, s. m. bihitegi.

Grenouille, s. f. igel.

Grésil, s. m. tchintcher.

Griffe, s. f. aztapar.

Gril, s. m. gresilla.

Grincement, s. m. carraska.

Gris, adj. ñabar, ourdin, gris.

Grisonner, v. ourdin.

Grive, s. f. bilhagarro.

Gronder, v. khecha, mesperetcha.

Gros, adj. lodi.

Grossier, adj. thorpe.

Guenille, s. f. trasteria.

Guérir, v. sendot.

Guerre, s. f. gerla.

Guêtre, s. f. galtza.

Guetter, v. goaita.

Gui, s m puhullu.

Guide, s. m. laguntzale, lagun.

Guider, v. lagunt, gida.

H

Habile, adj. abilh.
Habileté, s. f. abilitate.
Habiller, v. altha, bezti.
Habitant, s. m. egoiliar.
Habitude, s. f. ohidura, usanza.
Habituer, v. usa.
Hache, s. f. aiscora.
Haie, s. f. cerrallu.
Haillon, s. m. philda.
Haine, s. f. aihercunte.
Haïr, v. hugu, hugunt, hastia.
Hameçon, s. m. hamu.
Hanche, s. f. anka.
Harde, s. f. arropa.
Hardi, adj. hardit.
Haricot, s. m. ilhar.
Harpe, s. f. harpa.
Harpiste, s. m. harpalari.
Hasard, s. m. mentura.
Hasarder, v. mentura.
Hâte, s. f. lehia.
Hâter, v. lehia.
Haut, adj. gora.
Hautain, adj. handious.
Herbe, s. f. belhar.
Hérisson, s. m. sagarroi.
Héritage, s. m. primantza.
Héritier, s. m. primu.
Héritière, s. f. prima.
Herse, s. f. arhe.
Herser, v. arha, ildaux.
Hêtre, s. m. bago.
Heure, s. f. oren.
Heureux, adj. dohaxu, dohañ
   hounecoa.
Heurtoir, s. m. martellu.
Hibou, s. m. huntz.

Hier, adv. atzo.
Hirondelle, s. f. añhera.
Histoire, s. f. istoria.
Hiver, s. m. negu.
Homard, s. m. hotarrañ.
Hommage, s. m. ouhouresku,
   ohoresku, omaje.
Homme, s. m. gizoun.
Honneur, s. m. ouhoure, oho-
   re.
Honorer, v. ouhoura.
Honte, s. f. ahalke.
Honteux, adj. ahalcor ; ‖ ahal-
   kegarri.
Hôpital, s. m. ospital.
Hoquet, s. m. chothen.
Hors, prép. campo.
Hospice, s. m. ospital.
Hôte, s. m. arrotz.
Hôtel, s. m. ostatu.
Houx, s. m. gorosti.
Huguenot, s. m. higanaut.
Huile, s. f. olio.
Huissier, s. m. sarjant.
Huit, adj. zortzi.
Huitaine, s. f. zortzierri.
Huitième, adj. zortzigerren.
Humanité, s. f. gizounkente.
Humble, adj. umil.
Humblement, adv. umilki.
Humecter, v. hourta, bousta.
Humide, adj. bousti.
Humidité, s. f. bousti.
Humilier, v. aphal.
Humilité, s. f. aphaltarzun,
   umilitate.
Hydre, s. f. herensuge.

I

Ici, adv. heben, hemen.
Idée, s. f. ouste.
Idiot, s. et adj. ertzo.
Ignorant, adj. iñorant.

Ile, s. f. uharte, isla.
Image, s. f. uduri.
Imbécile, adj. pek.
Immoler, v. imola.

Impasse, s. f. kharricaburu.
Impertinent, adj. ahalkegabe, mithiri, moscocari.
Important, adj. sori, important.
Importun, adj. thaigabe.
Imposteur, s. m. inganazale.
Impôt, s. m. legar.
Impudique, adj. likhix.
Impur, adj. nahasi, likhix.
Inadvertance, s. f. oustegabe.
Incarner, v. incarna.
Incrédule, adj. sinhestegabe, sinhexgogor.
Indes, s. f. pl. Indiac.
Indifférent, adj. ezachol.
Indiscret, s. et adj. nabasi.
Indompté, adj. hezcaitz.
Infâme, adj. ifame, infame.
Infecter, v. khoza, urrincit.
Infidèle, adj. infidel.
Infini, adj. mugagabe.
Infortune, s. f. desfortuna.
Ingrat, adj. eskergabe.
Ingratitude, s. f. eskergaisto.
Inimitié, s. f. exaigoa.
Iniquité, s. m. inikitate.
Innocent, adj. ogengabe.
Inondation, s. f. hourte, uholdi.

Inquiétude, s. f. anxia.
Insecte, s. m. abereska, eltcho, barbalot.
Insensé, adj. ertzo.
Insouciant, adj. founxgabe, ezachol.
Instant, s. m. istant, men.
Instinct, s. m. asmu.
Instituteur, s. m. errejent.
Instruire, v. jakinxut, escola.
Intelligence, s. f. enthelegu.
Intelligent, adj. entheleguxu, enthelegudun.
Intention, s. f. gogo, chede.
Intéresser, v. intresa.
Intérêt, s. m. intres, entres.
Intérieur, s. m. barne; ‖ adj. barnetico.
Intermédiaire, s. m. arartecari; ‖ arartecotarzun.
Intestin, s. m. erche.
Intimidation, s. f. larderia.
Invitation, s. f. khumitu.
Inviter, v. khumita.
Ivraie, s. f. zalge.
Ivre, adj. ordi.
Ivrogne, s. m. ordizale, ardanoy.
Ivrognerie, s. f. ordikeria.

J

Jalousie, s. f. bekhaizteria.
Jaloux, adj. bekhaizti, jelosi, jeloscor.
Jamais, adv. secula, jagoiti, behin ere, egundano.
Jambe, s. f. zankho.
Jambon, s. m. ourdazpi.
Janvier, s. m. hourtarila.
Jardin, s. m. baratze.
Jarre, s. f. zura, pitcher.
Jarret, s. m. iztezañ.
Jarretière, s. f. galtzacorda.
Jaspe, s. m. jaspe.
Jaunâtre, adj. hollax.

Jaune, adj. holli, hori.
Jaunir, v. hori.
Jeter, v. egois, ourthik, ourthouk.
Jeu, s. m. joku.
Jeudi, s. m. ostegun.
Jeune, adj. gazte; ‖ *jeûne*, s. barour.
Jeûner, v. barour.
Jeunesse, s. f. gazletarzun, gazteria, gaztezaro.
Joie, s. f. boztario.
Joli, adj. eijer.
Joindre, v. junta.

Jonc, s. m. ihi.
Joue, s. f. machcla, mathela, baralla.
Jouer, v. joca, tchosta.
Joug, s. m. uztarri.
Jouir, v. goza.
Jour, s. m. egun.
Journalier, s. m. jornaletor.
Joyeux, adj. botz, alager.
Juge, s. m. juje.
Jugement, s. m. judicione, jujamentu ; || arrest.
Juger, v. juja.

Juif, s. et adj. judio.
Juillet, s. m. uztarila.
Juin, s. m. arramayatza.
Jumeau, adj. erkhide.
Jument, s. f. bohor.
Jupe, s. f. cota.
Jupon, s. m. catapellot.
Jurement, s. m. bourhau.
Jurer, v. jura ; || cin egin.
Juron, s. m. sacre.
Jusque, prép. artio, artino.
Juste, adj. chuchen, justo, doi.
Justice, s. f. justicia.

L

Là, adv. han.
Laborieux, adj. langile, agudo.
Labourage, s. m. lurlan.
Laboureur, s. m. laborari.
Lacet, s. m. phastio, tchedera.
Laid, adj. itchousi.
Laideur, s. f. itchouskeria.
Laine, s. f. ilhe.
Laisser, v. utz.
Lait, s. m. ezne.
Laitage, s. m. cznckentu.
Laiton, s. m. letou.
Lambin, adj. luzacor, baratch.
Lamentable, adj. deithoragarri.
Lampe, s. f. argiountzi, lampa.
Lancer (se), v. boullta, jauci.
Langage, s. m. mintzaje.
Langue, s. f. mihi ; || mintzo.
Lapider, v. harricaldusta.
Lapin, s. m. llapi.
Lapine, s. f. llepey.
Larcin, s. m. ouhouñkeria.
Lard, s. m. ourdaki, ordaki.
Large, adj. nasai, largo.
Larme, s. f. nigar.
Latte, s. f. latha.
Laurier, s. m. erramu ; || erramutze.
Laver, v. laxa, ukhuz, chaha.

Laveuse, s. f. laxari.
Lécher, v. millica.
Léger, adj. arhin.
Lendemain, s. m. biharamen.
Lent, adj. baratch, urri.
Lentement, adv. urriki.
Lenteur, s. f. luzakeria.
Lentille, s. f. ilhar chabal.
Lèpre, s. f. lepra.
Lépreux, s. m. lepradun.
Lequel, pr. zouñ, cer.
Lessive, s. f. ehe, bukhata.
Lessiver, v. bukhataca.
Leste, adj. zalhe.
Lettre, s. f. lettera.
Levain, s. m. alchaturazi.
Levant, s. m. ekhijalkhigia.
Lever, v. altcha, jaiki, goiti ; || se — jeik.
Lèvre, s. f. ezpañ.
Lézard, s. m. suscandera.
Liard, s. m. ardit.
Libéral, adj. lejal.
Liberté, s. f. libertate.
Libre, adj. libre.
Licou, s. m. cabasturu.
Lier, v. estek, esteca, herx.
Lierre, s. m. huntzosto.
Lieu, s. m. lekhu.
Lieue, s. f. lecoa.

27

Limaçon, s. m. barhe.
Limbes, s. f. pl. limboac.
Lime, s. f. lima.
Limer, v. lima.
Limite, s. f. muga.
Lin, s. m. li.
Linge, s. m. oihal, linja.
Lion, s. m. leho.
Lire, v. iracour.
Lit, s. m. ohe.
Litanie, s. f. letania.
Litière, s. f. etzangia.
Litre, s. m. botilla.
Livre, s. m. libru, guthunac ;
‖ s. f. libera.
Livrer, v. eskieta.
Locataire, s. m. alocaidetiar,
ekhoïliar.
Location, s. f. alocaide.
Loi, s. f. lege.
Loin, adv. hurrun.

Loisir, s. m. aizina.
Lombric, s. m. chichari.
Long, adj. luce.
Longuement, adv. luzaz.
Longueur, s. f. lucetarzun, lu-
zakeria.
Loquet, s. m. clisket.
Louable, adj. laidagarri.
Louange, s. m. laidorio.
Louche, adj. begiokher.
Louer, v. goraipha, laida.
Louis, s. m. urhe.
Loup, s. m. oxo.
Loupe, s. f. tchori.
Loutre, s. f. ugañ, ugadera.
Lumière, s. f. argi
Lundi, s. m. astelehen.
Lune, s. f. argizagi.
Lutter, v. guduca.
Lustre, s. m. lustre.
Luxure, s. f. lohikeria.

M

Mâcher, v. masteca.
Mâchoire, s. f. baralla.
Maçon, s. m. harrigile.
Madame, s. f. madama.
Magistrat, s. m. cargudun.
Mai, s. m. mayatz.
Maigre, adj. mehe.
Maigrir, v. meha.
Maillet, s. m. mallu.
Main, s. f. esku.
Maintenant, adv. orai.
Mais, conj. bena, baita.
Maïs, s. m. artho.
Maison, s. f. etche.
Maître, s. m. nausi, jabe.
Maîtrise, s. f. jabegoa.
Majesté, s. f. majestate.
Mal, s. m. gaitz ; ‖ adv. gaizki.
Malade, adj. eri.
Maladie, s. f. eritarzun, min.
Maladroit, adj. moldegaitz, ma-
lestruk.

Mâle, adj. ar ; ‖ (cheval ou
âne) — khotcho ; ‖ (veau) —
orox ; ‖ (cochon) — ordox.
Malédiction, s. f. maradi-
tzione.
Malfaiteur, s. m. gaizkigile.
Malheur, s. m. zorigaisto, do-
hacaitz, gaitz, malur.
Malice, s. f. malecia.
Malléole, s. f. aztalbeharri.
Malpropre, adj. theyu, cikhin,
chirchil.
Malpropreté, s. f. theyarzun,
cikhinkeria.
Mamelle, s. f. thiti.
Manchot, s. m. besomoutz,
manchot.
Mangeoire, s. f. schaska, man-
jatera.
Manger, v. jan.
Manier, v. erabil.
Manière, s. f. ara, manera.

Manne, s. f. mana.

Manque, s. m. hux, menx.

Manquer, v. hux, hux egin, falta, manca.

Manteau, s. m. capa, manto.

Mantelet, s. m. mantalet.

Maquignon, s. m. tratalant.

Marais, s. m. losco.

Marbre, s. m. marmore.

Marc, s. m. graspa.

Marchand, s. m. saleroslc.

Marchander, v. precia.

Marchandise, s. f. salgei.

Marché, s. m. merkhatu.

Marcher, v. ebil.

Mardi, s. m. asteharte.

Marguillier, s. m. giltzañ.

Mari, s. m. senhar.

Mariage, s. m. ezcouñtze.

Marier, v. ezcount.

Marin, s. m. marinel.

Marmotte, s. f. marmota.

Marne, s. f. laphitz.

Marque, s. f. ceñhare, señale ; || herecha.

Marquer, v. marca.

Marraine, s. f. eguzama.

Marron, s. m. gaztaña ; || — d'Inde, itchas gaztaña.

Mars, s. m. martcho.

Martyr, s. m. martir.

Martyriser, v. martirisa.

Masque, s. m. maska.

Masquer, v. masca.

Massacre, s. m. masacre.

Massacrer, v. phorroca, masacra.

Mastic, s. m. mastik.

Mastiquer, v. mastica.

Matelas, s. m. matalaza.

Mâter, v. ceha, mata.

Matière, s. f. gei, ekhei.

Matin, s. m. goiz.

Maudire, v. maradica.

Mauvais, adj. gaisto.

Maure, s. f. malba.

Méchanceté, s. f. gaistokeria.

Méchant, adj. gaisto.

Mèche, s. f. muku, mitcha.

Médaille, s. f. medalla.

Médecin, s. m. atcheter, barber, medeci.

Médire, v. gaizkisal, gaizki erran.

Médisance, s. f. medisencia.

Méditer, v. ohart, gogozca.

Méfait, s. m. gaizkigin.

Mélanger, v. nahasteca.

Mêler, v. nahasteca, nahas.

Membre, s. m. membru.

Même, adj. ber ; || adv. berian.

Menace, s. f. mehatchu.

Menacer, v. mehatcha.

Mendiant, s. m. biltzale, eskele.

Mensonge, s. m. gezur.

Menteur, s. et adj. gezurti.

Menthe, s. f. ahamenta.

Mentir, v. gezur erran.

Menton, s. m. bidar.

Menuisier, s. m. mayer, menuser.

Mépriser, v. gutiexi.

Mer, s. f. itchaso.

Merci, s. f. eskerric hanitch.

Mercredi, s. m. astiazken.

Mère, s. f. ama.

Mérite, s. m. merechi, merechimentu.

Mériter, v. merechi, zor izan.

Merle, s. m. chocho.

Message, s. m. mezu.

Messager, s. m. mezu, mezuler.

Messe, s. f. meza.

Mesure, s. f. izari.

Mesurer, v. izart.

Métairie, s. f. borda, bordalte, etchalte.

Métier, s. m. lankhey, orkhei.

Mettre, v. ezar.

Meule, s. f. eiherarri ; || — à aiguiser, gestera.

Meurtre, s. m. gizounerhaite.
Meurtrier, s. m. erhaile.
Meurtrir, v. zapha.
Meurtrissure, s. f. odolouri.
Miaulement, s. m. marraka.
Midi, s. m. eguerdi; ‖ hegoalde.
Miel, s. m. ezti.
Miette, s. f. phorrokiña.
Milieu, s. m. erdi.
Mille, adj. mila.
Million, s. m. miliou.
Mince, adj. mehe, gahi, mehax.
Mine, s. f. itchura, utchura.
Ministre, s. m. ministro.
Minuit, s. m. gaiherdi.
Miracle, s. m. miracullu.
Miroir, s. m. mirall.
Misérable, adj. eskele, esteyari, miserable.
Misérablement, adv. tcharki.
Misère, s. f. miseria.
Miséricorde, s. f. urgaizte, misericordia.
Mite, s. f. cerren.
Modeste, adj. ahalcor.
Moëlle, s. f. hun.
Moi, pr. ni; ‖ — *même*, nihaur.
Moine, s. m. fraide.
Moineau, s. m. elizachori.
Mois, s. m. hilabethe.
Moisir, v. minth.
Moisissure, s. f. minkhura.
Moisson, s. f. ogi, uztac.
Moissonneur, s. m. ogi ephaile, ogicari.
Moitié, s. f. erdi.
Molaire, s. f. hagin.
Mollet, s. m. zankhosagar.
Moment, s. m. mement, memento.
Mon, adj. ene.
Monceau, s. m. meta, athe.
Monde, s. m. mundu, jenteozte.

Monsieur, s. m. jaun, mousde.
Montagne, s. f. mendi, bortu.
Monter, v. igañ.
Montrer, v. eracoux.
Moquer (se), v. nausa, trufa.
Moqueur, adj. nausazale.
Morceau, s. m. phouska, zati, bouchi.
Mordre, v. isouk, ousouk.
Morsure, s. m. isouki, ousiki.
Mort, s. f. herio; ‖ adj. hil.
Mortalité, s. f. heriotze.
Mortel, adj. hilcor, heriozco, mourtal.
Mortier, s. m. mourtera; ‖ zapharri.
Mortifier, v. mortifica.
Mot, s. m. hitz.
Motte, s. f. mokhor, tharroka.
Mou, adj. mardo, bano, bella.
Mouche, s. f. ullu.
Moucher, v. muca; ‖ se — sudura chaha.
Mouchettes, s. f. pl. muketac.
Mouchoir, s. m. boucanasa.
Moudre, v. eho.
Mouillé, adj. bousti.
Mouiller, v. hourta.
Moule, s. m. molde.
Moulin, s. m. eihera.
Mourir, v. hil.
Mousse, s. f. oroldi.
Mouton, s. m. ahari.
Mouvoir, v. igit.
Moyen, s. m. moyen, bide.
Moyeu, s. m. murulu.
Muet, adj. mutu.
Mugissement, s. m. sanka, arrama.
Mulâtre, s. m. mulatra.
Mule, s. f. mando.
Mulet, s. m. mando.
Muletier. s. m. mandozañ.
Mur, s. m. murru; ‖ adj. zorhi, hountu.
Muraille, s. f. murru, harresi.
Mûre, s. f. marhuga.

Mûrier, s. m. marhugatze.
Mûrir, v. zorhit, hount.
Murmurer, v. mourmoucica.

Museau, s. m. muthur.
Musique, s. f. sonu.
Mystère, s. m. misterio.

N

Nager, v. igerica, igeisca.
Nain, s. m. ñaño.
Naissance, s. f. sortze, sortza-
pen.
Naître, v. sor.
Nappe, s. f. tahalla.
Nation, s. f. nacione.
Nature, s. f. natura.
Navet, s. m. ñabo.
Navette, s. f. lantzadera, tuta.
Navire, s. m. ountzi.
Ne, ne pas, adv. ez, ecin.
Néanmoins, conj. halere.
Néant, s. m. ezdeus, ezdcus-
tarzun.
Nécessaire, adj. bebar, behar-
rezco.
Nécessité, s. f. behar.
Nèfle, s. f. mizpira.
Néflier, s. m. mizpiratze.
Négligence, s. f. ezacholkeria,
lazukeria.
Négligent, adj. ezachol, lachu,
lazu.
Neige, s. f. elhur.
Nerf, s. m. zañ.
Net, adj. chahu.
Nettoyer, v. garbi, chaha.
Neuf, adj. bederatzu ; ‖ berri.
Neuvaine, s. f. bederatzcrren.
Neuvième, adj. bederatzuger-
ren.
Neveu, s. m. lloba.
Nez, s. m. sudur.
Niais, adj. pek.

Nid, s. m. habia.
Nièce, s. f. lloba.
Nitre, s. m. nitre, nitregatz.
Noble, adj. et s. aitoren seme,
aitounen seme.
Noce, s. f. eztey.
Nœud, s. m. oropilo.
Noël, s. m. Eguberri.
Noir, adj. beltz.
Noirâtre, adj. belzaran.
Noircir, v. beltz.
Noisetier, s. m. hurtze, hurrux.
Noisette, s. f. hur.
Noix, s. f. intzaur.
Nom, s. m. icena.
Nombre, s. m. zoumbat.
Nommer, v. deit ; ‖ icenta.
Non, adv. ez.
Nôtre, adj. gourc.
Nouer, v. oropila.
Noueux, adj. adarzu.
Nourrice, s. f. unhude.
Nourrir, v. haz.
Nourriture, s. f. hazcurru.
Nous, pr. gu.
Nouveau, adj. berri.
Nouvelle, s. f. berri.
Novembre, s. m. azaro.
Noyer, s. m. intzaurtze ; ‖ v.
itho.
Nu, adj. picarrai.
Nuage, s. m. odei.
Nudité, s. f. picarraitarzun.
Nuit, s. f. gai.
Nul, adj. bat ere.

O

Obéir, v. obedi.
Obeissance, s. f. obediencia.
Obéissant, adj. obedient.

Obligation, s. f. obligacione.
Obliger, v. bortcha, obliga.
Obscur, adj. ulhun.

Obstacle, s. m. baragallu, ephanchu.
Obtenir, v. irabaz, ardiex, jardiex.
Occasion, s. f. parada.
Occupation, s. f. lankhei.
Occuper, v. ocupa.
Octobre, s. m. urrieta.
Odeur, s. f. urrin.
OEil, s. m. begi.
OEillet, s. m. jilofreia.
OEuf, s. m. arraultze.
OEuvre, s. f. egitate, obra, lanhegin.
Offense, s. f. ogen.
Offenser, v. ofensa.
Officier, s. m. aitzindari.
Offrande, s. f. oberenda.
Offrir, v. eskent.
Oignon, s. m. ouñhou.
Oie, s. f. ancera.
Oiseau, s. m. chori, tchori, hegazti.
Ombre, s. f. itzal.
Omelette, s. f. moleta.
Omoplate, s. f. espalda.
Once, s. f. ountza.
Oncle, s. m. osaba.
Ongle, s. m. azuzkulu.
Onze, adj. hameca.
Onzième, adj. hamecagerren.
Opérer, v. obra.
Opiniâtre, adj. buruzkin.
Opinion, s. f. oustekeria.
Or, s. m. urhe.
Orange, s. f. iranja.
Oranger, s. m. iranjatze.
Orateur, s. m. elhestari.

Ordinaire, adj. arrount, ordenari
Ordonné, adj. garbi.
Ordonner, v. manha.
Ordre, s. m. manu ; ‖ ordena ; ‖ ordre.
Oreille, s. f. beharri.
Orge, s. f. garagar.
Orgueil, s. m. urgullu.
Orgueilleux, adj. urgulluxu.
Originel, adj. orijinal.
Ormeau, s. m. zounhar.
Ornement, s. m. aphañdura, ornamentu.
Orner, v. aphañ.
Orphelin, s. m. haurzurtz.
Ortie, s. f. asun.
Os, s m. czur.
Oseille, s. f. mineta.
Oser, v. ausart, atrebit.
Osier, s. m. mihimen, zume.
Ostie, s. f. ostia.
Oter, v. khen.
Ou, conj. edo, ala.
Oublier, v. ahatz.
Oublieux, adj. ahazcor.
Oui, adv. bai.
Ouie, s. f. entzute.
Ouiller, v. agulla.
Ourler, v. aspil.
Ours, s. m. hartz.
Outil, s. m. arnes, tresna.
Outrage, s. m. laido.
Outrageant, adj. laidogarri.
Outre, s. f. zahagi.
Ouvrage, s. m. lanhegin.
Ouvert, adj. zabal.
Ouvrier, s. m. langile.
Ouvrir, v. zabal, idek.

P

Pacte, s. m. pato.
Paillasse, s. f. lastounzi.
Paille, s. f. lasto.
Pain, s. m. ogi.
Pair, adj. pare.

Paire, s. f. pare.
Paitre, v. alha.
Paix, s. f. bake.
Palais, s. m. palacio.
Pâle, adj. ubel, zourphail.

Palier, s. m. phausu.
Palme, s. f. cehe ; || garhaite.
Palombe, s. f. urzo.
Pampre, s. m. laia.
Pan, s. m. zathi.
Panier, s. m. eskuzare.
Panser, v. hers.
Pantoufle, s. f. mantofla.
Paon, s. m. pabou.
Papillon, s. m. jincollo.
Pâques, s. f. Bazco.
Parabole, s. f. alcgia.
Paradis, s. m. pharadusu.
Paralyser, v. paralisa.
Parapluie, s. m. parasol.
Parasol, s. m. parasol.
Parc, s. m. corrale.
Parcelle, s. f. phouska.
Pardon, s. m. pharcamentu.
Pardonner, v. pharca.
Parent, s. m. ascaci.
Parer, v. aphañ ; || phara.
Paresse, s. f. herabia, auher-keria.
Paresseux, adj. auher, hera-bezti, nagi.
Parfum, s. m. uncuntu, urrin houn.
Parler, v. mintza, mintzo izan.
Parmi, prép. arte, artian.
Paroisse, s. f. parropia.
Paroissien, s. m. parropiant.
Parole, s. f. hitz, elhe, mintzo.
Parrain, s m. eguzaita.
Part, s. f. pharte.
Partager, v. erdira, zathica, partaja, phartit.
Parti, s. m. althe.
Participant, adj. pharteliant.
Participation, s. f. phartelian-tarzun.
Partie, s. f. pharte, zathi.
Partir, v. joan, partit.
Partisan, s. m. pharteliant.
Parois, s. m. pharete.

Pas, s. m. urhax ; || phasu.
Passage, s. m. sargia, igaran-gia.
Passager, s. m. pasajer.
Passant, s m. igaraile.
Passer, v. igaran ; || iratz.
Passerelle, s. f. zaldañ.
Passion, s. f. pasione.
Pasteur, s. m. artzañ.
Pâte, s. f. orhe, pasta.
Pâté, s. m. pastiz.
Patience, s. f. bathi, cintar-zun.
Pâtir, v. egar, pati, sofri.
Patriarche, s. m. patriarka.
Patte, s. f. aztapar, zankho.
Pâturage, s. m. bazcagia.
Pâturer, v. alha.
Paupière, s. f. bethezpal.
Paurre, s. et adj. gacho, praube.
Paurreté, s. f. behartarzun, praubecia.
Paxer, v. harrista.
Payement, s. m. sari.
Payen, s. m. pagano.
Payer, v. phaca.
Pays, s. m. herri.
Peau, s. f. larru.
Pêche, s. f. arranzu.
Péché, s. m. bekhatu.
Pêcheur, s. m. arrantzale.
Pêcheur, s. m. bekhatore.
Peigne, s. m. orrace.
Peigner, v. ircs.
Peindre, v. pintra.
Peine, s. f. neke, phena.
Peintre, s. m. pintre.
Peinture, s. f. pintrura.
Peler, v. thipil, lahardeca, pela.
Pèlerin, s. m. pelegri.
Pelle, s. f. phala.
Pelote, s. f. cotchi, pelota.
Peloton, s. m. hallico.
Pendre, v. urkha.
Pénible, adj. phenagarri.

Pénitence, s. f. penitentzia.
Pensée, s. f. phenxamentu, gogo ; ‖ papanxea.
Penser, v. ohart, gogozca, gogoeman.
Pente, s. f. phatar.
Pentecôte, s. f. Phentecoste.
Pepin, s. m. pipita.
Percepteur, s. m. legarcari.
Percer, v. tsista.
Perception, s. f. legarcarigoa.
Perche, s. f. haga.
Perdrix, s. f. epher.
Père, s. m. aita.
Péril, s. m. peril.
Périr, v. peri.
Perle, s. f. perla.
Pernicieux, adj. galgarri.
Perpétuel, adj. bethiereco.
Persécution, s. f. goitzarren.
Persévérance, s. f. iraite.
Persil, s. m. peresil.
Personne, s. f. persona, jente ; ‖ pr. ihour, nihour ere.
Pesant, adj. phezu.
Peser, v. pheza.
Peste, s. f. uzurri.
Petit, adj. tchipi.
Petit-lait, s. m. gachour, sihicota.
Pétrifier, v. harrit.
Pétrin, s. m. aska.
Pétrir, v. orhat.
Peu, adv. guti, aphur ; ‖ s. m. inhar, bouchi, amiñi.
Peuple, s. m. populu.
Peur, s. f. loxa, loxeria.
Peureux, adj. loxor.
Pic, s. m. phicox.
Pie, s. f. phika ; ‖ — *grièche*, picaport.
Pièce, s. f. peza ; ‖ bethatchu.
Pied, s. m. houn.
Pierre, s. f. harri.
Pieux, adj. debot.
Pigeon, s. m. urzo ; — *ramier*, arruket.

Pigeonnier, s. m. urzotegi, pijotegi.
Pilier, s. m. habe, pilar.
Pilote, s. m. ountzizañ.
Piment, s. m. piper.
Pin, s. m. leher, phino.
Pincer, v. tchimica.
Pincettes, s. f. pl. espinsetac.
Pinte, s. f. pinto.
Pinter, v. pintouca.
Pioche, s. f. haitzur.
Piocher, v. haitzur.
Piquant, adj. picant.
Piquer, v. tsista, tzista, isouk.
Piqûre, s. f. tsista.
Pire, adj. sordei.
Pitié, s. f. pietate.
Pivert, s. m. ukhul.
Place, s. f. lekhu.
Placer, v. ezar.
Plaie, s. f. zauri.
Plaindre, v. deithora, plañi.
Plainte, s. f. cinkhouri, intziri.
Plaire, v. agrada.
Plaisanterie, s. f. farza.
Plaisir, s. m. plazer, sirax, axegin, laket.
Planche, s. f. taula.
Plancher, s. m. taulata.
Plante, s. f. lanthare.
Planter, v. lantha ; ‖ ereiñ.
Plat, adj. chabal ; ‖ ordoki ; ‖ s. plat.
Plein, adj. bethe.
Plénier, adj. ordoki.
Pleur, s. m. nigar.
Pleurer, v. nigar egin.
Pleuroir, v. euri egin.
Plier, v. plega.
Pluie, s. f. euri ; ‖ lantzer ; ‖ lantchourda.
Plume, s. f. luma.
Plus, adv. gehiago, haboro.
Plusieurs, adj. hanitz.
Pluvieux, adj. eurixu.
Poche, s. f. sacola.

Poële, s. f. zarthagiña.
Poids, s. m. phezu.
Poignet, s. m. ukharai.
Poil, s. m. bilho, ilhe.
Point, s. m. phuntu ; ‖ tileta.
Pointe, s. f. mosco , buru , phunta.
Poire, s. f. udari, pera.
Poirier, s. m. udaritze, peratze.
Pois, s m. ilhar biribil.
Poison, s. m. phozou.
Poisson, s. m. arrañ.
Poissonnerie, s. f. arrañtegi.
Poitrine, s. f. boulhar, papo.
Poivre, s. m. piperbeltz
Poli, adj. leñ.
Polir, v. leñt.
Pollen, s. m. irin.
Pomme, s. f. sagar ; ‖ — de terre , lur sagar, pattaco, trufa.
Pommeraie, s. f. sagardoy.
Pommier, s. m. sagartze.
Pondre, v. errun.
Pont, s. m. zubu.
Porc, s. m. cherri, ourde.
Porreau, s. m. phorru.
Port, s. m. portu.
Portail, s m. portale.
Porte, s. f. bortha.
Portée, s. f. helbide.
Portion, s. f. zathi.
Portique, s. m. heipe.
Portrait, s. m. moulde.
Possédé, adj. behargabe , behargabedun.
Possesseur, s. m. ukhendun.
Poste, s. f. posta.
Pot, s. m. thipiña.
Potage, s. m. salda.
Potence, s. f. urcabia.
Potier, s. m. ountziegile.
Pou, s. m. zorri.
Pouce, s. m. behatz.
Poudre, s. f. erhaux ; ‖ pholbora

Pouilleux, adj. zorrixu.
Poulain, s. m. samalco.
Poulailler, s. m. ollaltegi.
Poularde, s. f. ollanta.
Poule, s. f. ollo.
Poulet, s. m. ollasco.
Pouliche, s. f. podra.
Pouls, s. m. folxu.
Poumon, s. m. erray.
Poupée, s. f. mounaka, nini.
Pourpre, s. f. pourpra.
Pourri, adj. ustel.
Pourrir, v ustel, tzusto.
Poursuivre, v. gaha, persegi.
Pousser, v. boulca.
Poussière, s. f. erhaux.
Poussin, s. m. tchitcha.
Poutre, s. f. soumer.
Pouvoir, s. m. photere, ahal ; ‖ v. ahal ukhen ; ‖ ahal izan.
Prairie, s. f. sorho.
Pratiquer, v. pratica.
Pré, s. m. sorho.
Précaution, s. f. precocione.
Précéder, v. lehent.
Prêcher, v. pheredica.
Précieux, adj. balious.
Précipice, s. m. lece, bacha.
Précurseur, s. m. aitzindari.
Prédicateur, s. m. pheredicari, pheredicazale.
Prédication, s. f. pherediku.
Prédiction, s. f. aitzinerran.
Préférence, s. f. preferantcha.
Préférer, v. maitiago ukhen, prefera.
Préfet, s. m. prefet.
Premier, adj. lehen, lehenbicico ; ‖ gehien.
Prendre, v. har, atzaman , loth.
Préparateur, s. m. aphañzale.
Préparer, v. aphañ, adela , presta, prepara.

Près, prép. hullan, hourbil.
Presbytère, s. m aphezetche.
Présent, s. m. emaitze.
Présenter, v. presenta, eskent.
Préserver, v. begira, egar.
Président, s. m. president.
Presse, s. f. prenxa ; ‖ lehia.
Presser, v. tinca ; ‖ presa.
Présure, s. f. gatzagi.
Prêt, adj. prest.
Prétendre, v. pretendi.
Prêter, v. pheresta.
Prétexte, s. m. estacuru.
Prêtre, s. m. aphez.
Prier, v othoi.
Prière, s. f. othoitze, orazione.
Prince, s. m. prince.
Principalement, adv. berheciki.
Printemps, s. m. bedaxu.
Prise, s. f. atzamaite, prisa.
Prison, s. f. presountegi, gaztelu.
Prisonnier, s. m. presouner.
Privation, s. f. gabecia.
Priver, v. gabet.
Prix, s. m sari, precio.
Procès, s. m. proces, hauci.
Processif, adj. procescari.
Procession, s f. procesione.
Prochain, s. m. proximo, khide, khidelagun.
Proche, adj. hullan.
Prodige, s. m. ikhousgarri.
Produit (d'un animal), s. m. hume.
Profit, s. m. ekhoizpen.
Profondeur, s. m. barnatarzun.
Projet, s. m. egingei.
Promenade, s. f. paseyu.
Promener (se), v. pasea, paseya.

Promesse, s. f. hitzemaite, promes.
Promettre, v. hitzeman.
Prompt, adj. prount.
Promptement, adv. prountki.
Promptitude, s. f. prountarzun.
Prophète, s. m. profeta.
Prophétie, s. f. aitzinerran, profezia.
Propre, adj. chahu, garbi, erdotz
Propreté, s. f. chahutarzun.
Propriétaire, s. m. nausi, jabe, ukhendun.
Prosterner, v. luherras, ahozpez eror.
Protestant, s. et adj. protestant.
Province, s. f. probincia.
Prudent, adj. zuhur, prudent.
Prune, s. f. arhan.
Prunelle, s. f. beginini.
Prunier, s. m. arhantze.
Psaume, s. m. psalmu.
Publicain, s. m. legarcari.
Publier, v. publica.
Puisque, conj. geroz.
Puissance, s. f. esku, photere.
Puissant, adj. photerexu.
Puits, s. m. phutzu.
Punaise, s. f. purnach.
Punir, v. puni.
Pur, adj. pur, chahu.
Pureté, s. f. chahutarzun.
Purgatif, s. m. purga.
Purgation, s. f. purga.
Purgatoire, s. m. purgatorio.
Purger, v. purga.
Purifier, v. garbi.
Pustule, s. f tipouri, cuscullu.

Q

Quarante, adj. berrogei.
Quart, s. m. laurden, laurdun.

Quartier, s. m. cartiel.
Quatorze, adj. hamalaur.

Quatorzième. adj. hamalaur-
gerren.
Quatre, adj. laur.
Quatre-Temps, loc. s. Kharta-
Themporac.
Quatrième, adj. laurgerren.
Que, pr. cer; ‖ adv. beno.
Quel, pr. zouñ, cer; ‖ halaco,
noulaco.
Quelconque. adj. zouñ-nahi.
Quelque. adj. zoumbait, cer-
bait, batzu.
Quelque chose, pr. cerbait.
Quelqu'un, pr. nourbait; ‖
quelques-uns, batzu, elibat.
Quenouille, s. f. cuhullu; mur-
khulla.
Querelle, s. f. aharra.

Quereller, v. aharra.
Querelleur, adj. aharrari, mos-
cocari.
Queue, s. buztan.
Qui, pr. nour, zouñ.
Quiconque, pr. cernahi, nour
ere, zouñ ere, nourbait.
Quincaillier, s. m. kinkillari.
Quinquina, s. m. kinkina.
Quinzaine, s. f. amostkerri.
Quinze, adj. hamabost.
Quinzième, adj hamabostger-
ren.
Quitte, adj. kito.
Quitter, v. kita.
Quoi, pr. cer.
Quoi que ce soit, loc. pr. cer
ere, cernahiden.

R

Rabot, s. m. arrabot.
Raccommoder, v. aphañ, phun-
tuca.
Race, s. f. arraza.
Racheter, v. arreros.
Racine, s. f. zañ, herro.
Râcler, v. kharraca.
Raconter, v khounta.
Rafraîchir, v. fresca.
Rage, s. f. errabia, errabia-
dura.
Railler, v. nausa.
Raisin, s. m. mahax.
Raison, s. f. arrazou.
Raisonner, v. arrazouna.
Ramasser, v. bil, eraik.
Rame, s. f. arrau.
Ramier, s. m. arruket.
Ramper, v. herresta.
Rançon, s. f. sari.
Rang, s. m gradu, herrenk,
herroka.
Râper, v. arraspa.
Rapetisser, v. tchipit.
Rapide, adj. zalhe.

Rapiécer, v. bethatcha.
Rappeler (se), v. orhit.
Rapport. s. m. egite; ‖ arraport.
Rare, adj. bacant, arraro.
Raser, v. errada; ‖ bizar motz.
Rasoir, s. m bizar-nabela.
Rassasier, v. ase, aseca.
Rassemblement, s m. bilkhura.
Rassembler, v. bil.
Rat, s. m. arrathou.
Rate, s. f. barhe.
Râteau, s. m. arrestelu.
Râteler, v. arrestela.
Ration, s. f. anhoa.
Rave, s. f. arbi.
Rayon, s. m. leñhuru.
Recette, s. f. erreceta.
Recevoir, v. har, errecebi.
Réciproque, adj. alkhar, algar.
Réciproquement, adv. alkhar-
reki.
Réclamer, v. (par un crirar)
oihuca.
Récolte. s. f. biltze, uzta, erre-
colta.

Récolter, v. bil.
Recommander, v. gomenda.
Récompense. s. f. sari, phaku.
Récompenser. v. sarista.
Réconcilier, v. baket.
Reconnaissance, s. f. esker, ezagutze.
Reconnaissant, adj. ikhouspidexu.
Reconnaître, v. ezagut.
Reconstruire, v arreraik.
Recourer, v. arracupera.
Recueillir, v. bil, errekeita.
Reculer, v. gibelt.
Rédempteur, s. m. arrerosle.
Rédemption, s. f. arreroste.
Redresser, v. chuchent.
Réfléchir. v. gogozca.
Réflexion, s. f. gogozka.
Refrain, s. m. arrafren.
Refroidir, v. hotz.
Refuge, s. m. iheslekhu, arrimu.
Refuser, v. arrafusa.
Regain, s. m. arradall.
Regard, s. m. so.
Regarder, v. sogiu, begista, mira.
Règle, s. f erregla.
Régler, v. bardin, erregla.
Règne, s. m. erregegoa.
Regret, s. m. urriki.
Regretter, v. urriki.
Rein, s. m. gultzurrun, errañ, gerri.
Reine, s. f. erregiña.
Rejeton, s. m. herro.
Réjouir. v. hotz.
Réjouissance, s f. boztario.
Relâcher, v. libreraz.
Relever, v. arreraik. arraltcha.
Religieux, adj. errelijious.
Religion, s. f errelijione, erlijione.
Relique, s. f. erlekia.

Remède, s. m sendogarri, erremedio.
Remerciement, s. m. esker, erremestiamentu.
Remercier, v. esker eman, erremestia.
Remise, s. f. ezcaratz.
Rémission. s. f. pharcamentu.
Remords, s m. urriki.
Remplaçant, s. m. ordai, ordari.
Remplir, v. betha.
Remuer, v. igit, zotuca.
Rencontrer, v. bath.
Rendre, v. utzul, errenda.
Renégat, s. m. arnegat.
Renier, v. ukha, ukhoegin.
Renommée. s. f. ospe, omen, fama.
Renoncer, v. ukho egin.
Renouceler, v. arraberri.
Rente, s. f. arranda.
Renverser. v. irall.
Répandre, v. iraur.
Réparateur, s. m. arraparazale.
Réparation, s. f. erreparazione.
Repas, s. m. apairu.
Repentir s m. dolumen, bihotzmin, urriki; ‖ v. — (se) urriki. dolut.
Répondre, v. ihardex, arraposta.
Réponse, s f. arrapostu.
Repos, s. m. phausu.
Reposer, v. phausa.
Repousser, v. buhurt.
Reprendre, v. arrahar.
Représaille, s f. ordari.
Reprise, s. f. pasaje.
Repriser, v. pasajesta.
Reproche, s. m. mesperetchu.
Reprocher. v. mesperetcha.
Réputation. s. f. fama.
Réserve, s. f reserbu.
Résister, v. buhurt.
Résolution s. f. delibero.

Respect, s. m. errespetu.
Respecter, v. errespeta.
Ressemblance, s f uduri, egite.
Ressemblant, adj uduri.
Ressembler, v. uduri, uduri ukhen.
Reste, s m. oundar
Rester, v. egon, bara
Résurrection, s f arraphiztu, phiztu.
Retardataire, s m. luzacor.
Retarder, v berant, luza
Retirer, v. eraiki, erretira; ‖ bazter.
Retourner, v. utzul.
Rétrécir, v. hersa.
Réunion, s. f. biltzarren.
Réunir, v. bil, alkhargana.
Réussir, v. erreusi.
Rêve, s. m. amex.
Revenir, v. utzul.
Rêver, v. amex egin.
Revers, s. m. dohacaitz.
Revêtir, v jaunx
Révolution, s. f. utzulunguru.
Rhume, s. m. marhanta.
Riche, adj. aberax.
Richesse, s. f. aberaxtarzun.
Ride, s. f. chumurdura.
Ridé, adj. tchimal, chumurtu.
Rideau, s m. arriden.
Rider, v. tchimalt, uchur, chumurt.
Rien, adv. deus.
Rigole, s. f. erreka.
Rire, s. erri; ‖ v. erri egin.

Rivière, s. f uhaitz.
Robe, s. f. zaya, sayo.
Rocher, v. botchu, harroka, harbotchu.
Roi, s. m errege.
Rompre, v. ethen.
Ronce, s f. nahar
Rond, adj. biribil.
Ronflement, s. m. kourrounka.
Ronfler, v. kourrounca.
Rose, s. f arrusa.
Roseau, s. m. canabera.
Rosée, s. f. ihitz.
Rôti, s. m erraki.
Roue, s. f. errota.
Rouge, adj. gorri.
Rougeâtre, adj. gorhara, gorriska.
Rougeole, s. f. surhumpi.
Rougir, v. gorri.
Rouille, s. f. erdolla.
Rouir, v. hourta.
Rouler (se), v. itzailca.
Rour, adj. gorhail.
Royaume, s. m erresounia
Ruban, s. m. arribant, chingola.
Ruche, s f. khoban.
Rude, adj. garratz.
Rue, s f. kharrika.
Rugissement, s. m. orroa.
Rugir, v. orroa egin.
Rugosité, s f. latzdura.
Rugueux, adj latz.
Ruiner, v. lurrialat.
Ruisseau, s. m. erreka.

S

Sabat, s. m. sabato.
Sable, s m. harina.
Sabler, v. harinasta.
Sabot, s. m. escalampou.
Sabre, s. m. sabre.
Sac, s. m zaku, alforja.
Sacre, s. m. sacre.

Sacrement, s. m. sacramentu.
Sacrer, v. bourhauca.
Sacrifice, s. m. sacrificio.
Sacrilége, s m. sacrilejio.
Sacristain, s. m. sacristan.
Sacristie, s. f. sacristinia.
Sage, adj. zuhur, saje.

Sage-femme, s. f. emagiñ.
Sagesse, s. f. zuhurtarzun.
Saignée, s. f. señadura.
Saigner, v. seña.
Sain, adj. sano.
Saindoux, s m ouringatzgabe.
Saint, adj. saintu; || s. m. saintu.
Sainte, s. f. sainta.
Saison, s. f haro, sasu.
Salade, s f. ensalada.
Sale, adj. theyu, cikhin, cikhinxu.
Salé, adj. gaci
Saler, v gaci.
Saleté, s f. theyarzun, cikhinkeria.
Salière, s. f. gatzouutzi.
Salir, v. theyut, cikhin.
Salive, s f. ahogozo.
Salle, s. f. sala.
Saloir, s. m. gacitegi.
Saluer, v. saluta.
Salut, s. m. salutatze; || salbamentu.
Samedi, s. m. nescanegun.
Sanctifier, v. sanctifica, erabil saintuki.
Sandale, s f. abarka, boñetaco.
Sang, s. m. odol.
Sangle, s. f. cingla.
Sangler, v. cingla.
Sanglot, s. m. cipa.
Sangsue, s. f. ciceñ.
Sanguin, adj. odolxu
Sans, prép. gabe.
Santé, s f. osagarri.
Sarcler, v. jorra.
Sarcloir, s. m. jorrai.
Sardoine, s f. sardouñ.
Satan, s. m. Satan.
Sauce, s. f. salsa.
Saucisse, s f. lukhainka.
Saule, s. m zume.
Saut, s. m jauzi.
Sauter, v. jauz.

Sauterelle, s f. llarhote.
Sauteur, s. m. jauzcari.
Sauvage, adj basa, salbaje.
Sauver, v salba.
Sauveur, s m. salbazale.
Savant, adj. jakinxu, sabant.
Savoir, v. jakin.
Savoureux, adj. gozo
Scandale, s. m. escandal.
Sceau, s. m. cachet.
Sceller, v. cacheta.
Scie, s. f. sega.
Science, s. f jakitate.
Scier, v sega.
Scorpion, s m erlouri.
Seau, s. m. ferreta.
Sec, adj. idor, agor.
Sécher, v. idor, agor; || tchuca.
Sécheresse, s f. idorte.
Second, adj. bigerren.
Secouer, v. iharraus, zotuca.
Secourir, v. sokhorri.
Secours, s. m. lagungoa, urgaizte, sokhorri.
Séducteur, s. m. inganazale.
Seigle, s m. cekhale.
Seigneur, s. m. jaun.
Sein, s. m thiti.
Seize, adj. hamasei.
Seizième, adj. hamaseigerren.
Sel, s m. gatz.
Selle, s. f. cela.
Seller, v. cela.
Selon, prép. arau, arabera, arauera.
Semaine, s f. aste.
Semblable, adj. uduri, bereco.
Semer, v. ereñ.
Semeur, s. m. ereile.
Sens, s. m. cenzu.
Sensé, adj cenzatu.
Sensible, adj. mimbera.
Sentier, s m. senda.
Sentir, v. asma; || sendi.
Séparation, s f berhezte.
Séparer, v. berhez; || aparta.

Sept, adj. zazpi.

Septembre, s. m. setemer.

Septième, adj. zazpigerren.

Sérénade, s. f. obeta.

Sérieux, adj. serious.

Serment, s. m. cin.

Sermon, s. m. pherediku.

Serpe, s f. aibotz.

Serpent, s. m. suge.

Serrure, s. f. giltzarrapo.

Servante, s. f. nescato, mañata.

Serviette, s. f. cerbieta.

Servir, v. cerbutcha.

Serviteur, v cerbutchari, mithil, miscandi, mañata.

Selon, s. m. seto.

Seuil, s. m. alharze, borthalhartze.

Seul, adj. bakhoitz.

Seulement, adv. ezpere, haicic.

Sévère, adj. garratz.

Si, conj. ba, balin, eya : || hañ.

Siècle, s. m. mente.

Siège, s. m. jargia.

Siffler, v. hustula.

Sifflet, s m. hustu.

Signal, s. m. señale.

Signaler, v. señala.

Signe, s. m. kheñu, ñika.

Sillon, s. m. ilterreka.

Simple, adj. simple.

Singe, s m. tchimino.

Six, adj sei.

Sixième, adj. seigerren

Sobre, adj. sobre.

Sobriété, s. f. sobrecia.

Soc, s. m. golde.

Sœur, s. f. arreba, ahizpa ; || serora.

Soie, s. f. ceta. ceda.

Soigner, v. artha.

Soigneusement, adv arthouski.

Soin, s. m. artha, maña, souein, arrancura, achol, benia.

Soir. s. m. arrax.

Soixante, adj. hirourhogei.

Soixantième, adj. hirourhogeigerren.

Sol, s. m. zola.

Soldat, s. m. soldado.

Solde, s. f. soldata.

Soleil, s. m. ekhi.

Solennité, s. f. solemnitate.

Solide, adj. azcar.

Solive, s f. soliba.

Sombre, adj. ulhun.

Somme, s. f. soma.

Sommeil, s. m. lo.

Sommet, s. m. thini.

Son, s m. zahi ; || zonu ; || pr. bere, haren.

Songe, s. m. amex.

Sonner, v sona.

Sonnette, s. f. tchinchila.

Sonore, adj. ocen.

Sort, s. m. zorthe, zoñhu.

Sorte, s. f. mota cunte, gisa.

Sortir, v. elkhi, jalkhi.

Sot, adj. ergel, tonto, zozo.

Sou, s. m. sos.

Souche, s f. aihen.

Souci, s. m. anxia.

Souffle, s. m. hax, bouhada. butz.

Souffler, v. bouha, butz egin.

Soufflet, s. m. mathelaco, beharroudoco : || bouhader, hauspo.

Souffrance, s. f. sofrimentu.

Souffrir, v. igourtz, sofri, pati.

Soufre, s. m. sofre.

Souillé, adj. cikhinxu, theyu.

Souiller, v. theyut.

Soulagement, s. m. urgaizte, solaju.

Soulager, v. urgaitz, solaja.

Souletin, s. et adj. Zuberroutar.

Soulier. s. m. oski.

Soumis, adj. susmis.

Soumission, s. f. susmisione.
Soupçonner, v. asma, aiherizan.
Soupe, s. f. zopa.
Souper, s. m. aihari ; ‖ v. ai-
  hal.
Soupir, s. m. hasperen.
Soupirer, v. hasperen egin.
Source, s. f. uthurri, sorgia.
Sourcil, s. m. bephuru.
Sourd, adj. gor.
Souricière, s. f. sagutei, sa-
  tharte.
Sourire, v. so houn egin.
Souris, s. f. sagu.
Soustraire, v. ebax
Soutenir, v. berma, sustenga.
Soutien, s. m. sustengu.
Souvenir, s. m. orhitmentcha ;
  ‖ — (se), orhit.
Souvent, adv. ardura, usu.
Spectateur, s. m. sogile.
Spirituel, adj. entheleguxu.
Strophe, s. f. cobla
Subordonné, s. m. manuspeco,
  escupeco.

Suc, s. m. zuhatz, gozo.
Succès, s m. irabazi.
Successeur, s m. ordari.
Sucer, v. mourtcha
Sucre, s. m. sucre.
Sucrier, s. m. sucrountzi.
Sud, s. m. hegoalde.
Suer, v. icert.
Sueur, s. f. icerdi.
Suie, s. f. khedarre, kher-
  rade.
Suif, s. m. milgorra.
Suite, s. f. oundorio, oundora-
  men, segida.
Suivant, prép arau, arabera,
  arauera.
Suivre, v. jarraiki, segi.
Suppléer, v. supli.
Supporter, v. egar.
Sûr, adj. segur ; ‖ sur, prép.
  gañen.
Sureau, s. m. sagukitze.
Surnager, v. igerisca.
Surtout, adv. berheciki.
Syllabaire, s. m. cartilla.

T

Tabac, s. m. tabak.
Table, s. f. mabañ.
Tableau, s. m. tableu.
Tablier, s. m. dabentia.
Tabouret, s m. cacheta.
Tache, s. f. thona, thaka.
Taille, s f. gerruntze.
Taire, v. ichil.
Talent, s. m. talentu.
Talon, s. m. aztal
Tambour, s. m. tabal.
Tambourin, s m. thanbouri.
Tamis, s. m. cethabe, cetha-
  tchu.
Tamiser, v. iratz.
Tampon, s. m. thapou.
Tan, s. m. thanu.
Tanneur, s. m. thanur.

Tant, adv. hañ.
Tante, s. f. iceba, tanta.
Tapage, s m. herox.
Tapageur, s m. herosti.
Tape, s. f. zarta.
Tapis, s. m. tapiz.
Taquiner, v. therrita.
Tard, adv. berant.
Tas, s. m athe, meta.
Taupe, s. f. salhor.
Taureau, s. m. cecen.
Teigne, s. f. hezeabia.
Teindre, v. tinta.
Teint, s. m. colore.
Teinture, s. f. tinta.
Tel, adj. halaco.
Témoignage, s. m. jakilegoa.
Témoin, s m. jakile, ikhousle.

— 353 —

Tempe, s. f lo.
Tempérance, s. f. sobrecia.
Température, s. f. haro.
Tempéte, s. f. irazarri, tempesta.
Temple, s. m. templo, templu.
Temps, s. m. ordu, thenore, haro, dembora, aldarte, bidaro.
Tenailles, s. f. pl. trukesac.
Tendre, adj. bella, uster.
Ténèbres, s. f. pl. ulhumpiac.
Tenir, v. eduki, etchek.
Tentation, s. f. galbide; tentacione.
Tente, s. f. etchola.
Tenter, v. tenta.
Terme, s. m. thermañu, muga.
Terne, adj. ubel.
Terrasse, s. f. terrada.
Terre, s. f. lur.
Terrer, v. lurca.
Testament, s. m. ordeñu.
Tête, s. f. buru.
Thé, s. m. te.
Tiède, adj. ephel.
Tiers, s. m. heren.
Timidité, s. f. loxa, ahalke.
Tirer, v. thira.
Tiroir, s. m tirader, tireta.
Tison, s. m. ilhinti.
Tisser, v. eho.
Tisserand, s. m. ehule.
Toi, pr. hi; — *même*, hihaur.
Toile, s. f. oihal.
Toit, s. m. hegatz.
Tombe, s. f. hobe, hobi, ehortzlekhu, thomba.
Tombeau, s. m. hobe, hobi, ehortz-lekhu, thomba.
Tomber, v. eror.
Ton, adj. hire.
Tondre, v. moutz biscarra.
Tonneau, s. m. thupa.
Tonnerre, s m. uhulgu, ozanza, durunda, ihourciri.

Tordre, v. buhurt.
Toucher, v. hounki.
Toupie, s. f. dantzadou.
Tour, s. m. unguru; ‖ thornu; ‖ s. f. thorre.
Tourment, s. m. gaitzmin, thormentu, turmentu.
Tourmenter, v. thormenta.
Tourner, v. ungura, utzul.
Tourterelle, s. f. ursaphal.
Toussaint, s. f. Domisanthore besta.
Tout, adj. oro, gucia.
Toux, s. f. eztul.
Tracasser, v. therrita.
Trace, s f. herecha.
Trafiquant, s. m. salerosle.
Trafiquer, v. saleros.
Trahir, v. tradi, gaizkisal.
Train, s. m. treiñ.
Traîner, v. herresta.
Traire, v. jeix.
Traité, s. m. pato, tratu.
Traitement, s. m. tratamentu.
Traiter, v. trata.
Traître, s. m. tradizale.
Trame, s f. bilbe.
Tramer, v. bilba.
Tranchant, adj. zorrotz.
Transparent, adj argi.
Transpiration, s. f. icerdi.
Transpirer, v. icert.
Travail, s. m. lan.
Travailler, v. lan, lan egin.
Traverser, v. igaran.
Traversin, s. m. burunegi.
Trèfle, s. m. trefla.
Treize, adj. hamahirour.
Treizième, adj. hamahirourgerren.
Tremblement, s. m. ikhara; — *de terre*, luikhara.
Trembler, v. ikhara, khordoca.
Tremper, v. trempa bousti.
Très, adv. erras, icigarri.
Trésor, s. m. tresor.

29

Tribu, s. f. gizeli.
Trinité, s. f. hirourtarzun, hirourtasun, Trinitate.
Triomphe, s. m. garhaite.
Triste, adj. triste.
Tristesse, s. f. bihozmin, tristecia, tristura
Trois, adj. hirour.
Troisième, adj hirourgerren, heren.
Trompe, s. f. troumpa.
Tromper, v. ingana, troumpa.
Tromperie, s. f. inganio, troumperia.
Trompette, s. f. troumpeta; ‖ s. m. troumpetari.
Trompeur, s. m. et adj. inganazale.
Tronc, s. m. unkhu.
Trône, s. m. trono

Trop, adv. sobera.
Trot, s. m. trosta.
Trotter, v. trosta.
Trou, s. m. chilo, cilo.
Troubler, v. nahas, erauz, thurbust, centzorda.
Trouer, v. chila, cila.
Troupe, s. f. ozte, tropa.
Troupeau, s. m. arthalde, hacienda, altchou.
Trousseau, s. m. trouzo.
Trouver, v. ediren, atzaman; ‖ se — aurkhi.
Truie, s. f. ourde ahardi.
Tuer, v. eho, erho.
Tuile, s. f. tella.
Tuilier, s. m. tellagin, tellegile.
Tumeur, s. f. hancura, tipouri.
Tumulte, s. m. albarot.

U

Un, adj. bat.
Unité, s. f. batarzun, batasun.
Urine, s. f. phisa.
Uriner, v. phisegin.

Usage, s. m. ohidura, usaje.
User, v. higa.
Usine, s. f. olha.
Utile, adj. balious.

V

Vache, s. f. behi.
Vague, adj. ubel.
Vaillant, adj. agudo.
Vaincre, v. goit, garhait.
Vaisselle, s. f. bachera.
Valeur, s. f. balio.
Vallée, s. f. ibar.
Valoir, v. balia.
Vanner, v. irais, aiza.
Vanter, v. banta.
Vapeur, s. f. alphor.
Variole, s. f. picota.
Vase, s. m. ountzi; ‖ s. f. mala.
Vaurien, s. m. ezdeus.
Veau, s. m. aretche; — de lait, chahal.

Veille, s. f. mezpera
Veine, s. f. zañ.
Vendange, s. f. mahaska; ‖ mahaxbiltze.
Vendangeur, s. m. mahascari.
Vendre, v. sal.
Vendredi, s. m. ostirale.
Vengeance, s. f. mendeku.
Venger, v. mendeca.
Véniel, adj. benial.
Venimeux, adj. phozoudun.
Venir, v. jin, hel.
Vent, s m. aice.
Vente, s. f. salzapen.
Ventre, s. m. sabel.
Vêpres, s. f. pl. mezperac, bezperac.

Ver, s. m. har, chichari, cerren, cizka.
Verdâtre, adj. berdais.
Verge, s. f. zaharo.
Véritable, adj. egiazco.
Véritablement, adv. egiazki.
Vérité, s. f. egia.
Vermoulure, s. f. cizkadura.
Vernir, v berniza.
Verrat, s m. ourde ordox, berrat.
Verre, s. m. bitre ; || godalet.
Verrou, s. m. barolla.
Verrue, s. f. marrhunka.
Vers, prép. gana.
Verser, v. ichour.
Vert, adj. berde.
Vertu, s f. berthute.
Vessie, s f pichasturu.
Vêtement, s. m. souñeco, arropa.
Vêtir, v. bestit.
Veuf, s. m. alhargun.
Veuve, s. f. alhargunxa.
Viande, s. f. aragi.
Vicaire, s. m. bicari.
Vice, s. m. gaistokeria.
Victoire, s. f. bitoria.
Victorieux, adj. goitzale.
Vie, s. f. bici.
Vieillesse, s. f. zahartarzun
Vieillir, v zahar, chahar.
Vierge, s f birjina.
Vieux, adj zahar, chahar.
Vigile, s. f bijilia.
Vigne, s. f. mahasti, miñaberje.
Vigneron, s m. biñer, mahastizañ.
Village, s. m. herri.
Ville, s. f. hiri.
Vin, s. m. ardou, mahaxanou.
Vinaigre, s. m. biñagre, ozpin.
Vingt, adj. hogei.

Vingtaine, s. f hogei.
Vingtième, adj hogeigerren.
Violemment, adj. borthizki.
Violent, adj. borthitz.
Violet, adj. briolet.
Violette, s f. brioleta.
Violon, s. m. arrabit
Visage, s. m. begitharte.
Vis-à-vis, prép. eretzian.
Vision, s. f. ikhousalde.
Vite, adv. laster, fite, bertan.
Vivacité, s. f. bicitarzun.
Vivant, adj. bici.
Vivre, v. bici.
Vœu, s. m. boto.
Voici, adv. houna, houna heben, hau duzula, hau duziela.
Voie, s. f. bide.
Voilà, adv horra, hori duzula, hori duziela.
Voile, s. f. bela.
Voir, v. ikhous.
Voisin, adj aizo.
Voix, s. f. botz, mintzo.
Vol, s. m. ouhouñkeria, ouhouñgoa.
Volatile, s. m. hegaltari.
Volcan, s. m. garmendi.
Voler, v. aira, hegalta ; || ebax, arroba.
Voleur, s. m. ouhouñ.
Volontaire, adj. berenahizco.
Volonté, s. f. boronthate.
Volontiers, adv. gogohounez.
Vomir, v. ourthiki, goitica.
Votre, adj. zoure ; || zien.
Vouloir, v nahi, nahi izan, nahi ukhen.
Vous, pr. zu, ziec; || — même, zihaur; — mêmes, zihauree.
Voyage, s. m. bidaje.
Vrai, adj. egiazco.
Vraiment, adv. egiazki.
Vue, s. f. ikhous.

FIN. — URRENTCIA.

ERRATA

Page   4, ligne   2, lisez : *Ebanjelio*, au lieu de : *Ebanjelio*.
—   »   —   7,   —   *galthatu*,   —   *gattatu*.
—   5,   —   1,   —   *e-hiz, ez*,   —   *e hizez*.
—   »   —   4,   —   *arrancurareki*, au lieu de : *arran-*
          cunareki.
— 15,   —   1,   —   *aretche*, au lieu de : *arretche*.
— 23,   —   1,   —   *elkhi*,   —   *elki*.
— 26,   — 19, supprimez le mot : *indéfinie*.
— 27,   — 26, lisez : *bihotzmin*, au lieu de : *bihozmin*.
— 30,   —   4, supprimez : *goizeco othoitzia, la prière du*
          matin, ou.
—   »   —   7, lisez : *le chemin pour (aller) à Bayonne*,
          au lieu de : *le chemin de*
          pour (aller à) Bayonne.
— 36,   — 17, lisez : *entheleguxu*, au lieu de : *entelegutsu*.
— 37,   — 27,   —   *elhurra*,   —   *elurra*.
— 38,   — 10,   —   *aussi bon que riche*, au lieu de : *aussi*
          riche que bon.
—   »   — 19, lisez : *handiago*, au lieu de : *zandiago*.
—   »   — 28, supprimez en entier la phrase : *quand le*.
          etc.
— 41,   —   3, lisez : *azcar azcar da*, au lieu de : *azcar*
          azcarra da.
— 48,   — 12, supprimez : *celui-ci, celui-là*.
— 55,   — 18, lisez : *hurrunegi, trop loin*, au lieu de :
          hurrunegi, loin.
— 58,   — 19, lisez : *hihaur, toi-même*, au lieu de : *gi-*
          haur.
— 64,   —   9, lisez : *zouñtaco*, au lieu de : *zuñtaco*.
— 75,   — 31,   —   *gaizkisaldu*, au lieu de : *gaizkisal-*
          dia.
— 182,   — 15, supprimez : *indicatif*.
— 183,   — 15, supprimez : *indicatif*.

TABLE DES MATIÉRES

Bayonne, imprimerie Lamaignère.

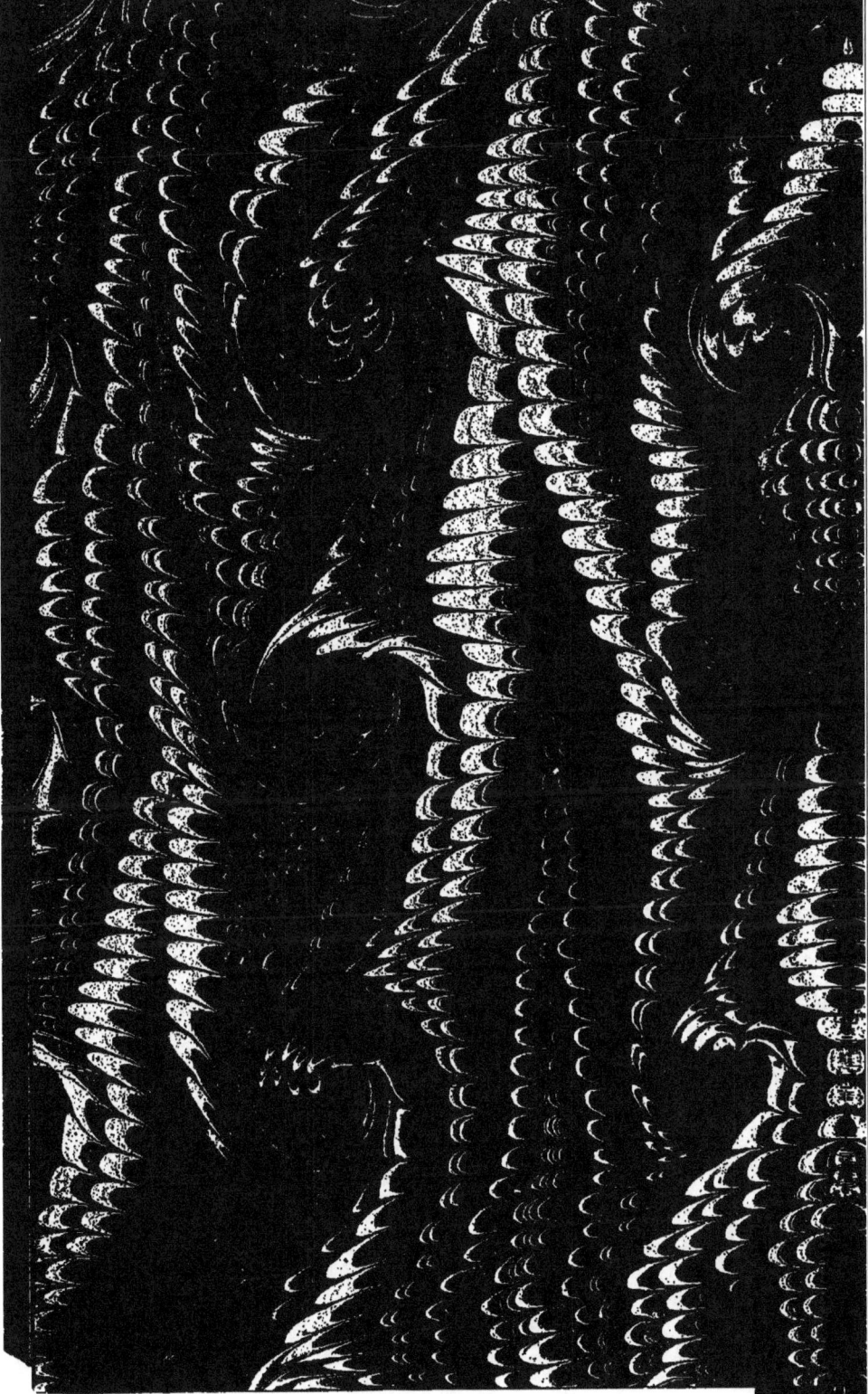

www.ingramcontent.com/pod-product-compliance
Lightning Source LLC
Chambersburg PA
CBHW050321030726
47505CB00003B/807